我的美国交换生全记

曲秋爽　陈莲红　著

长春出版社
国家一级出版社
全国百佳图书出版单位

图书在版编目（CIP）数据

我的美国交换生全记 / 曲秋爽, 陈莲红著. —— 长春：
长春出版社, 2020.12
ISBN 978-7-5445-6063-4

Ⅰ. ①我… Ⅱ. ①曲… ②陈… Ⅲ. ①中学教育 – 介
绍 – 美国 Ⅳ. ①G639.712

中国版本图书馆CIP数据核字（2020）第173853号

我的美国交换生全记

著　　者	曲秋爽　陈莲红	
责任编辑	程秀梅	
封面设计	清　风	

出版发行　**长春出版社**　　　　　总编室电话：0431-88563443
　　　　　　　　　　　　　　　　　发行部电话：0431-88561180

地　　址	吉林省长春市长春大街309号
邮　　编	130061
网　　址	www.cccbs.net
制　　版	吉林省清风科技有限公司
印　　刷	三河市华东印刷有限公司
经　　销	新华书店

开　　本	710毫米×1000毫米　1/16
字　　数	290千字
印　　张	19.5
版　　次	2021年9月第1版
印　　次	2021年9月第1次印刷
定　　价	78.00元

序　言

我是山东省烟台第十中学数学教师，知晓美国交换生学习一事是从2017年9月《烟台晚报》刊登的招生信息开始的，而后从网上查阅了相关资料和信息，并阅读了李逸超的《加州校园迷迭香——上海少年美国游学日记》（语文出版社，2009年8月），孔屏、袁倪等著的《青春在彼岸——留美高中生活实录》（中央广播电视大学出版社，2013年12月）等相关书籍。

综合各种利弊条件，特别是经济现状，我们全家决定通过中介公司给孩子申请美国交换生1年期学习资格，然后他可以回国继续3年高中学业。孩子2018年6月要参加中考，也担心资格申请工作对孩子的中考备考造成负面影响。

申请过程可谓一波三折，主要是孩子回国后3年高中学习的学校接收问题，按照教育部《中小学生学籍管理办法》教基〔2013〕7号文第二十条规定"学生到境外就读的，应当凭有效证件到现就读学校办理相关手续。回到境内后仍接受基础教育的，应接续原来的学籍档案"。即学校的校长有权决定是否同意学生进行交换生申请工作。因交换生申请资格的截止时间在中考前，此时孩子不属于任何高中，故必须提前商定孩子中考的报考学校即回国后高中学业的完成学校。山东省烟台第二中学蔡润圃校长（现为烟台市委教育工委常务副书记、烟台市教育局党组书记、局长）得知此事后，给予我们大力支持和帮助，是孩子可以办理交换生申请并继续回国学习的关键因素，这也显示了烟台二中和蔡校长一切为了学生的办学理念和胸怀。

孩子出国后，我又阅读了董奕宁、谢子远的《我的！美国交换生日记》（上海教育出版社，2018年7月），用以参考和学习。

孩子在美国的学习、生活是非常好的。特别是寄宿家庭的接待条件和美国爸爸David Muschenheim、妈妈Ellen Muschenheim对她的关心和爱护我是非常满意和真诚感谢的。中国文化的标准和美国文化的习俗会有怎样的摩擦和融合呢？孩子和美国女孩Sofie Muschenheim之间相处融洽、趣事不断，值得家长和同学们借鉴和思考。

　　在本书中孩子把在美国明尼苏达州Highland Park Senior High学校一年来学习的每门课程和每节课的学习过程记录了下来，也把她参加学校组织的各项课外体育锻炼如网球、滑雪、射箭、田径、羽毛球、高尔夫球及艺术活动等进行了描述，更是把在寄宿家庭的日常生活进行了描写。可以为美国中学教育的研究及到美国中学进行留学提供一些细节性的材料。

　　留学对一个没到过美国的中国家庭来说需进行大量的前期咨询和准备工作，如人民币的携带金额和经办银行、美国不同地区分属哪些不同时区、来回美国航班的选择、美国学校学期的情况、课程难易程度的调级选班、为到美所做的各项生活基本技能的准备等等。

　　为准备美国留学和办理交换生留学事宜的家长和同学们提供一些帮助是我最大的心愿，为有意了解和研究美国中学教育和素质教育的同人提供一些连续、全面的素材并有的放矢地应用到国内的教育实践中是我的初心。

陈莲红

2020年1月31日

8月21日　星期二

我坐在飞往明尼苏达州的飞机上，内心突然有些迷茫。就这样去往美国？就这样离开了自己熟悉的家人和朋友？就要在一群外国人之中度过294天（2018年8月21日至2019年6月10日）的光阴？……

北京时间8月19日23∶35，我和妈妈乘坐的烟台开往北京的K286次列车准时出发，半路上却因大雨修路晚点了，后来又不断给别的车让行，到站时晚了将近5个小时。

酒店离火车站挺远，只能先坐地铁去机场，再等酒店的车来接。到机场的地铁1个人票价25元，我们20∶05到了机场，完美地错过了酒店20点整的班车。索性在机场里转悠问明白第二天坐飞机要走的航线。机场的小姐姐超漂亮，小哥哥也都蛮帅气，而且都超级有耐心！正发愁飞西雅图机场怎么转机，忽然反应过来，这是在北京啊。哈哈，语言很通啊，好一顿偷着乐。

到了宾馆，洗完澡23点多才睡觉。8月21日的航班是11∶20起飞，国际航班要求提前3个小时到机场办理登机手续。第二天早晨6点就得起床，早饭也没吃，睡眼惺忪地到了机场。哪知道我去得太早，托运行李的地方还没有工作人员。等了好久，办完手续拿到登机牌，由于时间太早，我又出去了，找到一直在外等候的妈妈吃了点儿饭。真正要走了，跟妈妈挥手告别，还真的有点不舍呢。再回头时，已不见了妈妈的身影。

过了安检，按照登机牌上的信息找到登机口，便开始了漫长的等待。上飞机之前，我还被抽中防爆安检。工作人员拿着个小纸片贴着我的包仔仔细细地检查，还要求我脱鞋进行检查……

11∶30，飞机起飞。虽然感觉行程很漫长，但达美航空公司还是让我的旅程过得蛮舒心。座椅很舒服，坐了那么久也没腰疼，而且头后面还有靠枕，不拿颈枕的话也OK。但飞机上空调吹得很冷，把毯子从脖子一直盖到脚，光脚穿拖鞋把脚冻得冰冰凉，头顶戴着帽子还是抗不了空调冷风吹，只得拿外套盖了头。迷迷糊糊地睡了一觉，两小时左右。一个女孩时不时站在我侧前面跟同行的人聊天，声音有些大哦，真的让人很无语，又是一个考验素质的时刻。飞机餐蛮丰盛，一共3顿：1顿正餐，1顿小吃，1

顿下飞机前的加餐，但讲真啊，都是看着好吃而吃起来凑合……嗯，你懂的。飞机上的空姐也都岁数比较大噢。

飞机上最最开心的事就是我旁边坐着一位在美国读研的小姐姐，我跟她聊得超级尽兴，她还给我讲美国的人文和她的经历，教我怎么填海关申报表……人真的超好。最幸福的是下了飞机她又带我过海关、取行李、托运行李、过安检、转机，教给我怎么在机场找自己航班的信息（西雅图塔克马机场好几个门哦，要先在大屏幕找到自己是几号门，再坐机场里跟地铁差不多的车去找自己要去的门）。我找到门之后看时间还早，就开始在机场里转悠，直到飞机起飞前15分钟左右才开始登机（飞机的登机口随时会变，一定要随时留心！），嗯，飞机肯定要晚点了……

满眼望去，飞机上尽是外国人，也没人陪我聊天，戴着眼罩迷迷糊糊地睡了两觉，飞机也落了地。给寄宿家庭打过电话，循着大屏幕上的信息找到自己取行李的传送带，取好行李后不久，便见到寄宿家庭的妈妈跟妹妹举着欢迎我的牌子笑着走来，友好问候、拥抱之后接过我手中的行李出了门，找到开车在外等候的爸爸。车上一路尬聊，他给我介绍路边的建筑和明尼苏达州的概况……不久就到了家。

家里地下1层，地上3层，还有车库和花园。带我参观完了，我就迷茫到找不到回卧室的路……在客厅里聊了会儿天，便回屋收拾行李，边收拾边跟国内的朋友打着电话聊天。随后我把带来的礼物一一给家庭里的成员们做了介绍。他们对我带来的剪纸和书法十分欣赏，立马摆在了家里的壁炉上。最出乎我意料的是妹妹十分喜欢喝茶，对我带来的茶叶超级开心。虽然国内的茶叶跟这儿的不太一样，但我也超高兴的。

收拾完我的行李，爸爸妈妈在楼下陪妹妹看动画片，我便也凑了过去。看完已经九点多，突然觉得饥肠辘辘。委婉地跟妈妈说我有点饿，她耐心地开始给我热饭。虽然就热了点米饭和猪肉，但吃起来超级香，也十分暖心。吃完饭洗了澡，钻进被窝里沉沉睡着了。

8月22日　星期三

早上6点多钟自己就醒了，美好的一天开始了！

爸爸已经收拾好了准备去上班，这么早就去也是蛮辛苦的。洗漱之后下了楼，妈妈已在厨房，开始教我怎么用咖啡机接咖啡、怎么烤面包，并帮我抹果酱。

吃完早饭后，妈妈开车带着我和妹妹去了市中心的超市，买了叉烧和学习用品。中午在饭店吃的饭，点餐过程十分艰辛啊，有的根本看不懂。妈妈没让我付账，蛮不好意思哦。

中午本来想小睡一会儿，结果手机定的闹钟没响，一觉睡到了17:30。妈妈已经开始做饭，炒米饭闻着喷香喷香的，过了一会儿爸爸也下班回来了。我想帮忙，但妈妈已经把一切准备妥当。我帮忙擦了桌子，在庭院里吃过晚饭，我们准备一起出去骑车，超兴奋！爸爸开始给车打气：两辆单车，一辆双人车。我骑妈妈原来的车子，爸爸妈妈骑双人车。谁知妈妈那车座太高，我脚够不着地……爸爸给我调座位也没能调得动，最后我只能骑妹妹的车，妈妈骑自己的车，爸爸和妹妹骑双人车。我并没有听懂他们说的目的地是哪，一路上跟着懵叩叩地骑，途经公园，停下来玩了会儿；半路上有练苏格兰风琴的，我们也停下来看。出乎意料，最终的目的地是一家冰激凌店。依旧十分不好意思，妈妈没让我付账。

回家的路十分艰辛。我才知道我们是住在地势较高的山上，一路蹬回来真的累得要命。晚上爸爸妈妈帮妹妹收拾房间，原本真的是很乱，但收拾完了很棒哦，妹妹还送给我一个她的玩偶，开心！

8月23日　星期四

凌晨2:30醒了之后好不容易才睡着，可能我还沉浸在北京时间里面吧。

上午跟妈妈出去遛狗，一路上聊得很高兴。之后回到家里洗了衣服，要用到洗衣机和烘干机，妈妈一步一步教给我怎么用机器，但洗衣机花的时间蛮长哦，将近1个小时。

下午跟妹妹去了泳池，第一次试了跳板和水上攀岩，滑梯也超有趣。

妹妹活力四射一路跑着跳着，我表示跟得很艰辛。令我十分惊讶的是他们的露天泳池没有柜子，东西都放在一旁的桌子上，没人会动，也不用担心会丢。泳池边的工作人员都很负责，大声吆喝着维护秩序，保证孩子们的安全。

晚饭前帮忙择菜、洗菜，原来做沙拉的菜都是从花园里采的，绿色天然呢，哈哈。晚饭是牛排和沙拉，牛排很好吃哦！

爸爸很幽默哦，去花园的门很难开，我使了很大的劲那门还是纹丝不动，爸爸来帮忙依然打不开，最终爸爸和妹妹合力才把门拉开，爸爸却一脸轻松地跟我说：Come on，it's easy！随后我们笑成一团。

饭后一起窝在沙发上看电影，我困到快睡过去了。好不容易熬到电影结束，他们又邀请我玩游戏，不好意思拒绝就又跟了过去。先是玩骰子，看谁能先把6个全都扔成全是一样的或者奇数、偶数、1—6等等。嗯，一脸懵的我从来就没赢过。然后又开始玩扑克牌。每人先拿4张牌，再从剩下的牌中拿牌轮着传，看谁能先聚齐4张一样的，就可以去抢桌子上3个勺子中的1个，其他人就可以开始抢剩下的勺子。这就要看手速了。虽然我经常反应不过来，但还是蛮有意思的。

嗯，熬夜翻译妈妈给寄宿家庭的信也是有点扎心了，虽然有同学表示自己很闲要帮我翻译，但最后我还是决定自己来⋯⋯

8月24日　星期五

一睁眼8：30，我表示很懵，好吧，看来只定两个闹钟还是不够。今天可是要去State Fair啊，我竟然睡过头了。

坐上大巴，出发！

买票、排队、进场，坐上观光缆车让我一览整个集市的风采。下了车就开始下雨，我们躲进了农产品展区。逛植物区时人挤人的，我紧紧跟着爸爸妈妈生怕被挤丢了，妹妹却四处乱跑，爸爸妈妈轮番儿找她。里面有用农作物的种子做的画，还是挺有意思的，虽然我都不知道那些种子叫啥。接着又去看了各种各样的花，依旧懵叨叨不知道那都是些啥。

逛完了植物区又开始逛动物区，最起码大部分动物我还是认识的，哈哈。各种动物宝宝萌翻了，大部分都是农场里的动物。

我也不知道我们一路上吃的都是些啥，但都超好吃，吃得饱饱滴。

最好玩的还是各种娱乐设施吧，尖叫声此起彼伏。先进了鬼屋（嗯，一点也不可怕），之后开始玩那些刺激的项目，各种翻腾。我和妹妹最后坐了一个飞天蹦极，上去之前吓到死掉，但其实没那么可怕啊，哈哈。嗯，最后闹腾得晕乎乎的……

雨淅淅沥沥下了一天，鞋和裤腿湿得彻彻底底。看着人家都一个个短袖短裤，我长裤加外套表示依旧很冷。佩服。

晚上回了家本来想好好休息，但他们要出去跟朋友吃饭啊，我又跟了去。那家的女孩跟妹妹是幼儿园同学，俩人还长得特别像。她爸爸还邀请我去他家弹钢琴呢。

21：30，睡觉！

8月25日　星期六

早晨我喝完了咖啡，看大家也喝得差不多了，我礼貌性地问妈妈咖啡机怎么刷，本以为她也会客套地让我放那她会刷，嗯，好吧，结果她一步一步教我。美国人的自立精神让我有点小震撼啊。

下午帮妈妈用吸尘器吸了地毯，确实需要些体力，但其实蛮好玩，妈妈还一个劲儿跟我说谢谢。

晚上吃完饭看电影《丁丁历险记》，以前看过书能帮助理解，再看依旧觉得超有意思。

最尴尬的莫过于晚上睡觉前我躺床上开始背单词，结果呢就不出我所料地开着灯睡了过去……最后睡眼蒙眬中是爸爸给关了灯吧。

8月26日　星期天

早晨，爸爸的妹妹一家要来家里吃饭，爸爸妈妈很早就开始忙活，我也去帮忙，一直到8点多她们才来，真的是饥肠辘辘啊！可又不能先偷吃。

饭后围坐在客厅聊天，美国式的幽默，笑声一浪高过一浪。

下午，我们一家带着大狗狗去了一个有瀑布的公园，景色超美的。

还去了一个供小孩子玩耍的操场，妹妹以前学过体操，在一个转盘里一个劲儿转也不晕，嗯，我看她转都晕得慌……晚饭是在公园里的海鲜餐厅吃的，炸的东西比较多，还有的我根本就没见过，但无一例外都很好吃啦。

黄昏时分，爸爸开着车环游小城，告诉我路过的建筑啊、河啊、湖啊，虽然它们的名字我一个都没记住，而且地点也都忘得差不多了，但看看景色都是挺美的。

晚上回家看了个"动物世界"的节目，满满的全是笑点。其中有一只公的树懒听到母树懒求偶的叫声，跋山涉水地游过河爬上树去找她，却发现他找错了人，这只母树懒已经有宝宝了，哈哈，他一定委屈到想哭，而且他的所有动作你一仔细看都萌到想笑。

8月27日　星期一

上午和妈妈一起陪妹妹去Mall of America买鞋，各种品牌在里面都有独立的店，比中国商场里的那种店大得多，看得我眼花缭乱。特别是鞋，超级便宜，嗯，我好不容易控制住了自己。

中午回家吃完饭，下午又和妈妈去了超市，还在出口的一堆花花草草中发现了一只树蛙！回家之后的配置就是边睡觉边背单词……之后又帮着做饭哦，鸡肉、类似小米饭却又不是米饭的饭，哈哈，还有我叫不上名的菜，鸡肉是真的超级好吃！

晚上电视不晓得咋了，看不了电影，我们就开始看"动物世界"，虽然还蛮有意思，但是本来我就不认识那是些什么奇奇怪怪的动物，又听不大懂，结果就是靠在沙发上睡了无数觉……

爸爸在衣帽间的门上给我挂了个大镜子，我就可以照全身啦，还在我屋里贴了海报，还是夜光的……开心啊，哈哈。

8月28日　星期二

下午妈妈陪我去学校拿了平板电脑，苹果的，还带外壳、带键盘，这么高的配置也是惊到我了。每个人还有一张纸，上面是各种的用户名和密码，学校考虑得好周到。回家之后各种注册玩得不亦乐乎，但是看到邮箱里全英文的邮件时果断放弃……

晚上妹妹的朋友来家里吃饭，聊得很好。之后一起去了猫王的模仿演唱会，除了有点臊气和飘了点小雨冻得要死之外还蛮不错，气氛很不错。

8月29日　星期三

中午吃过饭以后和妹妹去市区转了转，去了星巴克、一些小超市和图书馆。嗯，星巴克的咖啡在这是真不贵，虽然我也不知道我那是要了个啥，但小份的也把我撑得够呛。之后在小店里，妹妹把所有的蜡烛都闻了一遍，我被熏得慒慒叨叨的……

我在半价图书馆买了一本书，用来以后打发时间吧，哈哈。

晚饭前跟妈妈和妹妹玩游戏，类似大富翁那种用钱各种买卖，最后我的钱最多，哇咔咔咔，开心。

饭后，我们又一起打羽毛球。在院子里支起网就能打，超方便。本以为他们的水平会很高，但其实并没有哦，我觉得自己棒棒哒，哈哈哈。

8月30日　星期四

今天上午爸爸妈妈陪我一起去学校参观、选课。先是一位老师带着我们新生把学校从一楼到三楼介绍了一遍，作为一位资深路痴，我表示会迷失在学校里。溜达完一圈，妈妈陪我去找顾问排课表。幸亏学校里有一位台湾来的中国老师可以帮忙翻译，要不然真的是难以沟通。必修的有数学、英语、化学和地理，选修的是法语、工程设计课和排球。对于法语和工程设计课至今我都是慒叨叨的……用英语学法语和工程设计课，想想都开心（笑容僵硬）。定好了课程表，妈妈知道我找不到路啊，哈哈，又陪着我一间一间找教室，还给我规划好了从早晨到晚上一天要走的路线，超感动。看教室的时候，好多同学会主动跟我打招呼，哇，感觉这里的同学都很友善呢。

下午心血来潮开始弹家里的电子琴，虽然效果没有钢琴好，但妈妈频频地赞扬让我开心到起飞！

晚上又去看了猫王的模仿演唱会。虽然还是觉得有点臊气但还是蛮酷的，我对他的歌其实并不是很了解，但也跟着瞎哼唱啊，哈哈。夏天还没过去，我却已经在潇潇雨丝中冻得瑟瑟发抖……

8月31日　星期五

中午吃过饭，我们一起去了商场。衣服、鞋啊都不是很贵，有的折成人民币竟比中国便宜得多。有件棉衣从100美元折成了40美元，哇，难以置信而且超暖和。嗯，购物总是让人超级开心。

更开心的是晚上去了Taylor Swift的演唱会。现在想想都觉得难以置信，唉，而且是朋友给的票还没花钱，买票的话也是超级贵的吧。我们两拨人要会合，我们在门口等了半个多点又好一通转悠才找到他们，真的是心累。美国人真的都是不紧不慢，都已经晚了还各种拍照，然后我们就这么完美地错过了开场第一首歌……演唱会的歌大部分都是些新歌啊，我就知道几首，嗯，常听的那些老歌一首都没有唱也是有些无奈。但还是各种兴奋啊，全场基本是站着的，前排的人一站起来，后边的再无奈也只能站起来了啊，尖叫、鼓掌、踩地板，整个体育馆都在震，跟着音乐开始蹦迪，还有吃有喝感觉自己要上天。入场的时候每个人还给发了一个手环，我们好一通研究它也不亮，谁知道它是后台控制的。有的时候观众席上的一起亮，有的是Bling Bling的，但都超漂亮，气氛超赞！

我不得不吐槽一下退场的时候有多挤。为了维持秩序还用栏杆围出来一条路，好多人开始翻栏杆，我们还是跟着队伍挪啊、挪啊、挪啊……上火车的时候很有意思，火车到我们这儿，车厢里的人已经满了，我们正发愁要怎么上去，我们同行的一个叔叔冲着里面喊："嘿，伙计们，我们这还有13个人呢，往里挤挤，我相信你们能做到！"嗯，我们竟然真的都挤进去了……

9月1日　星期六

今天闲来无事开始数钱，结果把花了的和剩下的一加起来，嗯嗯嗯？多了一百？哈哈哈，心里这个滋味儿啊，管它呢，不是少了就行。

晚上我们一家和三个朋友再次去了State Fair。先看了一场赛马，全场欢呼声不小呢，但我并不是很有兴致。接着就开始边走边买边吃总算是填饱了我之前连声抗议的空瘪瘪的胃。半路上还看到有展出的房车和大型皮卡，都好酷哦！逛游得差不多，我们就去了游乐场。真的是人挤人啊，比赶庙会还热闹。黑灯瞎火的我还忘了戴眼镜，感觉一愣神就会被挤丢了，我们这一路的状态就一直在不停地互相找对方，有的时候，他就在你旁边可就是没看到，然后一个劲儿在那找，也是醉了。

游乐场里虽然人多但队伍不是很长，还没火爆到一排两三个点，哈哈。我跟妹妹好一通玩乐，把票都玩完已经22：30，我们出了大门去等免费接送的巴士。等巴士的人排了两列，还是一眼望不到尽头的那种。我的天，我们这条线路的巴士简直就是个bug，等了半个点儿连个巴士影儿都没见着。第一趟车肯定轮不到我们，第二趟才勉强上去了，到家又是快凌晨，笑容僵硬在脸上。

9月2日　星期日

经过一上午和一中午的帮忙、睡觉、帮忙、睡觉，下午的烧烤party渐渐热闹了起来，来的人变得越来越多。我也算是焦点之一了吧。来一个人就要寒暄几句。我已经放弃了记住所有人名字的念头，先记住脸再说吧，哈哈哈哈。

作为一个吃货，怎么可能禁得住那么一大桌子美食的诱惑？虽然早已经觉得吃饱饱了，可嘴还是不忍心停下来……

爸爸的爸爸和妈妈对我格外热情，跟我说他们的另一个儿子娶了一个中国女孩，问我要不要给她打电话聊天，还给我看了他们两个宝宝的照片，哇！真的是超级可爱！

有一个阿姨问我多大，聊着聊着发现我跟她儿子的生日在同一天！缘分真是个奇妙的东西。她还说要给我俩一起办个大大的生日party呢，哈哈，期待哦！

本来我对于这么多人的到来还有点小紧张，但他们都特别随和，人都超好，担心啥的都不存在了哦。

还有一个在美国出生的中国女孩，中文说得不是很流畅，但对我特别友善，拉着我聊天，我就开始教她中文啊，哈哈。

晚上有几个女孩留宿我们家，拉着我一起跟她们玩。做的游戏里的好多问题大多是关于美国的，我一脸懵……但还好在她们的"关照"下，我不是输得最惨的。到了十一点多，我熬不住了先退场，她们还很有兴头儿，小孩子真的是精力充沛啊……

9月3日　星期一

连着3天都熬夜，明天又要开学，今天就补个觉吧，哈哈。平时手机闹钟一响再看见有人找我，聊着聊着天就清醒了，嗯，好吧，今天他们都开学了没人找我，我就又一觉睡到了九点。吃完早饭坐了会儿觉得头疼，就又迷迷糊糊睡到下午三点多，午饭都没吃但也不饿啊，哈哈。清醒了之后，开始研究我的平板，学校给设了好多限制跟普通的平板完全不一样，好多内容还是英文版的，真是让我头大。妈妈玩不转，晚上又找爸爸帮忙，最后还是有解决不了的问题只能去学校解决啦。

9月4日　星期二

今天是开学第一天，早上爸爸妈妈一起带着我和妹妹，顺便遛狗，把我送进了高中的大门。离上课还有20分钟，我先上了三楼找我的柜子。嗯，有一种无奈叫作知道密码却打不开锁……试了半天还是找老师求助吧，啊啊啊。旁边教室的一个女老师帮了我，她解释的语速太快又快到上课时间了，我匆匆谢过她就往二楼跑。

第一节课，地理，好不容易找到了自己的座位。接着老师就开始介绍自己，讲了一堆规矩，我听得云里雾里。但开心的是之前在烧烤party上见过的一个女生坐在我斜后面还跟我打招呼。介绍完了，老师在大屏幕上打出了12个关于自我介绍的问题让我们写在一张纸上，我看得懵叨叨的没做完啊，扎心了，去拍了照片晚上回家再奋斗吧。

第二节课工程设计课，却没用电脑设计啊，哈哈，成了手工课。天花板两根柱子之间系了一根线，老师给了我们一些材料，要求不能用人工给它向前的助力，不管采取什么办法都行，看谁的能跑得最远。我跟两个男生一组，他们对我都很友好，我们一起想办法。这种头脑风暴真的感觉不错呢。第一次采纳了我的意见，把绳绑在木板上，木板粘在气球最顶上，再把绳挂到天花板的绳上，吹鼓了的气球一撒气，那整个装置嗖的一下算是沿着绳飞了出去，还蛮远的，哈哈哈。后来我们又进行了改进，在绳上拴了一个重物，把绳粘在气球最顶上，再把绳挂到天花板的绳上。上次只是测试，这次要算成绩了，效果咋样呢？气球一撒气，才动弹了不到1米，还不如不改进呢……我有点小伤心呢，但同组的两个男生还是很兴奋，享受过程最重要啊，哈哈。反转来了！其他几个上去展示的组还没我们跑得远，眼看快下课，老师暂停了这个活动。哇咔咔咔咔，我们竟然是最远的，哈哈哈，突然开心！

　　第三节课是化学，老师给我们做了一个烧钱的实验，结果真的把钱烧着了，哈哈哈，我就笑笑……接着也是开始叮嘱，发了一摞规矩啊啥的，还要签字。

　　午饭时间到！我先去柜子把我上排球课的运动服拿出来，嗯，好吧，果然我又打不开柜子了……再次求助啊，我也是服了自己。这次是个男老师，讲得还蛮清楚，自我感觉会了……

　　急匆匆跑去食堂吃午饭，嗯，再次迷失在学校里……好不容易找到了，噢，我天，排的队不短啊！也不是很饿，就去隔壁餐厅无人问津的柜台抓了点吃的，薯片、西红柿、苹果，还有肉酱。在密密麻麻的人群中找到一空座，吃完了奔往下一节课——排球课。

　　到了体育场，我问一个同学这是排球课吗？哇，他们都超友好，还跟我聊天呢。第一节课讲完规矩啊啥的，我们就开始围成圈圈自己颠球玩。哇，我的天，还好我有点儿基础，要不真的很难融入进去，但我玩得超开心呢，虽然胳膊有点痛……

　　第五节，数学。为了互相熟悉，老师让我们按名字的首字母的排序站成一圈，他说的是名我却理解成了是姓，按Q站好了，等到介绍名字的时候才发现不大对。啊啊啊，这下糗大了。还好我机智，中文名也是Q打头啊，哈哈，那我介绍我的中文名吧。哈哈，觉得自己聪明到要上天！随后老师在平板上做了一个关于课堂基本内容的小测，其实就是玩玩而已，一脸懵掉的我，他们答题都一半多了我才注册进去，还好有对桌的女孩帮我啊。

第六节，英语。上课有个半游戏的答题，我怎么都注册不进去。嗯，最后好不容易弄好了也快下课了，得到老师的允许，回家再做喽！

最后一节啦！法语……其实还好，学了法语的"你好"怎么说，又挑了一个法语名字，Catherine，因为这个简单，英语中也有这个名字呢。

我向所有老师介绍了我的特殊身份，他们都很关照我哦！

放学时下雨……但有妈妈来接，超幸福！

放学之后，我就徜徉在发的资料的海洋中，差点没淹死……什么说明啊、守则啊……拿着字典一点一点查……扎心啊……

9月5日　星期三

早上到了学校，先奔柜子去开柜子，嗯，好吧，虽然很无奈，但我还是打不开……还好里面没有啥关键的东西，果断放弃了。

地理课比我想象的要简单哦，内容不是很多也没那么难，大部分都能听得懂。

工程设计课依旧是完成上节课的小手工。我们重新做了一个，但跑得依旧不是很远啊……

化学课讲了一节课的安全规则，以后还要小测，哦，我的天。

排球课开始又是练颠球，然后……胳膊疼？！

数学课完美地开始发蒙了，这这这都是些啥玩意儿……

英语课开始讲语法！用英语讲英语语法！下了课懵叨叨去问老师，让他帮我写了个单词，结果还写错了，艾玛，把我困扰的啊，也真是醉了……

放学以后去找数学老师，他和工程设计课的老师还帮我从图书馆借了一个计算器，哦，超开心，自己买的话超级贵的，差不多100刀。

最最最开心的是！我终于自己打开了我柜门的锁！……

出了学校走到体育场看到练网球的，教练还过来跟我聊天，哈哈，原来他知道我，还邀请我加入他们的网球队呢！

晚上也没啥作业，但把这一天学的新单词都查明白也费了老大劲儿了，数学老师还发布了一个学生个人信息的小调查，也是蛮用心滴呢。

9月6日　星期四

大清早一进校门依旧是奔着我柜子去，好吧，还是打不开……

地理课布置作业做PPT，苹果的系统我是用得懵懵叨叨的啊，还好我机智，课上没做完晚上回家做。

工程设计课9年级有活动，我们就剩了6个人。两两一组，看谁做的手工飞得远。我们组创意无限啊，可是一试都行不通。最后时间到了，就特别随心地把纸团成团扔吧，我还特意用木板在一端夹出一个三角减少阻力，呵，我们组两次往外扔，第一次砸在天花板上，第二次砸在柜子上……但起码我们努力过啊，哈哈，同组的男生还跟我击掌庆祝。

第三节化学课时，我们全体10年级学生在礼堂开会，然后化学课就剩下了唯一的一个11年级学生，哈哈，心疼他。

数学课的进度也是慢得惊人，当我用蹩脚的英语给小组的同学讲数学时，我表示十分崩溃……

今天晚上在学校展出各种社团的信息，爸爸妈妈陪我一起去了学校。楼上楼下地各种跑找教室，走了一个多点。我们还去看了机器人社团，特别酷！但想想要用英语学机器人，真的挺愁人的……选来选去，那就剩数学和演讲备选了？

9月7日　星期五

要参加学校的课后运动训练还要填表体检。早晨妈妈帮我把资料啥的都写好了签好字，还剩一页问答题我看不懂，本来以为学校护士会陪我做呢，好吧，我早晨去交表，她告诉我要我自己填……

地理课借课本了，哦，真的超级大超级沉……

中午吃的热狗、沙拉、葡萄、哈密瓜，边上两个黑人女孩特别友善，主动过来跟我聊天。

周五的排球课可以选择自己喜欢的运动，但我的搭档留下来打排球，我就跟她一起吧。打排球的人不是很多，正好组队打了场随心所欲一点的比赛，没人管什么规则，就瞎玩呗，哈哈。虽然我技术不是很熟练，但也不是一点作用没有啊，哈哈，还能发得过球去。

英语课欣赏音乐读诗……真是挺要命的……

法语课由于9年级有活动，就剩我们两个学生上课！开始上小班课了，哈哈哈，正好可以让老师帮我读学过的内容了，啊哈！

9月8日　星期六

中午去吃的中餐哦，跟我们一起的朋友当中，有一对叔叔阿姨以前接待过中国的交换生，还在青岛住过一段时间，啊哈，真是神奇。餐桌上我成了主角呢，贼爽。

下午又去看了一个意大利交换生参加的足球赛，嗯，我也就是走马观花，哈哈，还差点没被晒死，要被烤煳了。

晚上妈妈要出去吃饭，爸爸带我和妹妹出去吃的。虽然就是汉堡薯条奶昔，但真的超好吃。接着又去看电影，是美国老电影，看得我怀疑人生。感觉就是一群傻子在耍彪逗观众笑……大概就是讲了一个男主，有两个阿姨，她们有一癖好就是杀老年独身男人，她们家已经藏了13具尸体。她们还觉得这是慈善不是犯罪，帮助他们解除了年老孤独的痛苦。男主发现以后很吃惊，想报警又于心不忍。后来男主多年外出未归的哥哥回来了，他是个杀人犯，还带来一具尸体想藏在他们家。男主发现了他哥哥的秘密，他哥哥也发现了家中的秘密，双方互相威胁又互相妥协不报警。男主哥哥也杀过13个人，但他觉得不服气，一定要比男主的两个阿姨杀的人多，就想杀男主。跟随男主哥哥的一个医生告诉男主，他哥哥想杀他，他还当笑话听。后来，男主的妻子差点被他哥哥杀死，向男主哭诉，他却忙于别的事而对此置之不理……呵呵，这真是我看过最狗血的剧情。

9月9日　星期日

上午在家写作业，地理作业还要求描述麦当劳，可问题是麦当劳在中国不流行啊，在中国受欢迎的是肯德基好嘛！麦当劳全球共有32000家，其中美国有13000家，中国才2000家左右，而在中国肯德基的数量差不多是麦当劳的两倍，有意思有意思。

地区负责人今天下午本来说要来找我了解一下情况，结果不知道她们沟通中的哪个环节出错了，她以为我们下午有事就没来……改到周二晚上。

晚上在家看电影，漫威的超级英雄系列，这才像个电影的样儿……啊啊啊，这是我来美国之后看的第一部带字幕的电影！真舒服！总算不是从头懵到尾了！

9月10日　星期一

开学第二周！

第一节地理课，老师问了个问题，我周末预习正好看到了，第一次举手回答问题。一共4个答案，一个同学说了1个，我说了两个，老师问最后1个，我又举手了。老师问除了我之外还有别人回答吗？嗯，我听成了叫我回答，把答案喊出来的那一刻尴尬了，啊哈哈哈。

工程设计课上自己查资料写论文，还算顺利哦。

化学课的教室真的冻！得！要！死！有一种开了空调的感觉……

数学课大考前的小测，不是很难，错了的一道题是败在了英语上……

最让我无语的是原计划的体检，需要校医给老师送请假条我才能出去，结果她们找了个同学把假条送来时晚了半个点，真是扎心了。就这样体检完美地推到了周三……

9月11日　星期二

化学课上老师边讲课我边做iPad上的小测，我第一遍提交因为书写出错，第二遍提交因为x和y写反了它给算错。但其实这俩是并列的啊，老师设置答案的系统真的是个bug。第三遍提交才全对了，也亏了我旁边的小哥帮我检查。

我买了一件学校的卫衣，款式很潮还超舒服。

学校有picture day哦，虽然要花钱，但是留个纪念嘛，哈哈，蛮好玩的。

晚上地区联系人来找我们了解情况，真是醉了啊，叨叨了将近两个点，真是崩溃。什么要刮腋毛，不能跟国内亲人朋友聊天，除了睡觉不能在卧室待着，各种奇葩规定听得我一脸懵，笑容一度凝固在脸上。

9月12日　星期三

排球课互相对打，我接了几个不错的球，唉，开心！

化学题要求查一些物质燃烧的颜色，我却理解成了查这些物质原本的颜色，幸好在问老师的时候发现了，枉我之前好一顿查！

今天上数学课，有一道超简单的代数题，老师讲了一种解法，有同学又提出另一种解法，显然是不对的，老师问谁给他改改，竟然没一个举手的。行吧，我一咬牙一跺脚大义凛然地举了手。课后我找老师的时候，老师跟我说那个同学一提出来的时候，他也有点困惑。

今天去做了体检，这学校真是高大上，先不说测视力量血压，竟然还测听力抽血，也真是惊到了我。

放学往外走的时候，迎面走来一个女孩，我也不认识，却突然对我喊："你好高啊！！"也是把我吓了一跳，之后……开启尬聊模式。

9月13日　星期四

工程设计课上要做一个关于上次写的论文的1分钟演讲。快下课时，老师问有没有要讲的了，最后一个名额，然后我竟然举了手，还是早讲早完事吧，哈哈。在我演讲的过程中，还有一个女孩在下面向我点头示意，哇，真的超开心。

排球体育馆装修，我们到网球场打排球，也真是醉了。今天要求对打，排球在地上垫一下之后再接球也真的蛮好玩。嗯，我发现我的水平挺高的，哈哈哈哈哈哈。

今天去登记了课后网球训练，开始参加网球运动了哦。我被分在了一个比较low的组，真的给我无奈到不行……一个小姑娘不知道练了多久，但肯定不是才开始学打，发了10个球有9个出界，嗯，我们剩下的3个人就静静地看着她自娱自乐……我第一次摸球都不止这个水平好吗，啊啊啊啊。下次我一定要找个打得好的抱大腿！！！

9月14日　星期五

化学课我们做蜡烛燃烧的实验，老师还给我们准备了跟棉花糖差不多的东西和牙签，让我们烤棉花糖玩，哈哈哈，就算是烤煳了的棉花糖，也依旧很好吃哦。

数学课用平板考试，一共7道题，还都贼简单，分分钟搞定，当然是全对了，哈哈哈。这么简单啊，还有同学交头接耳问答案啊，我也是醉了。

英语课我们要进行一个脑洞超大的演讲，老师让每个人带一个包还不能是上学用的这个，里面装3件对自己很重要的东西，在自我介绍的同时介绍这个包和里面的东西。我哪有额外的包，随便从寄宿家庭抽了一个，也有介绍的价值啊，哈哈。里面装了我在Taylor Swift演唱会get到的手环，我的机票信息和我带的那件旗袍。哦哈哈，我觉得我这些东西还蛮有震撼力的。还有一个女生把她的小宠物带来了，好像是荷兰猪还是啥，倒真的是挺萌的。

9月15日　　星期六

上午我们一起去了农产品市场，还买了一束花。在那里的一家餐馆吃了顿饭，我也看不懂菜单，那就随便点吧，明明是三明治，结果外面的面包超级硬，我的牙还没掉也真是奇迹，要命了……

中午躺在院子里的吊床上眯了一觉，他们都觉得外面热得要死，但我觉得阳光晒着真的超级棒啊，不过要下来的时候，呵呵，一屁股摔下来了，看来下吊床也有技巧啊……

晚上朋友一家来吃饭，爸爸烤的肉超级好吃！我就是这么吃胖的吧……

英语作业布置的是读一部短篇小说，是一个非洲裔美国人写的，根本都不是纯正的英语，好多用法都是错的，真是要命了，把爸爸也折磨得够呛，啊哈哈，还好来吃饭的一位阿姨大学主修的英语文学，给我一点一点讲，哦，超有耐心的。

9月16日　星期日

上午妈妈带我去超市买零食，我再不自己买吃的，我怕把他们吃穷了……大包的薯片我买了4包啊，哈哈哈，最吸引我的还是大大的红色的sale。超市卖牛仔裤、牛仔裙啊啥的，远远我就看到一个大大的50%，嗯，走近了发现是第二个半价，这种广告牌就是给我这种看不清的人准备的吧……

我今天还要继续奋斗那篇语言不通的文章，最后把爸爸都给整蒙了，表示有的他也看不懂，哈哈哈，我也是对这文章很无奈啊。

晚上给朋友过生日，有3个在9月份过生日，为了省事一起过了。这连着三天晚上吃大餐，还是吃不够呢。饭店还不让自己带蛋糕，我们吃完饭去了爸爸的姐姐家吃蛋糕，有点甜还有点腻，但还蛮好吃。她们家有桌上足球，唉，玩得超开心！我水平还挺高哈，但屈居第二，爸爸水平太高了，打不过啊打不过。

9月17日　星期一

第二节工程设计课开始画画了，虽然我有点无语，但我觉得我还是蛮有画画天赋的唉，哈哈。看来以后还有不少需要画的啊。

化学课进行了两个小测，我都是全对，啊哈，开心。但布置了要背元素周期表1—40号的名字和缩写，英文啊……生无可恋。下课以后我多留了一会儿，让老师帮我看看我写的实验报告，呵，也真是有意思了，他们教的蜡烛燃烧原理是液体石蜡燃烧，我之前学的是石蜡蒸汽燃烧，好嘛，我跟老师探讨之后，老师说我也对，行吧，这样吧。忙活完这些再到餐厅吃饭，发现柜台都没人了，我一脸懵啊，他们怎么收拾得这么快……跑到后厨找人给我盛饭…

放学的时候正好下大雨，看起来虽不大，但我刚迈出门就退回来了，最后还是妈妈开车到学校接了我。

9月18日　星期二

工程设计课接着画素描，还要注意画阴影。我选了个鼠标画，画完了立体图，老师溜达着看的时候跟我说下次要记得画平面图。好吧，好吧，那我还是擦了重画吧，反正画画这种事还是蛮好玩的。

数学的考试虽然简单，但是考了满分还是超开心。

英语课要赏析阅读的一篇文章，写主题，要命了。我的partner有事走了，留下我孤苦伶仃一个人，只好找别人搭伴求生，好在最后也顺利完成了。

法语课，老师告诉我们，几天以后或者下周会有考试，还是口语考试，哎，我的天，我连1—10都没数明白呢……其他人也好不到哪去啊，哈哈，老师提问时全都捧着笔记。

9月19日　星期三

地理课看完了关于沃尔玛的视频，老师让我们完成一页题，其中有一道题要求在看完视频后提出5个问题。提问题？还5个？哪有那么多问题？关键是我根本就跟不上那视频的内容，老长老长，将近一个小时，哈哈，还好，老师把视频的字幕发给我了，我才把题给编排完了，真是艰苦。

工程设计课这节画汽车，老师竟然还要求用阴影表现出塑料和木头，真是要看想象力了……但我觉得老师给我讲了讲，我画的还不错。

化学课要自己看书做笔记，还好不是很难哦。

排球课练习扣杀，莫名很开心。本来感觉会冷，最后竟然出了一身汗。

英语课考试，还要写小文章，对哈莱姆复兴的看法，最少6句话。行吧，那我就写6句，也是蛮符合要求的。还有两道题关于诗的内容，我连诗都没读明白，但我蒙得差不多都对了，佩服自己。

9月20日　星期四

又是凉飕飕的一天，早晨我跟妹妹去上学，她穿的短裤冻得够呛一顿狂奔，虽然说我也冷，但我根本跟不上她，给我无奈地啊，只能跟在她后面拼命追。

工程设计课我们要设计和改进咖啡杯，我提的三个意见我们小组采用了两个，开心啊，哈哈。

化学课学测量，都挺简单，有的地方跟国内学的不一样，但也没大碍，我们小组是第二个完成的呢。

数学课积极回答问题，老师还夸我了呢，虽然题目都挺简单的，但还是觉得是我聪明，哈哈哈。

英语课分小组讨论问题，讨论完了又重新分了组，交流之前自己组问题的答案。我第一遍说的时候他们好像都没听懂，但他们都特别有耐心，唉，特别是两个女生超和蔼，跟我说你再说一遍行吗？这个时候真的超暖哦。

法语课老师让我们找同学搭伴儿练习，练完了把录像发给她。我跟我的小伙伴儿很快就练好了，但录一次笑场一次，结果一直笑到下课都没录好，哈哈，明天吧。

下午放学以后网球队拍照，教练送了我一套衣服和短裙，本来是要付钱的啊，但教练说以后再说吧，嗯，对我这么好？拍完了，外面下雨了，我走回家鞋全湿了。

晚上，妈妈参加同学的生日聚会不在家，爸爸带我和妹妹在外面吃的，冒雨往外跑也真是不容易。

9月21日　星期五

地理课来了个代课老师，发给我们一张提纲让我们自学，还说我们怎么这么安静，呵呵……

化学课讲近似值和科学计数法，这不是初中还是小学学的吗……

排球课我们自己打比赛玩，我发球发得最稳，骄傲！

法语课我们在平板上用小游戏练习，3个或4个人一组，给出1个英文单词选法语词，只有1个人有正确答案，每进行1轮就换一个组。一开始同一组的人还可以聚在一起，可我们这群菜鸟敌不过大佬啊，差距悬殊。有一轮我正好跟我旁边的同学一组，可以交流，哈哈，开心。几乎到最后就一个选择了，我们俩都没有正确答案，肯定是在第三个人那儿吧，我开始四处搜寻着我们组的另一个人。屏幕上有名字但我们对不上号啊，但是！啊哈！一个男生正好跟我对上眼，确认过眼神，是对的人。他指指屏幕，意思是问我是不是该他选，我一个OK的手势过去，没错，我们组赢了！

9月22日　星期六

上午陪妈妈去商场给她的一个朋友的孩子买礼服，其间我跟妹妹在商场里玩过山车，玩得相当开心。还有一个超级暖的工作人员，我们俩的票的使用次数其实已经用完了，但我俩不知道啊，排队排到那儿，他一扫说票的使用次数已经没了，但还是放我们俩进去了，哎呀，真的超棒呢。

下午帮忙修草坪，也真不是个容易的活啊。好不容易用机器突突突推完了，还要收拾草坪边上水泥地上的草末子，专门吹风的机器还没电了，又不好扔在那儿不管，只能用笤帚一点点地扫啊，真是崩溃。

妹妹的朋友来家里玩，我们一起吃完晚饭之后去看了专业的足球比赛，一脸懵地跟着人家瞎喊，但还是蛮好玩的吧，我们队3：2赢了，哈哈。其实觉得另一个队也挺可怜的，观众几乎都是支持我们队的人，连个给他们加油的都没有……看比赛的时候我们买了爆米花吃，结果，竟然是咸的！盐还撒得不匀，有几口没齁死我，真的是咸得……

9月23日　星期日

周日了，周日了，在作业的海洋里游啊游啊。

中午吃完饭，妈妈在看美式足球比赛，我窝在沙发上盖着毯子懒着，暖暖和和的，睡着了……等我睡醒了正好比赛比完了，哈哈哈。

晚饭吃的面条，其实他们不叫面条，叫pasta。应该是撒过盐啊、胡椒粉啊什么调料的了，里面还有菜末啥的，但就是没味儿啊，然后每个人排着队再撒胡椒粉，倒也是蛮好吃的。

9月24日　星期一

今天学校照相哦，但我起床的时候完美地把这件事忘了，要不怎么也得早早起来打扮打扮。第一节课集体下去照相，一个女生跟我说这次照的照片要在平板系统里待一年，同班同学都能看见，而她就从来没照好看过……

　　工程设计课总算开始用电脑了，在电脑上用工具绘图，这次是二维的，写自己的名字。我一想，这太好办啊，一个圈一条直线，可画到S我果断放弃了，这上哪儿去找工具画出来这么带感的两个弧？那还是写我的英文名吧，Tiffany，倒也不难写。

　　化学课讲科学计数法，老师用PPT给我们做练习，结果里头有一个答案错了，她带着我们订正答案的时候，虽然那个答案错得太离谱，她看是看出来了，但又改成了另一个错误的答案。听得我一脸懵，全班也没一个吱声的，下了课我去跟她说，那么简单的个数她还用计算器算……

　　法语课，这节课口语考试。我难得幸运地被老师抽中了，这节课一共就考10个人，我就是其中一个。但其实还好吧，没那么难，考完了我也不记得自己都说了些啥，自我感觉良好。

9月25日　星期二

　　地理课，我们边做游戏边复习，我还可以啊，哈哈，在几道题上发挥了关键性作用，我们小组答完题时总分排第二。最后有一道附加题可以自己决定分值，对了就加分，错了就减分，我们随意吧，原来6000分，附加题就写了个3000分，结果我想出了正确答案，答案还没来得及写呢，嗯，然后就剩3000分了……

　　数学课考试，应用题全靠老师再给我解释一遍，我才能知道题意，但剩下的都挺简单的。

　　今天学校可以穿卡通人物造型的衣服，哇，有的真的超级可爱，有穿史迪仔的、蜘蛛侠的，还有泰迪熊等等，女生穿这种衣服叫可爱，但有一个男生穿了个泰迪熊套装，未免也太油腻了点吧……更让我无语的是我们英语老师，中年大叔了，穿个超萌的拖鞋，黄色的，每只上面还有两只大眼睛，我真是看一次笑一次。

　　不大好玩的就是英语课关于阅读的突击小测，还净问些细节，问一个非主人公的名字，还有他有什么标志性动作。我的妈呀，让我这种看不下去书只能靠笔记存活的学生咋整？但开心的是4道题我蒙对两道，旁边一个男生一道题都没对，也是个人才。

放学后本来有网球训练，结果因为刚下完雨地上有水取消了，我又不知道，换好衣服出去一看一个人都没有，给我冻得瑟瑟发抖。

9月26日　星期三

今天地理课小测，蒙对了一道问年份的选择题，比做对还开心，啊哈哈哈。

工程设计课上要用卡纸搭桥，看谁搭的最长。虽然我们组搭的不是最长的，但是动脑动手的过程真是蛮有趣的。

英语课老师给了我们一段书中的话，我们可以根据上下文写出理解并且要和之前的内容联系起来。我原本以为几句话就可以解决了啊，谁知道其他同学一写就是一整页纸还往背面写。我好歹也是瞎编乱造写满了一页纸……我们英语老师再现油腻大叔的形象，穿了件又肥又长的卫衣，卫衣挺时尚的，但穿在他身上怎么看怎么怪。

放学之后有网球训练，虽然发球有点弱，但是教练夸我了，开心！

9月27日　星期四

工程设计课我们要小组合作研究一件物品的进化史，我的组员竟然选了社交网络，难度太大啊，还要做PPT并且要配图，真不知道他们是怎么想的，是准备迎难而上吗……

化学课研究精准度和疏密程度，老师带我们玩了蒙眼睛转圈之后给驴贴尾巴的游戏。确实蛮好玩的，我最后一个上去试了试。我没用别人指挥，靠着我的智商摸出贴在黑板上的图片的外框，几乎算是零误差了，非常接近哦，同学还给我鼓掌了呢。

英语老师真的是调皮，课堂上，在我们做题的时候他居然一直用脚顶着高尔夫球棍还能不掉，听见同学开始讨论他，他竟然还给我们展示用鼻子和下巴顶高尔夫球棍，也真的是蛮厉害的，啊哈哈。

法语考试的成绩出来了，A哦。

下午放学以后跟别的学校打网球比赛。我被分在了6组，要等别人打完才轮得到我。本来就冷，还开始下雨。我跟我的搭档被冻得躲到了初中部，出去以后还是冻得要死。我参加的是双打，我们毫无悬念地输了，还输得惨不忍睹，但真的挺有意思的。输了也不怪我们呢，我们俩都是才开始练，而对手都已经练了一年半了……

9月28日　星期五

早晨心血来潮，尝了尝学校的早饭，虽然就一小口，但是里头的鸡肉味道还是不错的。

地理老师发在平板上的链接打不开，课上把我们集体拉去了微机室完成任务，我对苹果电脑一窍不通，都不知道怎么关机。

周五的排球课可以自由活动，我们开始自己随心地打比赛。一边站了8个人，真是好不热闹，虽然一直是那几个打得好的能接着球，但我也乐在其中。

英语课看电影了，最愁人的英语课总算是轻松了一回。虽然电影很老还没字幕，但是我们正在读这本书，也差不多能看懂。

最后一节课开心到要上天。高中部所有人都被拉到了体育馆，算是庆祝刚开学，也算是同学会，有公布最受欢迎的学生干部，还有舞蹈队、啦啦队和体育队表演节目，气氛超级活跃。虽然一看就是没怎么排练好的，好多人动作都记不住，但节目还是蛮有创意的。

晚上学校有舞蹈party，亏得我还带了条裙子。爸爸开车送我去，没想到学校正门还不开，要走另一个门。幸亏我没自己走着去，要不得在冷风中冻死……这舞蹈party跟我想象的有点不一样，感觉就像是国内酒吧里跳舞时的场景，在体育馆里，灯全关了，黑灯瞎火，闪霓虹灯，放着劲爆的音乐，一群人自娱自乐。时不时还有人solo一段，一群人把他围在中间，欢呼声嗷嗷的。体育馆特别大，但几乎所有人都往一块挤，边唱边跳边互相挤，一拨挤过来再一拨挤回去。最后一直挤到了放音乐的机器前面，老师只好停了音乐让我们所有人往后退。从七点多一直疯玩到九点多，也是挺累的……

9月29日　星期六

今天上午10点，去了一个什么有关问题少年的学校，因为校长是爸爸的朋友，算是去支持工作了，但他做的薄烤饼真的超好吃，淋上蜂蜜，煎鸡蛋大小，我吃了4个，还吃了迷你小香肠。

之后去了超市买零食，我自己推了一个小车，几乎放满了一车，也是不便宜啊……

回家之后玩牌，但不是传统意义上的那种打扑克。虽然我从来没玩过，但我学得蛮快哦，最起码我的得分还不是最低的。

晚上去了一家比萨店吃饭，我的饭量已经跟爸爸持平了，但沙拉中不知道有些什么味道奇奇怪怪的东西让我难以下咽……

9月30日　星期日

姥姥几天前来了，住在我们家，今天早晨要坐飞机回去。虽然我昨晚睡得挺晚的，可早晨还是强打精神起来了，跟妈妈一起去机场给她送别，她超级开心的呢。

然后就是在书中沉浸的一上午……

中午吃过午饭，我们带着狗狗开着车去了一个专属于狗狗的森林公园，在那里让狗随意跑。泥泞的路毁了我的白鞋底，但是遇水搭桥遇阻爬树真的有种释放自我的感觉。爸爸还把球专门往河里扔让狗狗去捡，结果有一次把球扔到了盘根错节的一棵大树底下的河里，狗狗找不到球了，哈哈。最后还是我跟妹妹下去在一堆树根中把球捞上来了。各种各样的狗狗追着闹，最无奈的是，我被一只刚从水里爬上来的狗狗甩了一身的水啊……

10月1日　星期一

工程设计课小组合作做PPT还要展示，我们第一个上的（因为石头剪刀布输了），但我们觉得做得还不错哦。

午饭有一样神奇的东西以前从来没见过，我想试一试，感觉就是煎鸡蛋饼或者面皮卷里面不知道包了些什么，上面还淋的番茄酱。但其实真的不是很好吃，里面是些豆啊啥的和酱，那么大一坨还得用刀切，刀一切里面的酱都往外流，好不容易才吃到嘴里。

今天走在楼梯间，突然身边一个女生跟我说，她跟我在同一个历史课堂上，我要是有问题可以问她。我一脸懵，我不上历史课啊……但怎么说也得跟她道谢。等她走了，同行的朋友问我，谁是你的历史老师，我跟她说我不上历史课，她也开始一脸懵。她给我解释完了，我才知道她们口中的"历史"是指地理，9年级的历史在10年级时换成了地理，但还是习惯称之为历史，哈哈，原来是这样的！

10月2日　星期二

早晨进校门的时候，正好碰到早餐车，便顺手拿了一份。不能说有多难吃吧，但确实不好吃……

地理课要小组合作做PPT。我前一天晚上做了一部分，今天我们小组的人发现之后跟我说Are you crazy？（你疯了吗）我不就是勤快了点么……她们效率也真是没法儿说，一节课几乎什么也没干，就我们两个人在那奋斗。

英语课关于读书内容的小测试我得了5/4呢，一道附加题也答对了。以前光看网上的笔记，细节的部分都不知道，而老师考的好多都是细节。这几天开始啃原著，虽然比较吃力吧，但自己读过，做了笔记，考试就没有大问题了（考试的时候可以用笔记哦）。

法语课换座位，但换座位的方式真是蛮好玩。老师把我们全叫到走廊上，然后抽签，抽到的同学按顺序进去选座位，但是新座位旁边最多只能有一个原来的同桌，我找了几个法语比较好的。

晚上放学以后妹妹拉我陪她玩，就是那种一块一块积木搭成一个塔，从底下抽木块往上搭，两人轮流来，谁把塔弄倒谁就输了。玩了好几局我连胜啊，哈哈，最后我终于输了一局，妹妹超级开心。

玩完积木妹妹又要做饼干，我就静静地站在一旁看她做，偶尔帮帮忙。虽然她真是有点挺能作的，但饼干还是蛮好吃滴！

10月3日　星期三

工程设计课考试！最愁人的不是考试，而是它还考主观题。就是用自己的话描述一下什么是工程师，工程笔记本有什么作用等，感觉完全没有正确答案啊。

数学课上我们小组合作做海报，还要往上写题。小组里的一个同学不会做，还是我帮她做的。

英语课老师没来，找了个代课老师，让我们4人一组讨论我们读的书。我的搭档几乎都没读，跟她讨论能讨论出个啥？还是我机智，昨天就跟另一组几个比较好的同学预约了今天跟她们一起讨论。一个女生带的零食，我带的巧克力，休闲式学习就此开始。我发现分享零食是一个超级好的交朋友的途径，立马就聊high了，没有人会拒绝吃的吧，哈哈哈。

本来放学后有网球比赛的，结果因为下雨又取消了，明天是最后一场比赛了呀。

放学之后饿了，心血来潮想煮方便面吃。突然发现我好像不知道应该先烧开水还是先放面条……水烧开了，面条放进去，突然想打个鸡蛋。结果面条准备出锅了发现鸡蛋没熟，又放进去煮，煮到最后成了面汤……

10月4日　星期四

地理课开始进行小组展示，分PPT部分和表演部分。我们小组有位同学两节课都不在，她的PPT没完成，我们的表演也缺人。老师抽签决定上场顺序，本来已经跟老师说了我们组缺人，以为万事大吉了，没想到临下课时抽到了我们，而我们的表演都没怎么准备。还好快下课了，我们就只进行了PPT部分的展示。

中午吃饭没找到平时跟我在一起的女孩，排队的时候碰见了另一个在舞蹈party上认识的女孩，我们俩一起吃饭聊得很开心。

数学课来了一个新同学，我边上正好有空位她就坐到了我旁边。老师在平板上布置练习题，由于她是新来的收不到，我们俩就共用了我的平板，看她坐那也不做题，我一问才知道她是从低一级转上来的，对我们学的内容一概不知。我正愁数学课太闲了没事干呢，就从头开始给她讲。所幸刚开学不久没学很多东西，她学得也挺快。我真佩服我自己能用英语给她讲明白我们学的知识。我跟她说有不会的可以问我，快下课了，她问我绝对值的符号叫什么名。好吧，真的难倒我了，我哪知道它叫什么名……我只能跟她说我是交换生，有语言障碍，让她去问老师，哈哈哈。下课以后她一个劲儿感谢我呢！

英语课老师发下来了之前上课写的一篇小论文，也算是观书有感吧。我得的分不低呀，18/20，我记得这还是我苦思冥想凑字数凑出来的文章呢。老师给我写的批注我看不懂，就去问他，谁知道他说我语法不错，比好多美国当地的学生都好。当时光凑字数了，哪还关注语法了啊，哈哈，这么神奇吗？

法语课上学完了姓名、年龄、头发颜色和眼睛颜色，老师让我们做PPT介绍一个著名家庭，介绍每个家庭成员。我哪知道什么著名家庭啊，那就用老师给的例子吧：辛普森一家。是美国的一个著名动画片。但做到一半时，尴尬的问题出现了，他们的眼睛都是个白球，球中间一个小黑点……去问老师，老师告诉我可以写白色，但怎么看怎么觉得怪怪的，白色的眼睛……还是写黑色吧……

今天放学以后是最后一场网球比赛，不出所料，我们还是输了。其实一开始我们打得很好啊，4：0，谁知道她们教练过来救场，开始场外辅导，开始跟她俩叨叨叨，我还听见他说那个高个女孩呜啦呜啦啥的。好吧，他救场成功了，我们5：8输了，但总比上次好啊，起码这次还得分了。

下午四点到八点开家长会，走班的结果就是家长会也走班。爸爸妈妈真的特别关心我，唉，爸爸加班，下了班饭都没吃就来学校，一直到快八点钟才回家吃上晚饭。很顺利也很开心啊，老师都夸我诶（捂脸），就工程设计是A^-，因为考试太少了吧，其余的都是A。化学98%，爸爸还装严肃问我剩下的2%哪去了？地理100%，唉！我表示难以置信。最好玩的是在工程设计老师那谈话的时候，老师说后期我们会用3D打印机制作模型，爸爸开玩笑说不会打印个手枪吧，老师笑完了无奈地说不会，但可能有其他武器，哈哈，都是段子手啊。

我们还碰见了其他同学和他们的家长，爸爸妈妈跟他们聊过之后留了联系方式，有一个女生约我出去玩啰，终于可以和同学出去逛游了，开心。

10月5日　星期五

又到周五了，感觉这周过得好快。

地理课上我们继续昨天没完成的表演，有一部分关于疾病造成人口减少的表演，我们在A4纸上写上疾病的名称，介绍完了这个疾病，就把纸一团，扔向我们组的一个同学，这个同学就应声而倒，虽然没多么有创意，但也是挺好玩的。

工程设计课我们开始在方格纸上画图了，真心觉得我绘画功夫妥妥的！

化学课终于开始做实验了，我们设计的实验有些无聊，但有一组做的实验超级好玩。黄色的海绵一样的东西从量筒里往外膨胀，他们说特别烫，让我们小心，超级神奇！

中午吃饭我又找到了别的同学，哇，聊得那叫一个high，最后差点都没来得及吃完饭。感觉换换聊天对象挺好的，常与同一个人待在一起聊着聊着话题都聊完了。

法语课上老师要找5个人展示PPT，哇，那叫一个艰难，底下鸦雀无声把老师晾在那了。好吧，我就当帮她缓解一下尴尬气氛吧，我第三个上去了，感觉还不错啦，哈哈。就是最后要介绍自己，还要加一张自己的照片，照片P得有点太漂亮了。

10月6日　星期六

今天上午要去苹果园摘苹果，闹钟定7：00，结果迷迷糊糊到8：30才起来。之前只告诉我活动是10：00开始，也没告诉我几点走，他们出发时间也都是很随心，之前问几点走，说收拾好了就走，我这一早上忙活的啊……

苹果园还蛮好玩的，就是天有点冷。我们先去摘苹果，摘完了再称重收钱。靠外的苹果树被摘得差不多了，但靠里一点的真的是有好多好多品相不错的苹果。之后我和妹妹又去了玉米迷宫，老大一片玉米地里开出来路当迷宫，进去之前给了我一张迷宫路线图，不标明入口也不标明出口，一开始我还把种玉米的地方看成了路。本来应该是再从入口出来，我却以为有别的出口，好歹最后从玉米地里钻出来了。

苹果园里还有个大蹦蹦床，我真的是童心泛滥，但最后还是忍住了。里头全是小孩子，我进去蹦跶都怕压着他们……

还有免费的饼干和甜甜圈。果真是甜甜圈啊，没给我齁死，还好有苦咖啡救命。

下午大人去看电影，我和妹妹待在她朋友家玩。有吃有喝有电视看也是挺滋润的。好不容易才找到了一个我们3个人都OK的电影，长沙发上我静静地缩在角落里看着她俩闹腾，抢地方抢毯子也是蛮好玩的……

在她家偶遇一个魔方，我分分钟搞定，只留下她们一脸的震惊。妹妹难以置信地看着我，一遍一遍打乱了让我拼。她家有钢琴哦，我还带了钢琴谱，随心弹了弹，她们还把我好一通夸。

10月7日　星期日

早上起床之后一擤鼻涕开始流鼻血，估计是太干了吧。换纸的空当血还流衣服上了，行吧，正好洗衣服了。

上午妈妈陪妹妹去拿什么处方，我也跟了去。第一家店人太多，但我发现了超级暖和可以当棉拖鞋穿的袜子。第二家店周日关门。就此放弃，我们准备去一家亚洲食品超市，结果因为有什么演出封路，我们绕了一大圈。我挑了一些面条啊包子什么的，本来我准备付钱，结果付款之前妹妹拉我陪她去找个什么酱，等我俩找回来，妈妈已经结完账了。

中午饭还没着落，我决定下厨做刚买的即食炸酱面。面煮一下就好，酱是调制好的。蛮简单的，不成问题，就是那个酱把妹妹辣得不轻，最后只能换别的酱，但爸爸妈妈很能吃辣很喜欢哦，哈哈。

中午给我困得不行，下午从两点多一直迷糊到五点才起来，晚上估计就睡不着了……

10月8日　星期一

晚上睡不着早晨起不来，一觉眯过去再一睁眼6：30，还好有妹妹陪我，她也刚起来。着急忙慌的一个早晨。

地理课看视频回答提纲上的问题，有些我跟不上，明明听到了视频中关于问题的叙述，可数字什么的一掠而过转头就忘，根本记不住。拍了两个同学的提纲，有一道题我们仨答案都不一样，结果出乎意料的是，竟然是我对了……

工程设计课我们开始在电脑上制作2D和3D模型，看着教学视频我自己就画得差不多，蛮好玩的。老师开始讲的时候，我好几个都画完了，我旁边还有画得比我快的，我们互相帮忙，学得妥妥的。还有好多同学连基本的问题都不会，十万个怎么画开始向老师进攻，我也是醉了。

英语课又来一次写文章赏析。其实也都是套路，对于我这个还是没看书全靠网上笔记存活的孩子，赏析文章不在话下，但老师要求从书中摘取重点句子，这就头大了。翻开一页，在一堆英文字母上爬呀爬，还有我做的注释，我记得书中有这么一句话可就是找不到，真是崩溃。老师也不早说写分析要从书中摘取句子，要不我读书的时候做点笔记也好啊。

法语课我们玩了小游戏。一组3—4个人，老师发下来一张纸，上面写的有我们刚学的英文或法语。每人有一根颜色不同的笔，老师说英文就圈法语，说法语就圈英文，看谁圈得快。我组一共仨人，另外两人都有法语基础，争抢过程中笑料不断，另一个女生的袖口还被画了好几道。我左边一个女生，右边一个男生，他俩要是抢起来也真是好玩。老师说一个单词，他俩同时唰地一下把身子趴上去，边挡边抢，把我前面挡得严严实实，看的老师都无奈地笑了。

10月9日　星期二

又是6：30起床的一个早晨，我发现我已经练就了半个小时洗漱、吃早饭、收拾好、出门的本事了！

依旧是跟不上视频的一节地理课……下课之前老师还收了提纲，我抄都没的抄。行吧，放学以后来找老师补补吧……

化学课我们做完了实验就开始写实验报告。另一个组做的实验是溶解糖，带了一大袋子糖，不出所料被我们疯抢，确实是真的挺好吃的，哈哈哈哈。

排球课一女生发球，球直接朝着他们同一队的另一个女生头上去了，也算是挺有准头的。我们想笑又不敢笑，憋出内伤啊，还有一些人直接背过身去在那偷笑……

数学课明天要考试，今天自由复习。幸亏我把练习做完了拿给老师让他帮我检查了一遍，果真发现了一个错题，这要是留到明天考试可就不好玩了。

英语课，我们总算讲完了让我头大的那本书！然后！我们又开始读诗！扎心了……发下来讲义就开始讲，还从赏析开始讲，什么比喻、拟人、押韵，让我学语文妥妥的，可让我用英语学，我都不知道老师在那叨叨些什么。老师上课还从爆米花开始讲，问我们如果你自己做爆米花，第一次失败了，你会放弃么？作为吃货的我们肯定说不会。好，然后老师就开始发挥了，总之大意就是你读诗第一遍读不懂也不要放弃……虽然这个比喻有点儿牵强，但是这诗得有多难，老师还没开始讲课就告诉我们不要放弃……

英语课上，一个同学的电话突然响了，英语老师很痛恨在课堂上看见手机，虽然说没那么生气吧，但目光也是追随着铃声而去。这个同学很机智，挂了电话，依旧把电话放到耳边装作继续打电话的样子说："Dad，Mr. Manthis says I'm busy now."（爸爸，我们英语老师说我现在很忙。）把同学们逗得哄堂大笑，连老师都笑了。

10月10日　星期三

连着下了两天雨，也不知道是喜是愁。要是不下雨，气候就干到让我流鼻血，下雨就肯定不暖和。早晨上学穿得多，但是学校里热啊，进了门就开始出汗，还好有个柜子能放外套。

今天上课之前，突然想起来法语课还有一项任务要在平板上完成，但是打印下来也可以。嫌弃在平板上写字太丑的我便想试试去图书馆打印。我就好奇，难不成今天就让我赶上了？图书馆本来应该7：15开门，今天7：25才开门，电脑开机还贼慢，但有一个暖心的小姐姐一直帮我，唉，也算是长知识了，学会了怎么打印。

化学课我差不多写完了实验报告，明后两天都是用来写实验报告的，我就想做点儿好玩的实验，老师当然是准啦，还帮我去找药品。我们称药品时很纠结，网上给的数据药品量有点大，减半了量还是不少，纠结到最后时间不够了，明天再做吧。

因为排球馆维修，排球课我们两个班的人挤在了同一个体育馆。但我跟几个女生围成一圈颠球玩。玩着玩着她们竟然把排球当足球，围成一圈颠球，她们还会足球。对足球一窍不通的我有点懵，就当踢毽子嘛，哈哈，这种颠球法也能糊弄过去，还不算太尬。

数学课考试咯。试卷上还有一处错误被我挑出来了，棒吧，哈哈。

英语老师也算是个人才。昨天我问他今天讲什么，他告诉我从头开始讲。好嘛，我预习到第5页，他从第3页蹦到了第6页……今天再问他，我就得问具体的页数了。

10月11日　星期四

地理课依旧是两人合作完成任务，我还是和昨天合作过的那个勤奋女生一起，总算是找着个靠谱还勤快的（昨天我俩合作课上的任务，她竟然课下完成了，哇，太难得了）。

工程设计课开始画带视角的3D图，从一个虚构的点把物体延伸出来。本来觉得老师讲的时候挺明白的，老师带着我们画的时候也挺简单的，但是到了自己画的时候就懵了，这都是些啥跟啥。两个点的还能简单点，一个点的向老师求助了两次才完成。

化学课我们继续进行昨天的实验，一大堆固体，一点点的水，要把水加热，使固体全部溶解，等它冷却以后伸进去一个沾有这种固体的物体，溶在水中的物质就能结晶析出，凝在伸进去的物体上超级漂亮。好吧，虽然我们做了一次失败了，没有什么效果，但是析出在烧杯壁上的固体也超漂亮的。明天继续做。

英语课继续读诗，但是每个人要单独完成一首诗，读完之后小组交流。我理解了每个单词甚至是每一行，但它们组合起来之后给我的感觉就是：这都是个啥……还好，小组的同学在我交流的时候都帮我，倒还是挺顺利的。

最最最愁人的就是法语课老师不提前告诉我们就考试。我们学的是家庭成员，她出的题目中有关于"半个""继"啥啥啥的，像"你的妈妈是我的妈妈，你的爸爸不是我的爸爸，我是个女孩，我是你的啥？"……看着挺简单，但我要从法语翻译到英语再翻译到汉语，再理顺他们之间的关系，一堆题做下来头晕脑涨，下课了也没倒腾明白，不用赶校车的我又倒腾了快20分钟。老师也是蛮好的，一直等着我。

晚上妹妹在电脑上做柱状图，X轴底下的内容就是加不上，我对于她们英文版的电脑一头雾水，但我用我的电脑分分钟搞定咯。虽然已经帮她做完了，但我依旧要教给她方法，留着以后用嘛，哈哈。

10月12日　星期五

大清早第一节课，就送给我一张pass，让我去医务室。护士给了我一封信，让我给寄宿家庭，告诉我在学校可以免费补疫苗，这么神奇的吗？

第一节课老师有事不在，找别的老师带班。

第二节工程设计课老师也不在。我自己在电脑上用软件做模型，学得还不是很扎实，有时候能画出对的模型，有的时候不知道咋了就是画不对。各种攻坚克难一节课才画了两个。

化学课的实验依旧是没成功啊，但溶液在烧杯壁上结晶了，超漂亮。我跟老师说我的实验又没成功，老师鼓励我说起码你尝试了啊，哈哈，我都心疼浪费了她那么多药品。

嗯，到了第五节数学课，我发现我今天没带眼镜来……坐到了教室最前面，在白板侧面还是看不清。老师在屏幕上出道题，我都得先蹲白板前面抄完题再回去做。我的一个朋友上前面白板上做题，结果一个符号错了，老师叨叨半天也没看出来问题在哪。这种时候就得我来救场了！分分钟找出了问题。难得坐在最前面还能派上用场，不容易啊。

昨天问英语老师今天讲什么，他告诉我讲诗文的第42页，结果今天上课，上来就"翻到第37页"……What？！你是在逗我吗！最令我无语的是原来是他弄错页码了。虚惊一场。

晚上妈妈在家办party还卖衣服，我们仨都被"扫地"出门。放学回来也不想写作业就帮着妈妈准备party上吃的喝的，哈哈，我还好一通蹭吃。我们仨在外面吃完饭回来，正好她们也快结束了，我又帮着收拾锅碗瓢盆。10点多了，爸爸和妹妹都睡了，这么早我又睡不着，边刷锅边跟妈妈说让她去睡吧，哇，她过来抱抱我，跟我说谢谢，好暖哦。

10月13日　星期六

妈妈的一个朋友家接待了一个意大利的交换生，今天中午我们一起吃了饭，之后去体育场看明尼苏达州足球队的比赛。我们球队两次成功的射门都被取消了，我们那一群人都懵叨叨的不知道为什么。我中途困得差点睡过去，最后还是靠吃的让我神志清醒。

看完球赛，妈妈陪我去逛逛准备买靴子。太贵的店逛不起，去的第一家卖衣服的店竟然没有靴子。第二家店便宜得可怕，估计质量不保吧，也不敢买。第三家是运动装，我看上的要不就是太贵，要不就是靴腰太低防不住雪，到最后也没买成。

10月14日　星期日

下雪了！早晨起床我还没注意，下楼以后妈妈跟我说我才发现。莫名兴奋啊。有的树叶是红色的，有的是粉色的，落上一层雪超级漂亮的。

上午妈妈陪我去了附近的水塔，能从高处俯瞰雪景，格外漂亮，但就是能见度太低。回家的路上我跟妈妈一路打雪仗，嗯，我发现我的准头还是不错的。

到家之后，妈妈一个雪球扔向家里的爸爸，哈哈，可想而知一场雪球大战即将上演。爸爸本来在换衣服准备出门遛狗，正好换好衣服我们仨在后院打雪仗，玩得不亦乐乎。爸爸扔得那叫一个稳准狠，但我还是躲过去不少，我真棒！爸爸不敌我们俩，把妹妹叫了出来。妹妹还是好对付的，不过我被她扔了一脖领子的雪……爸爸一个雪球划过我的头顶打飞了我的帽子，我绝望地躺到了地上，跟他们一起乐得上气不接下气，这么认真地打雪仗都是多久以前的事情了，真的超级开心哦。

下午跟同学和她的家庭一起去苹果园摘苹果。她在中国待了7年，全家人都会说中文，她们的朋友也有好多是中国人。还有一个在明尼苏达大学读硕士的姐姐，我们俩聊得蛮high。我本来以为会有好多活动项目的，结果除了摘苹果之外没再干什么别的。她最小的弟弟看样子很喜欢我呢，还拉我去滑滑梯，刚下过雪，上面全是泥，行吧，那我就站一旁看他玩吧。哈哈，我的小孩缘不错哦！

10月15日　星期一

第一节地理课小组合作，我们组在下课铃响时还剩几道题没做完，好嘛，其他3个人头也不回地都走了，就留下我一个人孤军奋战。有一道题不确定，我去问老师，老师给我的答案是我们应该小组讨论得出答案，这种教学方式……好吧。

化学课又开新单元了，又到了我一脸迷茫的时候了。老师发下预习提纲让我们自学，我们桌的其他人一块念着答案，做得刷刷的，就剩我还在那研究这些单词都是什么意思。等我完成了第一张，他们两份都完成了。得了，回家再做吧。

排球课我开始练扣杀式发球，感觉用手掌发过球去对我来说是不存在的，只能用拳头砸了，哈哈。估计明天胳膊会疼了。

英语课学了一首视觉诗，就是你根本读不出来，全靠看的那种诗，作者打乱了单词中字母的顺序，还把单词拆得七零八落，我看得一头雾水，还好课前上网做了点功课，很佩服作者的脑洞啊。

下午妹妹跟我闹着玩，抢我拖鞋，我也真是无语啊，拖鞋都抢，但她好似格外喜欢我这种人字拖啊。一开始她抢了我一只，我脱了另一只追着她满家跑，结果她把另一只也捡去了。别说，我还真追不上她……得了，随她去吧，哈哈，还好我之前买好了冬天在家穿的袜子。

化学课有一项作业是在字母方阵中找单词，不到20个单词我盯了它们能有40分钟，最后直接困得趴桌子上眯了一觉，只能怪那些单词太难找了……

10月16日　星期二

地理课又要小组合作，啊啊啊，两个组都来问我要不要加入她们，弄得我左右为难，但起码说明我人缘还不错哦。

化学课我们要做冰融化并经过加热后沸腾的实验，每30秒都要记录温度。第一次实验开始了大概5分钟，其他组员嫌数据波动太大又重新开始做。好嘛，到最后做不完了，下课了，我们依旧待在教室里奋斗，虽然有个男生下课铃一响就跑了。虽说午饭去晚了但时间赶得正好还不用排队了。

英语课辩论式地赏析一首诗。对于这首诗中出现的anyone（任何人）和none（没有人）有两种观点，一种观点是这两个单词是人名，另一种观点是这两个单词就是普通的单词。其实我比较倾向这是人名，但却被分到了另一个组。最无奈的是网上几乎没有支持我们观点的理由，反而我们组的3个人都同意对方的观点，而对方组中也有人同意我们组的观点。最后，我感觉我们都是在编造理由，但这本身也没有正确答案的嘛。

晚上吃完饭后，我们去把房车开了回来，好酷的哦，第一次坐房车。期待明天的旅行！

10月17日　星期三

工程设计课要在电脑上画3D模型，一共12个。老师开始讲操作的时候，我早已经研究透了，迅速完成了好几个，我是唯一一个完成了12个模型的，把老师都惊到了。

排球课我总算跟几个打得不错的分到了一组，我也接了几个不错的球，超开心。

数学课我们学怎么用计算器解方程组，第一遍跟的一脸懵，第二遍才倒腾明白。我旁边的同学也听得懵叨叨的，最后还是我帮她的。

英语课老师让我们放空心灵，从灵魂深处喊出一声"呀"。我们好不容易酝酿好了感情，在老师数到2时，一个男生突然问了个问题，破了我们的功，全班笑成一片。

法语课我们在平板上做游戏，我的成绩竟一直稳居前五，忒不容易了，要知道法语课好多同学都是有基础的。

晚上放学回家收拾好行李，我们便踏上了旅途。坐在房车里一边听着音乐，一边欣赏着路边的美景，我无聊地睡了好几觉。半路上在一个餐馆美餐了一顿。到了露营地的时候，天早都黑了，停了车，点上火，围坐在火堆旁，聊聊天，看星星，真的好不惬意，还偶尔能听到狼嚎。晚上是真的冷啊，我们还玩不转房车里的空调，晚上睡觉，我把脸全都蒙上就留个孔喘气，结果鼻子冻得冰凉冰凉。一晚上睡了醒，醒了睡，外面冷得让我不想从被窝里出来。

10月18日　星期四

快9点左右，我们才陆陆续续起来，点上火暖和暖和，开始做早饭吃。卫不卫生啥的都不管了，凑合着吃吧……山里光有卫生间没有水，房车里的水也不新鲜，全靠带的矿泉水，但洗碗、刷盘子啥的还是用房车里的水。也不刷牙了，全靠口香糖了。

上午去了瀑布，走在山里，空气沁人心脾，虽是深秋有些萧条，但还是令人心旷神怡。一路边走边拍照，还从瀑布的一边绕到了另一边。我真不知道他们是怎么找到来回的路，作为一名资深路痴的我，跟着走就好……

中午吃完饭，妹妹又拉我去没人的露营地找烧黑了的木头块。我永远猜不到她的兴奋点在哪，我累得脚都疼，但也只能跟着她一个一个露营地转。她还找一木棍当棒槌开始磨木炭，先是抹平的一手黑，最后抹的一脸黑……

下午我们去了苏必利尔湖，感觉就跟海一样辽阔得望不着边。一开始我拍照还开滤镜，后来发现就算不开滤镜也跟开了滤镜没什么差别，而且比肉眼看到的美多了，特别是海天相接的地方呈现渐变色。难不成是手机有自动美景功能，哈哈。

我们还在湖边玩起了石头打水漂，有一次我撇出的石头在水上蹦了四五下呢。就是苦了狗狗，我们每扔一个石头它都觉得那是个网球，都要往水里跑去捡，在岸边被绳拴着嗷嗷地叫。

晚上我们总算研究明白了空调，在温暖的车里玩纸牌游戏。虽然我分数不是最高的，但起码不是垫底的，哈哈哈。

这是闹妖的一晚上。先是冰箱可能由于空调太热了还是车里电量不足，开始响警报还闪光，警报声音跟我们学校的警报一模一样。把冰箱电源断了之后没事了，但妹妹给吓着了，总觉得有危险，一个劲儿问要不要出去躲躲。最后她一个人跑出去待了一会儿，然后她回来了又开始说听见车里有奇怪的声响，在她脚底下。那儿堆了一些东西她还不敢动，最后发现是她的水瓶在作妖，塑料的那种水瓶，一挤就会有排空气的声音。这一晚上真是奇妙极了。

10月19日　星期五

早晨9点起床，吃完饭我们开车去了苏必利尔湖上的灯塔。不知道这座灯塔为什么这么出名，还专门给它做了个纪录片。风超级大，差点把我的帽子吹跑了，如果吹掉到湖里可就不好玩了。

回程途中在海边停下吃了午饭。一路上我戴着耳机跟着哼歌很是开心。

到家之后，把房车上的东西往下搬，好一阵忙活，之后又去收拾我自己的东西。累倒是不累，但就是不想动弹啊，哈哈。

晚饭点的外卖比萨，讲真啊不是很好吃，但我还是胃口超好。

晚饭后看了个电影，是个恐怖片。我一点也没觉得恐怖，而且整个电影毫无逻辑可言，抑或我跟不上它的逻辑……妹妹中途来看了一眼，看见个鬼魂的画面就给吓跑了。我特佩服女主角，哪有奇怪的声响她就往哪去……

10月20日　星期六

今天，我和朋友、妹妹，还有她的一个朋友一起去了个大型游乐场。天儿是真的冷，在过山车上速度也快，被风吹到飙泪。大部分的安全带不是过肩的那种，只在腹部一拦，让你抓都没地儿抓，倒是蛮刺激的。吓人倒是不吓人，却被过山车震得头昏脑涨的。

最喜欢的是一个跳楼机。好玩就好玩在你不知道它什么时候嗖地一下飞上去，又嗖地一下掉下来，这大概也是唯一一个让我叫出声的项目了。

最尴尬的是我跟我的朋友买吃的东西时，买到了一包过期的薯片。更尴尬的是我们发现之后告诉了员工，他们还找不到没过期的薯片……最后赔给我们一桶薯条。但那薯条是真心好吃。其实算算倒也是挺值的。

最最最无奈的就是妹妹给我发短信说准备走了，结果我们4个人集合了，她才告诉妈妈来接，我跟我朋友硬生生地在外头等了一个小时，差点没冻成干。但能有个机会聊聊天也是挺好的。

10月21日　星期日

周日了，周日了，开始写作业了。

中午爸爸的父亲和继母来家里吃饭，然后看电视直播橄榄球赛。看球赛永远找不到球的我还是选择去刷盘子吧，哈哈哈。

中午吃完饭，学习了会儿，头疼，从14：30迷糊到16：00，又一觉睡到了17：00。啊，但愿我晚上还能睡得着。

下午妹妹在书房里玩"史莱姆"，在小孩中特别流行的一种用胶水、汰渍洗衣液还有啥的可以自己配制的东西。黏性高、弹性强，我也不知道她怎么就迷上了，一个劲儿地捏。但最受不了的就是一书房汰渍的味儿，本来睡了一觉头不疼了，好嘛，现在又开始疼。最后弄得全屋都是汰渍味儿，妈妈终于受不了了，让她把史莱姆搬她自己屋去。她说她屋里没地方，嗯，不出所料又开始吵。

晚上出去遛了遛狗，总算是呼吸到了新鲜空气。满地都是树叶，唉，还挺厚，我就专找有树叶的地方蹦跶，好玩！

10月22日　星期一

放了4天假再上学，感觉都快有假期综合征了，懵懵叨叨的。

今天可以重新拍学校照片，不知道具体是怎么个意思，反正是不要钱，而且我正好穿的校服，那就去呗。队伍看似不长但是移动的速度超级慢，最后我才明白，他拍完照都会给每个人看照片，问满不满意。要是不满意的话还可以重拍，每个同学基本都拍两三遍吧，我在队伍中站着好长时间也不挪窝。等了整整一节课，前面还是一堆人。又等了大半节课，总算排到了我。没辜负我等这么长时间啊，拍出了一张我还满意的照片。所幸的是这两节课都没有什么新内容，也不用花时间补课了。

英语课上我们读了一首不像诗的诗，老师让我们分别找出定义它为诗或者不是诗的理由。对于它是诗的理由，有同学说因为它在诗文书里，还有人说因为它的作者是个诗人，更有人说一切东西都可以看作诗，我觉得是诗就是诗……我们乐得前仰后合，留下老师一个人在无奈。

排球课准备活动有一项是感觉跟跳房子差不多，先是双脚跳，再左脚，再双脚，再右脚，一直这么跳着往前走。简单啊，但好多同学就倒腾不过来，最后老师让我给做示范，同学还给我鼓掌嘞。

晚上吃完饭以后，全家人带着狗出去散步。夜景蛮美的，晚上散步对我来说很难得啊。我们去了高尔夫球场，在草地上从坡上横着往下滚。虽然滚得晕乎乎的，但是真好玩，哈哈。

10月23日　星期二

工程设计课又开始头脑风暴创新设计了。这次的设计内容是改进一个家务劳动用品。我跟两个男生一组，设计了一个捡垃圾或者脏盘子的工具，我发现我真是聪明，在设计方面想出了一些超好的主意，令两个男生很是佩服。

昨天数学老师上传了一项作业，但也没告诉我们是什么。晚上我就在平板上做完了，尽管我并不喜欢手写的软件，因为我的书写真的超难看。然后，今天老师就把纸质的发下来了……无语凝噎……

妈妈跟我说妹妹中文有不会的，问我能不能帮她，行嘞！但我的无奈从此开始。刚跟她讲了两句话，她跟我说她第八节课刚上的汉语，她太累了需要休息，然后她就开始做数学。数学作业是不少，但对她来说都不难。做了两道题，她又开始做德语的网上练习，做完了一轮又回到了数学作业。再做一道题又说饿了要去找吃的……总算是吃完了，回归到汉语。我给她指出个错误她也不改，说就那样吧。最后几个答案全都是蒙上的，也不让我插手。蒙完了中文开始做数学，做完一道题就要玩一会儿，一直嚷嚷着不想做不想做。算平均数的题一开始不会做，我要教她，她就一个劲儿说我学了两年也没学会，反正意思就是不想学。其实我没教她啥，就点拨了一下她就会了。用的是手写计算器，计算器不认她的手写字体，她就一直改啊改啊。我说你不能换个计算器么？这不是浪费时间么？她的回答是这就是她做事的方式，她就喜欢浪费时间。我都不知道我怎么磨炼得脾气这么好，忍了她一下午，最后总算是写完了作业……

晚上妈妈带我俩去万圣节用品专卖店买服装。像我这种有选择困难症的遇上这种情况，就剩下大包小包地往试衣间抱，一件一件地试，感觉真是对不起试衣间的服务员，负责给我拆包装，等我试完了再装回去……我总算是找到了一个我喜欢的，是个海盗式的，蛮帅气。

10月24日　星期三

今天早晨起得不早，但所幸妹妹起得早，我们可以早早出发，那我就去学校吃早饭咯。今天学校的早饭莫名其妙的好，还有甜点、牛奶、香蕉，吃得饱饱的。

地理课上讲到中国的计划生育和二胎政策，老师在课堂上突然问我以后想生几个孩子。Oh my god，还带这种操作？！后来朋友跟我说，老师问我的时候，班里其他同学全都大眼瞪小眼地一脸尴尬与无奈，并且她表示很心疼我，哈哈哈。

工程设计课，一进教室旁边同学问我："今天考试，复习好了吗？"What？！不是明天考试么？他一脸确定地跟我说，是今天。虽然脑子里懵了一秒，但我还是相信自己的，考试果真是在明天的，但这一点儿也不好玩……

排球对打的时候，我跟两个超厉害的人分在了一组，但结果就是我整场都没碰着球……

昨天妈妈就说今天要清理落叶，今天下午妹妹开家长会，临走前妈妈跟我说耙子放在车库门口，我要是想干的话可以先开始，但也可以等她们回来。都告诉我耙子在哪儿了我还能不干？正好也从来没干过还挺感兴趣的，吃饱了喝足了放着音乐出门开始奋斗。强迫症在这种时候就很要命了，就算是一个小小的叶子都想给清理走，但耙子缝隙太大还清理不了，于是乎就一遍遍地扫啊扫。等到她们回来，后院清理了快一半，但绝对是高质量，妹妹回来看见了很吃惊。做饭、吃饭，之后我们三人一起出去清理，要赶在天黑前完成。这一干就是一个小时，老弯着腰累得腰疼，肩膀也难以幸免。但总算在天黑前干完了，望着6大麻袋压得结结实实的树叶和碧绿的草地，还是蛮有成就感的。

10月25日　星期四

地理课老师带领我们复习，在平板上答题，成绩前5的有奖励。这个不但要看正确率还得看手速。我从第一道题的20多名，到了第二道题的十几名，之后就在五六七名徘徊，好的时候还得了第三。最后几道题不争气啊，错了好多，于是乎定格在了第6名……老师还跟我打趣说，你咋掉出前5了。哈哈，真是高看我了。

工程设计课考试。电脑上的选择题都对了，虽然有几道是蒙的。画图部分蛮简单的。

化学课我们学化学变化和物理变化，有一个写实验总结的部分，我以为是写关于化学变化和物理变化的总结，快写完了才发现自己写错了。还好最后同学帮我，举例子教我怎么写，我才在下课前完成。

排球课跟两个水平超高的同学分在了一组，本来觉得这下好了不会输了，结果比赛对打，我连球都没摸着，球全程被那两位同学控制……

数学课解一道应用题，然后要做宣传海报。不知道他们这边用什么软件做海报，谷歌文档low得很，我只能用我电脑上的Word文档做，找了个海报的模板，加文本框和图片难不倒我，但做完了问题也随之而来，怎么传到我的平板上。我从邮件发过去，但在平板上用谷歌文档一打开，格式全乱了。我灵光一现，把文档存成了图片格式，谷歌还是蛮给力的，存到云盘上在平板上就能接收了。快夸我快夸我！

10月26日　星期五

地理课考试，大部分是选择题，但其中又出现了没学过的，那就看心情蒙了。老师之后会把没学过的不计入总成绩，但如果蒙对了可就赚了

（于是乎我后来就得了个58/57的成绩）。

工程设计课用电脑软件画3D图，但这次的比之前的都复杂。我真是聪明，不用教都会了，还帮周围的同学完成。

化学课有一道判断对错的题：一种物质的性质会因化学变化而改变。老师给的答案是对的，因为化学变化会生成新物质。但用中国课堂挑错的思维，这种物质的性质不会变啊。做了个好玩的实验，把加热的玻璃球放到冰水里，玻璃球骤冷出现裂纹，真的超漂亮。我做的实验第一次还没现象，第二次才成功。第二次用了两个玻璃球，本来都可以带回家的，结果摔碎了一个……

今天的排球课跟两个水平不高的同学分到了一组，现在就成为我的主场了，虽然我们输得挺惨，但总比参与不上强。

英语课老师不在，给了我们一页题，让我们读诗之后回答。我的妈呀，这都是些什么诗、什么题！我把不会的单词都查了，依旧是读得懵懵懂懂，大部分还全是关于"死亡"的，写得还那么抽象，一做题更懵了。最后只能找了个靠谱的同学跟她一起做，感觉好多题都没有正确答案，四个选项要不觉得不止一个对，要不觉得都不对，但最后总算是倒腾完了。

法语课几天之后要展示幻灯片，最尴尬的是加了好多我们还没学过的内容，照着老师的提纲写上去的，但是不会读。行吧，一个一个学吧，去找老师一个一个教我读，我又用拼音加英语混着写备注，倒也是挺好玩的。

10月27日　星期六

上午家里来客人了，餐桌上妹妹一直搁那捏"史莱姆"，爸爸管她也不听，我也是无语了。最后客人打趣说这俩孩子性格相反啊，一个这么文静，一个外向。行吧，第一个说我文静的……还不是我装得好，哈哈，像我这种绝对是生人面前的女神，熟人面前的女神经。

中午吃完以后，妈妈陪我去买靴子。去了一家商场，里面竟然还有现场弹钢琴的，高雅。一眼扫见一件衣服，哎，觉得不错，一看价钱300多美元，我眼光还真是好……走吧走吧，这里不适合我……

这家商场逛不起啊，最后网上搜到一家鞋店还蛮实惠，总算是相中了一双靴子。我现在穿的运动鞋上写的我的鞋码是7.5，但其实呢，我却要穿9号的，咋不知道他们怎么算的……

晚上我们出去看电影《谍中谍6：全面瓦解》。这个电影系列我知道，但前5部我都没看过，而且去看之前我还不知道这是《谍中谍》。真的是已经跟不上热点了。但电影是真的好看，超震撼人心的那种，心脏跳得怦怦的，电影结束观众还给鼓掌，这是在中国不会发生的场面。

10月28日　星期日

中午，妈妈带我和妹妹去了超市。快过万圣节了，先去买南瓜准备做南瓜灯。四个大南瓜和一堆吃的让我们不得不先回家送一趟。别的地方一个南瓜都要20多美元，这儿才3美元，人多得车都停不下。

中午吃完饭，我们又要收拾落叶了，4个人干就是比3个人快。上次爸爸出差不在家，这次不出所料地，他被我耙完的草地惊到了，去问妈妈你有看过Tiffany高超的技术么，还把我好一顿夸。我有强迫症，我骄傲！

晚上洗澡，妹妹在楼上洗我在楼下洗，吹风机在她的卫生间。她比我提前进去，我都洗完出来了，又等了她将近20分钟才出来，也真是醉了。

10月29日　星期一

地理开了一个新单元，上课就来一个学前测试，关于美国移民的。哎呀，美国这个复杂，关于过去，各种问不同的人种什么时候来的？从哪来的？不同人种的名字都看得我一脸懵，还好以前学的百科英语有点接触，凭着读音连蒙带猜往上凑。关于现在，问你各种不同类型的移民都叫什么名字？有短时移民然后再回去的，有在国内的移民和国外的移民。我能知道移民是个什么单词就不错了，还上哪分这些不同类型去。最后能对了有30%吧……挺高了……

工程设计课是电脑作图。前几个对我来说都不是很难，然而卡在了最后一个。先不说它构造复杂，又是打洞又是斜面的，有的边的长度都没给全，之后问老师，老师告诉我看着猜吧，大概估计一下……这是个什么操作……画图还能看着猜？

法语课我们做了个小游戏。老师给每个桌发下来一些写着法语单词的纸条，然后她读英语，我们抢对应的法语纸条。都是些没学过的单词，第一轮没抢着几个，但学得差不多。哈哈，第二轮到了我大展身手的时候了。凭借着我的手速和连蒙带猜，我竟然赢了！难以置信。

10月30日　星期二

地理课又开始看视频，真愁人。之前看视频，没字幕不说，语速还快，很难跟得上。但这次却比我想象的好很多，大部分问题我都回答出来了。

化学课开始学摩尔定律，在各种不同单位之间游走，有计算器可用总是好的。

排球课跟两个打得不错的高个男生分到了一组，他俩配合得很是默契，我也接了几个不错的球，蛮有成就感的。

今天去交滑雪的钱，教练跟我说可以从跑3000米开始练，有点小崩溃……

英语课老师不在，助教老师在点名的时候不出所料地又卡在了我的名字上。我告诉她我的英文名，可她还是想知道我的中文名怎么读。后来她问我这是中文么，一个男生还开玩笑说这是俄语，哈哈哈，全班没给笑死。

我发邮件问英语老师明天有没有新内容，他告诉我有，但是很抱歉地跟我说他忘了。

法语课看了个关于巴黎地下墓穴的视频。讲述的是巴黎地下全是通道，深入地下7层，在其中发现了一个探险者掉落的相机，几个人便组成小分队去探索这个人的踪迹，虽然什么都没发现，但还是蛮激动人心的。

晚上妈妈在家做比萨，做了两种，问我更喜欢哪一种？我脱口而出"都喜欢，因为是你做的啊"，哈哈，给她乐的，说我嘴怎么这么甜。那必须的啊，我练了这么些年可不是白练的。

10月31日　星期三

　　大清早去图书馆打印材料没被电脑给卡死。在一台电脑上登录之后它就卡在那儿不动弹了……我这想退都退不出来，但哪有时间等它，只好再换一台电脑试试。也不知道试到第四台还是第五台，总算是找着个正常的。玩不转苹果的我找不到文档，图书馆老师来帮我，还说帮我把登录的退出来，好暖哦。

　　工程设计课老师穿了件带骷髅图案的衣服超级酷。我们学英寸测量，虽说我以前没接触过，还要精确到32分之几，但凭我的智商难不住我。

　　化学课就很好玩了。老师用干冰给我们做实验。最好玩的一个实验是把干冰放到塑料瓶里，加水之后把瓶盖拧死，然后，瓶子就炸了！轰的一声真的吓一跳，但是超好玩啊！之后我们需要个重量数据，老师给每人发了一盒糖让我们称，称完之后糖就是我们的咯！这个万圣节福利我给满分，虽然有的糖很难吃……

　　数学老师今天跟我商量把我的座位从前排调到后排，我是无所谓的啦，正好我坐后排他看不着我，我还可以更自由地做自己的事，于是，今天的数学课上我预习完了下一节英语课的内容。

　　英语课一进教室，有个男生穿着件带骷髅图案的衣服，脸上还画着血淋淋的妆，在教室里吹小号。哇，真的把我惊到了。

　　晚上邻居家有个万圣节party，我去了好一通吃。我在风中瑟瑟发抖时，另一个女孩穿着短袖竟然还觉得一点都不冷……于是我站在火堆边上转着圈地烤自己。

　　吃完了饭，我跟妹妹还有她的朋友出去trick or treat要糖吃。一开始我穿着高跟鞋出去了，不是特别累也没崴脚，但我们一直在草丛中穿梭，高跟鞋一踩上去鞋跟就扎到土里，踩得满鞋跟土不说，右脚鞋还老掉，中场回家休息的时候，果断换上了运动鞋……我拿了一个南瓜的塑料筐出去要糖，不一会儿就满了，我只能把糖往布兜里塞，装了满满两大口袋。这么些糖够我吃一阵子的了！

11月1日　星期四

数学课上要求小组合作完成关于二次函数图像的问题。这就到了我大显身手的时刻了，帮助小组同学也是蛮开心的。

英语课上3人一小组讨论昨晚的作业。我组的另外两个男生都很不走心，一看就是作业没好好做，我又能咋办。

明天英语有个单词考试，一个朋友在网上创建了一个学习库，还把网址发给了我，这样我就可以练习了。

晚上在学校食堂，我们女子网球队办party，食物都是大家自己带的，但真的都超级好吃，我又找到了吃自助的感觉，差点没撑死。每个人都给发了奖状，真的没想到诶。现场笑料不断啊。先是一个长得特高又特调皮的教练，发奖状的时候要跟一个女生击掌，他特意把手伸得老高。那女生跳起来去够他的手，结果他又把手放下来了……之后，还有一个女生听错了人名，以为叫她上台，走到一半才发现不对劲，尴尬地在旁边椅子上坐下了，观众笑得嘎嘎的。

11月2日　星期五

地理课讲移民，地理老师请了学校一位从非洲移民过来的员工给我们讲他的经历，虽然我听不明白，但还是挺好玩的。

化学课我们做了色析的实验。在一张纸片上，用铅笔在靠近底部的位置画了一条线，在线上用两种不同品牌但相同颜色的彩笔涂两个点，只让纸片的底部接触水，随着水往上走就把颜色给带上去了，颜色还能分解，超漂亮。一开始我用胶带把纸片粘在烧杯壁上，但试了两次都不成功，只能用手举着，后来发现可以靠在烧杯壁上但只有纸片顶部能接触烧杯壁。我们要做3种不同的颜色，到了最后第三个好了，我想把它从水里捞出来，结果它掉水里了……这个扎心啊。

数学课学习解一元二次方程。还没有正式开始学，这只是一个预习。老师教的解法太麻烦我也不想听，分分钟就解决的问题还画什么表格。我还在黑板上演示了我用的完全平方法，但我觉得大部分同学都听得一脸懵。

英语课有个单词考试，第一项是连释义，这对我来说没啥问题，都有学习大纲的，背背就行了。第二项是选词填空，这就有点懵了，句子里有些单词不认识，咋整？去找老师问吧，还好，最后都填上了。

法语课老师不在，发给我们几页题。关于法国休闲活动的调查，大部分是些图片，也有法语标题、注释啊什么的，但完全看不懂啊。我们桌三个人一开始还一块儿研究，后来发现连谷歌上翻译都救不了我们了，最后全都放弃了，周末再做吧。

11月3日　星期六

上午我和妈妈要出去遛狗，妈妈想拉妹妹一起出去，妹妹不乐意又开始闹腾，最后爸爸换了衣服跟我们一起去了镇上。我和妹妹在星巴克买的咖啡，我点咖啡真是一大痛苦，本来就看不清墙上的菜单，还不认识那些名字，妹妹给我读了几个，我靠着读音开始猜啊，这个时候挺怀念从英文音译过来的咖啡名。

我上次在一家店里看到一个不错的帽子，这次正好走到这家店，但找不到那顶帽子了。

回家的路上爸爸和妹妹去了图书馆，我和妈妈牵着狗回家。结果！妈妈没带钥匙，我们进不去家门……行吧，在院子里站着，踢球让狗去捡，在寒风中冻得瑟瑟发抖。

中午，我把从中国带来的方便面煮了，跟妹妹分了，煮的时间还是长了，面条有点软，但总比上次强。调料也放得有点多，有点齁，但还是能吃的……妹妹对于中国的方便面很是好奇啊，还没等我动手，她就撕开包装把面倒到一个碗里，看见有调料包又把每个调料包撕开分别倒到一个小碗里，给我看得一愣一愣的。唉，真是不用她刷碗啊，又都是我的活了……

晚上妈妈的朋友和她女儿来吃饭，本来应该五点来，结果过了五点半才来。我们一起包饺子，买的饺子皮，自己和馅。他们捏饺子的方法跟咱们不一样，是一点一点捏死的，还能捏出花纹来，但其实都比较随心所欲了，好吧，其实他们包的是锅贴，也不煮，是煎着吃的，但还不错。

晚饭后俩大人在餐桌旁聊天，妹妹跟那小女孩玩去了，我就把餐具全收拾了，蛮有成就感的，妈妈好一通感谢我。

11月4日　星期日

周末起床的状态完全是六七点左右醒了，再就一直迷糊，不知道又睡了几觉，今天9∶00才起来。但是！我们改时间了，拨快了一个小时，其实是8∶00啦，莫名开心啊，哈哈哈哈哈。

中午，爸爸妈妈看球赛转播，饼干抹奶酪当午饭，我早餐吃得挺晚，中午也不饿，干脆就不吃了，13∶00多躺床上迷迷糊糊睡到16∶00才起来。是时候奋斗我的法语作业了！看不明白啊，只能一个单词一个单词查，有的查完也组不成一句通顺的话，这就得靠猜了。其实还好吧，抓住关键词就差不多了。

晚饭吃的煎饺和炒米饭，米饭里还有菜和猪肉，真的超好吃，吃完一碗又去盛了一大碗。

11月5日　星期一

明天学校里要进行模拟选举，今天地理课上老师给了我们一个网站，通过测试可以知道你支持的是哪个人。测试好多单词我都不认识，我觉得有的根本没必要做测试，一个是民主党的、一个是共和党的，那肯定选民主党的了。

工程设计课开始学游标卡尺测量。初中的时候学过游标卡尺，但跟我们现在用的不大一样，而且这是我第一次实际动手操作，像我这种聪明的人那还不是一学就会？

数学课学二次函数的移动和拉伸，算是个比较新的知识点，但也不是很难，记住公式就没问题。我正考虑一周后的下一学期要不要往上移一级，但那样就得跟别的课调课，这可就麻烦了，好不容易混熟了几个同学，届时又得重新开始，难以抉择啊。

英语课我们小组合作赏析诗词，明天要展示。总工作量不少，我们6个人1小组也是有点难安排。最后我被分配和另一个男生一起做修辞部分。那男生一看就不是个勤快的人，得嘞，我自己做吧，网上查资料时倒是帮了我不少。我们共享了一个幻灯片，所有人都可见可改，下午我做的时候正好另一个女生也在做，我们就在幻灯片上开始聊天，聊完再删去，好好玩的。

法语课老师把任务传到了平板上，但我嫌平板上写字太丑就去跟老师要打印的。最后一份打印版，我跟另一个男生都想要，他让给我了，蛮暖的。

11月6日　星期二

早晨拿了早饭后，去我的柜子换上薄一点的外套，换完了"嘭"地把柜门关死了，我才发现把早饭也锁进去了……这好像不是第一次啊，哈哈，也是挺佩服自己的。

第一节地理课，全班到图书馆去模拟投票。模拟得还蛮像的，每个投票位之间还有挡板隔开。最尴尬的是有一栏中连哪个党派都不写，我哪认识这都是谁，空过去咯。

化学课老师发下来一页题，我跟着小组的同学一起做，也不知道他们手速怎么都那么快，按计算器按得贼快，为了跟上他们，我还真是有了争分夺秒的紧迫感，我们终于在下课前完成了！

排球课，我要把球扔给另一个场地的一个女生，结果啊结果啊，我把球一扔砸到了另一个女生头上……我跟她一个劲儿地道歉，她也蛮和善的，没对我生气哦。

数学课老师有事不在，给我们布置的小组合作。我们小组4人，两人一起完成一列题。那个男生很快划拉完了但全是错的，另一个女生觉得不对又不会改，我边改边给那个女生讲，花了我一节课时间，但也是蛮有成就感的。

马上就是学期末了，就英语是A⁻，差一点点就是A了。我想重考一次文章赏析，老师却告诉我学期结束前最后一周不让重考了。其他科补考的一大堆……算了，不跟他叨叨……

11月7日　星期三

地理课我们要做个关于移民的小册子，老师给没平板的人准备了纸质资料，但跟他们说下课之前要交还。我也去凑热闹，我还等着查单词往上标注呢，老师爽快地给了我一份！

工程设计课我完成任务之后继续在电脑上作图。最后一个图把我难住了，怎么倒腾也没法儿在方块上挖个洞，最后找老师求助，但老师也倒腾不出来，最后教了我一个别的方法，行吧，好使就行。

化学课老师发下来8页的自主探究，课上完不成就是作业咯。我一开始满心绝望，但晚上回家做起来，发现其实也不是很多啦。

中午时开始下雪，本来二楼和一楼都有走廊可以通到食堂的，但二楼的走廊是露天的，给封了。一大堆人从一楼的走廊挤啊挤啊缓缓蠕动，等我挤到餐厅，点餐的队伍都空了，哈哈哈，也不错。

英语课进行诗词赏析的小组展示。我们组是唯一一个做了PPT的，自我感觉良好啊，哈哈，做得还不错。

法语课每次跟老师要打印版的作业，老师都是一脸要吃了我的样子，哈哈，真是蛮好玩的。今天要看个小动画片，然后猜其中法语单词的意思。这可上哪猜去，我还不如直接上网查，虽然有的查出来也感觉意思不大对，但大部分的还是搞定啦。

11月8日　星期四

英语课明天要写个蛮重要的诗文赏析，有好几首备选诗词，但我总得了解一下再选个好写的写吧。地理课上老师给时间做个小册子，下周一才收。不急不急，我先把英语应付过去。

工程设计课老师让我们自己完成没完成的任务，明天就是这学期的最后一天了，好多同学都在补任务，我早已超前完成，这节课完成了一个最复杂的模型，超级开心！

化学课老师也给我们时间完成任务，昨天发的那一大堆题明天就得交上哦，要不就没成绩了。昨晚好不容易完成了，我依旧奋斗我的英语啊。

今天上了新的数学课，我发现我最大的障碍就是用计算器。之前可是几乎不用的啊，现在倒好，又是画图又是求函数值的，考试的时候我不知道哪个设置出了问题就是画不出图来，最后还得去找老师求救。放学以后我去找老师帮我批一下考试内容，考得还不错啊！老师还夸我说我这水平就不该在原来的数学班待着。昨天一晚上的突击看来还是有效的啊，跨过了一座山啊。

英语课万万没想到啊，老师让我们先选一个诗人，读他的两首诗，还要做笔记。我原来就准备了一首诗啊，这下可好，还得再查另一首诗的资料。先得查诗里头的单词，还要在网页上搜，真是苦了我，一看见大篇大篇的文章就头疼。一节课下来也没啥显著性进展，得了，留到晚上吧。

昨天准备数学考试就睡得不早，今天英语诗文赏析又给我打了个措手不及，我水平跟不上啊，还得拟好明天课上要写的诗文赏析，还有数学两项作业明天都要上交，生无可恋的一个晚上……

11月9日　星期五

工程设计课上我们小组合作做小车，从坡上自由滑下看谁的车跑得远。老师还给每个组准备了两个小人当乘客。材料有限啊，我们用中间带孔的薄荷糖做轮子，边做边吃啊，用吸管做轮子的轴，用胶带将轮子两边垫起来把轮子的方向固定住，谁知道轮子还是瞎转，小车一下了斜坡就开始拐弯，真是闹心。虽然我们不是跑得最远的但还不赖。

化学课大考啊。老师好贴心的哦，专门给我们每人准备了一张方程式的笔记，这就是中美的不同啊，在中国想让老师给你准备方程式，开玩笑！在美国呢？会用就行了，背了方程式以后也用不上……昨晚复习得不错，下课后拖了一点时间总算是给完成了，我是为数不多的几个完成了的。老师真的是暖到极限了，给没完成的同学一个周末再复习，周一再完成剩下的。

数学课小组合作做海报，一共两道题，小组里每两人负责一道题。我差不多都负责两个组的了，做完了我这组的又去帮另一个组。好不容易按时做完了，才发现我们把纸用反了，背面带胶带的本来应该在上面，结果我们给弄到了下面……

英语课的赏析我写了一大堆笔记啊，结果可以用平板……真是扎心啊，早知道的话复制粘贴就好了，还浪费我那个时间……手忙脚乱的但总算是按时上交了。

法语课老师把要完成的作业传到了平板上，连个纸质的都没准备……得了，回家打印完再做吧，反正是周五了。

放学以后我去找顾问调数学课，这可是她昨天跟我说让我今天放学以后来，结果我去了以后，她竟问我来干啥……我就当作她太忙了吧……我原来第五节是数学，这是唯一一节没有预备微积分的课，我这运气。要么调排球要么调英语，还是保排球咯！

11月10日　星期六

早上，其实也不早了，我们一起去了一家能把咖啡做得超好看的咖啡厅，之后要去爸爸的父母家帮忙搬家具，给他们刷墙留出空间。

我之前看过咖啡的照片，很是期待啊。但等的时候我用了他那儿的一张餐巾纸擤鼻涕，万万没想到这个纸这么难闻……可能是再次利用的纸吧。这味道真是回味无穷，去卫生间洗鼻子也不管用。也不知道是我被熏的还是就是真的，别的咖啡厅里都是浓浓的咖啡味，而这里弥漫着一股奇怪的味道，真是崩溃，给我折磨得这一天都感觉恶心。

哦，我的天，爸爸的父母家真是大啊，两个人住也不嫌寂寞……上下两层，三四个卧室，5个卫生间。我问爸爸的继母这么大收拾得过来吗，她意味深长地跟我说找人收拾啊，我才收拾不过来5个卫生间。我也是哈哈哈了。叔叔不小心把一个柜子碰倒了，上面放着的妹妹的咖啡洒了一地毯。妈妈开始跪地上拿纸擦，我也去帮忙。哇，老人都可和蔼了，跟我们说甭擦了甭擦了，地毯可以换，但我们是没法替代的。超！感！动！

中午去吃的烧烤，我也没啥胃口，就吃了几个鸡翅。对于那儿的饮料我也是醉了，一喝就一股糖精味儿，还一直在嘴里挥之不去。这一天真是辛苦了我的嗅觉和味觉了。

晚上洗了衣服、床单和被套，原本是准备放到烘干机里再去睡觉的，结果清理烘干机里之前的衣服时，发现里头的衣服还有没干的，行吧，总得把里面的衣服烘干了再烘我的吧，白白让我刷碗等了那么久。

11月11日　星期日

　　早上起床在楼上磨蹭了一会儿才刷牙洗脸下楼，其间妈妈偷偷地把爸爸和妹妹都叫起来了，等我下了楼，哇！餐桌上放着大家给我的礼物和贺卡，还有个生日快乐的气球！见我下来了，大家从不同的屋里出来祝我生日快乐，一瞬间感动得我要泪奔诶。妈妈给我拍照留念之后，我开始拆礼物，淡粉色的贺卡让我少女心爆棚，第一件一拆开，一沓厚袜子，另一个盒子里是手套和帽子。哈哈哈，一看就是大人费心了，知道我怕冷还要滑雪，所有保暖设施都给我准备好了。袜子是狼毛的，还超级软。手套是4指并联的那种，但在里面每个指头之间都有超暖的隔间。我想买帽子已经很久了，之前看好了一顶，但再去那家店里却已经下架了。我曾跟他们形容过我想买什么样的，哇，这个简直跟我想象中的一模一样。黑色的，头顶上还有个球球，帽子里还有层里子可以防风。最后一个小盒子是妹妹给我的，是个心愿盒，里面有纸和笔。她跟我说要把小盒子放在床头，在里面写上自己的心愿，每天都会开开心心的。哈哈，真是蛮可爱的。

　　妈妈给我做了三明治，匆匆吃过早饭，我跟爸爸一起去上动感单车健身课。幸亏爸爸提前跟我说让我穿短袖和短裤，里面真的是热，刚开始蹬了不到10分钟就开始累了，盼着结束吧，结束吧。教练还让我们在自行车上边蹬车边做俯卧撑，先不说有多累，倒是颠得我屁股疼。像我这种不大出汗的衣服都湿透了，从车上下来之后，发现自己不会走路了……腿都是软的。上课前登记的时候，爸爸跟前台的人聊天说今天是我16岁生日，哇，之后好多人都来跟我说生日快乐，好开心哦。

　　晚上我们和爸爸的姐姐、父母一家一起出去吃了饭。虽然只是简简单单一顿饭，也没有办party，但还是好开心啊，又多了两份礼物，嘻嘻嘻。一份是一件保暖打底衫，还有一份是商场的打折券和75美元的购物卡。

　　床单、被套好不容易烘干了，得记得拿出来，可真是懒得再倒腾了……更让我无奈的是那被子是暖和，可就是掉毛……一扑腾，满天飞毛啊。还好我屋里还有别的被子和另一层床单，于是洗好的床单、被套就乖乖地在筐里待着了，等我勤快的时候再收拾吧，哈哈哈。

11月12日　星期一

地理课，老师给我们一个网站，要我们自己去找资料完成提纲，其中大部分都是幻灯片的形式，而我们的平板上还看不了幻灯片，于是集体去了微机室。

今天转到了新的英语课和数学课。英语课比我原来的英语课慢了将近一周。今天他们小组讨论周末作业的诗，老师给每首诗7分钟，可我同组的同学感觉都没有走心的，每次都聊不上7分钟，然后就开始尴尬冷场……我之前做过研究的两首诗还被跳过去了，我也是无能为力啊，哈哈。

数学课可能是因为今天是这学期的第一节课，老师让我们讨论学习方法，没讲什么正课。

今天放学之后第一次参加滑雪训练。我跟一起上化学课的一个练滑雪的女生说好了跟她一起去训练场，因为我找不着地方啊，哈哈。放学之后，我在更衣室里等着，却只看见练篮球的来换衣服，没见一个练滑雪的。还好一个认识我的女生把我领到了另一个更衣室，专门给放学后训练用的。我都不知道学校还有两个更衣室……这里可热闹了，几乎是人挤人了，过道都很难过得去，这上哪儿找那个女生去？我还不知道她叫啥名。看我一脸懵地站在那儿，两个女生就来问我能帮我什么，还帮我找柜子放东西，真的好感动。

到了训练场，先是跑了3圈热身，能有1000米吧。接着学哥、学姐帮我们借了装备靴子、滑雪板和滑雪杖等。给我找靴子的姐姐真是被折磨得够呛……好多靴子上的号都被磨没了，好多都只能我一个一个上脚试。大部分号都是对的，但就是穿着不舒服。姐姐也是很耐心，看我穿着不舒服又接着帮我找。最后，总算是找到了一双我穿着还可以的，结果！一只鞋的拉链卡住了拉不开……我也很绝望啊，但她还是耐心地帮我找。

所有人都OK了之后，我们到了室内，做俯卧撑啊、平板支撑等热身动作，一组又一组。被折磨得差不多了，又把我们带到了健身房，学哥、学姐每人带一组，给我们展示器械怎么用。结束之后，有些器械我又自己用了一下，这一天下来我还活着真不容易……

11月13日　星期二

地理课的任务我昨晚就已当作业完成了，今天上课我完成了这单元的提纲。虽然好多人都在那吵吵，但我竟然一节课全完成了，哇，难以置信诶。

工程设计课开始讲纸上的模型应该怎么标注长度，老师发了一页找错误的练习题，但好多根本找不出来啊。昨天我拿一道题去问老师，但她也不确定，告诉我一个似是而非的答案，结果今天讲的时候，她又讲了另一个答案。看来真是不能怪我啊。

英语课赏析诗词。在原来的英语课我已经写过一遍了，但这个老师选的不是我写的那个诗人的诗。她跟我说不用重写，但我闲着两节课会无聊死，那还是写吧，就当是练习了。但又要重新上网查资料也是挺麻烦的。

数学课老师让我们做一份全是统考的试题，不计入我们的成绩，而且都是些稍微拔高一点的题。对我来说最大的挑战是看懂题……最后，只有一道题没做出来，后来老师说她也被那道题卡住了。考完试后，课程就突然开始加速了，先讲指数函数，一节课先复习了之前的内容，给定义、找点、画图。之后莫名其妙跳到了存款利息问题。其实不难，就是往方程式里代数，但是我使用计算器很成问题。什么键啊根本找不到，还有时候要加括号，结果就全错了。还好，我旁边的女生一直很耐心地帮我。

法语课看了一个法语动画片，全靠YouTube的英语版。最尴尬的莫过于英语我还有听不明白的，还得找旁边的女生帮我听……

今天的滑雪课要体测，先是要跑1600米，一开始只是热身，从学校出发往坡下跑，结果我以为那就是真正的测试，好嘛，我好一通跑啊！结果到了真测试的时候就凉凉了……测试还是跑上坡，我还不知道终点在哪儿，没跑上几步就累得不行，这个绝望啊……之后又在室内进行俯卧撑、引体向上等测试。俯卧撑还能勉强撑一撑，引体向上那是不可能啊，后来我试了试用弹簧绳辅助也上不去啊，真是尴尬。有个练体操的女生告诉我，她以前能做20个，现在不行了。哦，我的天，这真是神一般的操作……

晚上爸爸妈妈有饭局，发短信让我催妹妹睡觉。天，这是真高估了我也高估了她，让她睡觉咋就这么难……好不容易哄上了床，一会儿下来一趟还唱歌，我把她屋外面的灯都关了，她还火了，说不开灯睡不着……也是打破了我对12岁孩子的认知。

11月14日　星期三

老师昨天告诉我她7：00就能到学校，于是今天早晨我早早到了学校去找数学老师给我讲讲计算器。她对于中国的高中生活很感兴趣，哈哈，好一个问我，但真的是帮了我不少啊。一早晨的时间，我与她的关系就感觉亲密起来了。

地理课，昨天老师布置的作业好多同学都没听清，我因为怕理解错了作业要求，又去问了老师一遍。于是今天上课讨论昨天的作业时，老师问一个，一个说没做，再问一个，一看也是没做但是机灵，现场编的，等老师再问还有谁有什么想说的吗？尴尬冷场……这个时候，我出现了！哈哈，解救一下无奈的老师吧，谁让我这么认真地做作业呢？！

工程设计课昨晚提前完成了一部分今天上课的任务，我是唯一一个在下课前完成了那一小册题的。有个同学给我的多视角图写评语，她吃惊地问我这是你画的？我不知道咋回事儿，结果她只是因为我画得太认真了……

化学课上我们进行了一个学前测试，关于电子、质子和中子的。我对于它们的英文名很懵，一拿到题看得我头大，我去找老师问这些是什么意思，老师给我讲了下它们带有不同的电性。一开始我还是稀里糊涂的，但我灵机一动，理解了它们的英语意思，那剩下的就都不是问题了。

排球课我们分了6人1组，比赛后，一开始我们的比分是遥遥领先的，不过总觉得对手在莫名其妙地给自己加分，最后竟然比分反超了。就这样吧，反正我们有实力在。

放学后，我所在的B队没有滑雪训练，我闲着也是闲着，就去跟A队训练去了。万万没想到啊，他们的训练这么疯狂。在高尔夫球场上5分钟快跑之后再5分钟慢跑，重复了五六次没休息哦，我的天啊。草地上还有沙地，雪一化，不但鞋上全是泥，裤子也全湿了。最扎心的是把脚磨破了，但更值得骄傲的是我坚持下来了！在我们组5个女生中，我跑在最前面，落了她们好几十米。之后是平衡训练，然后，去了健身房。训练完之后，我觉得我都是爬回家的，但还是蛮爽的。

11月15日　星期四

地理课我们看了动画片《辛普森一家》，关于移民的一集。里面有好多带讽刺意味和深层次的内容，我不能完全跟得上，好多都看得懵叨叨的。我本来以为会有中文版的，但是找不到啊。

英语课，自己上网查资料，下周一才交。昨天的训练给我累得、困得不行，干脆眯了一觉。

数学今天开了一节新课，语言上有些障碍但是内容倒是不难，往上套公式呗，哈哈哈。

法语课老师可真调皮。让学生上去当老师，讲她已经讲过的内容，找的都是平时学得不错但是上课纪律不好的学生。老师坐在底下完美诠释了一个调皮学生的形象，可能也是想让他们尝尝不被尊重的感觉吧，哈哈，超级搞笑。老师看手机不说，还把脚搭在课桌上……把当老师的学生问得一愣一愣的。我们正在学习法语中不同的人称后面动词会有不同的变化，老师就问上面的学生什么是动词，为什么要变化，等等，要知道那些全是调皮的学生，答案也是脑洞大开，没把我们笑死。

今天滑雪训练一上来还是跑步，往外跑20分钟，再20分钟跑回来。够狠的啊，简单地说就是再怎么累还是得跑呗，要不回不来了……跑跑停停，最后总算是活着回来了。最无解的是，昨天磨破的脚趾头走路的时候挺疼的，但跑起来就不疼了……神奇。

11月16日　星期五

早上磨叽磨叽总算是爬出了被窝，收拾收拾吃完早饭帮妈妈洗了碗，出去跟同学玩咯。约了两个女生在图书馆见面，妈妈把我送到图书馆，我在门口等啊等，最后怀疑我是不是等错门了……没有Wi-Fi，与世隔绝的尴尬。最后只能发短信找她俩，总算和在楼上的一个同学碰了头。等另一个也来了，我们先去吃了点东西，虽然我们三个都吃了早饭，但外面实在是太冷了。之后，我们去了半价书店，却找不到我们英语课要读的那本书。唉，只能上网买咯。我问起她们关于感恩节送礼物和贺卡的事，她们便带我到一家超市里买贺卡，我准备给每位老师都送一张，都挺关照我的，当然也少不了爸爸妈妈啦。我直接买了两大包，单个的五六美元一张也太贵了。虽说不饿但还是要去吃午饭了，点餐又是我的一大难题啊，这边点餐比较自由，好多食材啥的都可以自己要求，服务员当然也会问，这倒好，彻底把我给问懵了，最后还是同学帮我，我才吃上饭。

吃完饭回家之后，妈妈陪我看了地理课上看的动画片，给我讲解之后就清晰多了，地理作业搞定了！

晚上妈妈带我和妹妹去了个卖东西但也有吃的地方，算是个小party，开车大概半个点就到了。那家店门前，连个路灯都没有，阴森森的，但房子周围倒是布置得挺暖的。进了门，寒暄之后，我的目标就是吃，东西倒真是挺好吃的，哈哈哈。我们又去了楼下看衣服，有些挺漂亮的裙子，但我穿着有些显老而且太贵了。妹妹有喜欢的，但是衣服太小了她穿不上，我能穿上啊，哈哈。她一脸的不服气，妈妈跟她说："你像我，肩膀宽。"她反驳说我肩膀也宽……好苍白的反驳，我也是醉了……我分明比她瘦！

11月17日　星期六

早晨起得较晚，好嘛，半个点之后全家就要出门，去爸爸的父母家再帮着把家具搬回来。我帮不上什么大忙，但他们家确实不错。

中午在一家越南餐馆吃的饭。我真是受不了那个面条，口感那么差，他们还觉得好吃……他们仨全点的是面条，我是拒绝面条的，于是就点了米饭，虽然我觉得它也好不到哪儿去。我还真猜对了，不香不黏的，但总比面条强，唯一欣慰的是搭配米饭的猪肉还不错。

吃完饭之后，我们又去了博物馆，门票免费，但一些特定的展馆要花钱。我们就在免费展区逛了逛。分不同地区不同时间的，还有好多中国的展品。妈妈对砚台很是好奇，我还给她讲了怎么磨墨，哈哈，大展身手的时候到了。还有一些画和雕塑也是蛮不错的，虽然我也看不出什么来，但也陶冶情操了。

晚上爸爸有饭局，我跟妈妈和妹妹一起去了学校看话剧社的演出。场景布置像模像样的，人物也很有代入感，就是语速有点快，我听不大懂……

这是个喜剧，从人物动作和语言里都能找到笑点的。剧场门口贴出了所有演员和后台工作人员的照片和名字，可以给他们写留言。虽然要花钱啊，但我还是写了几句话鼓励几个好朋友。

11月18日　星期日

今天早早起来了，但困得不行，迷迷糊糊的还得靠咖啡顶一顶。等到妈妈开始做早饭，我闻到肉和玉米饼的香味立马就不迷糊了！玉米饼虽然不是很好看，但是真好吃，最后给我撑到打嗝。

快中午时，爸爸带我和妹妹出去采购，我自然少不了买零食咯，放学后训练之前可是得补补。

下午开始写贺卡，有的贺卡上带小亮片，沾得我满手都是，我想到了它会掉，但没想到能这么个掉法……先给老师写吧，写的我都找到套路了。开头一样，结尾一样，中间加几件具体事例，大功告成了，哈哈哈。虽然第一份傻傻分不清称呼Ms.，写成了个Mrs.，毁了一张贺卡……

书房里的两张桌子要搬出去一张，全家总动员开始收拾，把抽屉里的东西和桌上的电脑全都得找地儿放。这个时候妹妹想起来跟我抢桌子了，还说是因为我东西太多她没地方写。说的跟她在楼下写作业似的，还不都是窝在卧室里看视频……

下午家里电视收不到Wi-Fi信号，晚上有橄榄球赛，爸爸妈妈计划晚上去酒吧看球赛，天，真是球迷……还好家里电视恢复得及时，他们不用折腾了。

11月19日　星期一

地理课上又是看视频做笔记，虽然还是不能全跟上，但感觉比之前好多了。

化学课要上网站通过游戏自学，最后一个游戏是根据形容往方块里填单词。我们在学元素，它就告诉你一些这个元素的性质，然后让你填这是什么元素，那么多元素我上哪知道去……有的同学开始上网搜，但这个填单词的一个好处就是如果这个字母填对了，这个方块就会变成绿色的，我干脆直接从第一个字母开始一个一个试，找出来了第一个字母再往里填就容易多了。

排球课我们跟另一队打比赛，最后比分定格在了24：24，输赢明日见分晓吧！

英语课开始学莎士比亚，这节课我们要自己看关于莎士比亚的视频完成问题。又是没有字幕，真愁人……但我发现其实还好啦，有的第一遍听不出来，重复几遍就能听出个大概了。

滑雪训练今天就完全是体能训练啊，俯卧撑、往返跑、俯卧撑加上跳，做了一遍又一遍。还有举腿、两头起、平板支撑单腿跳，反正是各种能想到的全都有……更狠的是背人跑，有两个女生直接就摔那儿了……

11月20日　星期二

地理课老师让我们上一个网站，玩一个网上模拟难民的游戏，在游戏中我们要做各种选择逃亡，并在一个新的国家生活下去。如果是进行选择的问题还好说，选错了还可以重来，但逃亡的一关真是把我们都卡住了。黑灯瞎火的小区里，我们要控制我们的人物找到门，逃出这个小区，还要逃过巡逻的警察。而我连门在哪儿都找不到。可真是苦了老师，一脸无奈地给我们一个一个通关，但他还真是厉害，一次就通关成功了。这个游戏倒是蛮好玩的，好多时候，同学都直接在全班问该选什么，每次都有人给回复，一问一答特别和谐啊，哈哈。

化学课我早早就完成了今天的任务，又去跟老师要了明天的题，早做完早解放，我可不想拖到感恩节假期……

排球课的比赛，我们队一上来连发两个球，最后26比24赢了！我们队真的很好，就算是有失误，也都互相鼓励不会埋怨，队长一直说要团结。于是我们赢了上次没打过的一队，开心哦！

法语课我们做了个游戏，每人拿到一页题，题不多，分成了4个部分。一个人写的时候，他右手边的人掷骰子，一直到扔出来6，写的那个人把笔给他左边的人，他再继续掷骰子。这可真的是拼运气和手速了啊。写完了之后，拿去给老师批，如果这一部分全对了，老师就会给画一个星号，看小组里谁最先完成。我是第一个写完了的，但只有一部分对了，真愁人，左看右看也找不出其他的部分有什么错。但最后还是都改过来了，是小组里第二个完成的，还得到一根棒棒糖呢。

11月21日　星期三

明天是感恩节，今天要去给老师送感恩节贺卡咯。7个现任老师和两个之前的老师，还有我的顾问和网球教练，我给每人都写了一张贺卡还带上两块巧克力。所有老师都好感动的，化学老师还把我的贺卡竖着摆在了讲台上。

今天地理课的任务我昨天晚上就做完了，上课时我又完成了另一张提纲。地理老师特别调皮，问我贺卡是所有老师都有么？我一脸懵地说是啊，然后他一脸失望地说，唉，我以为我是最特殊的那个，只有我有呢。我灵光一现，说，但这个特殊的贺卡只给特殊的你，我真是机智啊，哈哈，他也笑了。

工程设计课老师给工作时间的时候，我已经完成了所有任务，又开始做另一张地理提纲。

化学课最后也是给时间自己完成任务，我依旧是忙活地理提纲啊，哈哈。

排球课今天就当作星期五了，可以自由选运动，我们练习排球对打，一边能站7个人，各种笑料不断，但我们配合得也是蛮好，自由打比赛的时候总是最好玩的。

英语课我们分成小组表演《麦克白》的片段，我们组6个人却只有4个人的角色。台词都是古英语，看不懂更是读得我一脸懵，最后还是静静当个静物吧，哈哈。表演的时候，看他们台词读得磕磕巴巴，我也是蛮庆幸自己没选角色……

数学课，我们去礼堂看了亚洲文化社团的亚洲新年演出。一上来就表演中国的舞狮子，其实看得我也是蛮无奈的，拿布围了个龙身子，拿纸画了个龙头，左右摆一摆就叫舞狮子了。但想想，学生能演成这样已经不错了……

今天放学后的滑雪训练是类似水球的泳池运动。最尴尬的莫过于我们都到泳池边集合好了，才发现水上有一层保持卫生的蓝布，而我们教练没有钥匙，打不开这层布，最后把打扫卫生的人叫来了才打开。两队分别在泳池两边水里准备好，教练把球往水里一扔，我们从两边开始往中间狂游去抢球。两队分别有一个守门员，身后是两块游泳板搭起来的三角形，我们的任务就是互相传球并把对方的游泳板击倒。才玩了两轮我就累了，歇歇吧，我也去体验一把当守门员。我站在深水区的水底小台上一蹬脚，结果腿抽筋了，还好我是守门员不用游泳……我当守门员的优势就是我高啊！往那儿一站把我们的游泳板挡得死死的。另一个优势就是我胳膊长啊！人家扔球我一伸胳膊就给挡出去了。还有一个优势就是我会打排球啊！我挡球还是可以用拳头的，哈哈哈。

结束之后，我们进行了短距离游泳比赛，10—12年级的一组，我不是最后一个但也差不多了……这群人真是可怕，怎么都游这么快……

碰到一个女生汉语说得不错，在台湾住过，我俩用汉语聊天聊得可high了，我只记得带泳衣忘了带毛巾，最后还是她借毛巾给我。

晚上爸爸妈妈的朋友邀请我们去参加感恩节party，虽然明天才是感恩节。好吃的真是不少，哈哈我又找到了吃自助的感觉啊。吃了一顿聊会儿天，消化了之后再来一顿。这次我聊天可是聊得停不下来啊，跟同龄人聊完了又跟大人聊，好多人都对中国很感兴趣啊。我还目睹了一只狗狗吃两块餐巾纸，拦都拦不下来，给我们笑到不行。

11月22日　星期四

早上起来看天还不错，天气预报说明天要下雪，于是爸爸妈妈决定去清理树叶，天，挺要命的啊，外面其实还挺冷，我是手套、帽子全副武装啊。忙活了一个多小时，好歹是干完了，之后妈妈还要准备晚宴的南瓜派、核桃派，我肯定是得去帮忙啊，眼看时间不够了，下午两点得去大姨家。最无语的是，刚开始做，发现有个食料家里没有，妈妈又让爸爸现去超市买，买回来之后更是不早了，妈妈忙活完了，爸爸又在那做个什么调料……快中午时，我困得一觉睡过去了，我们虽然没准时到，但也没晚多少……路上放在后备厢的瓢和盆响个不停，一个转弯锅盖被旁边的锅顶得飞起来了，再往反方向一转弯，它又回来了，哈哈，蛮好玩。

大姨家来的人不少啊，好不容易把亲戚关系倒腾明白了。中午没吃饭的我已经饿得不行，于是开始啃饼干，我差不多吃了一盒……爸爸的继母拉着我聊天不带停的，总算熬到了吃饭，她还把我拉到了她旁边坐着。哈哈哈，我总算不用坐在那群闹腾的小孩中间了……

大姨帮我们拍了照之后，开始吃饭咯！3张大桌子拼在一起，往桌子上摆食物是根本够不着的，于是，来一个菜，我们传一圈，有的顺时针，有的逆时针，于是，有一次从我左右两边同时各传来一个菜，弄得我措手不及，不过，真的是蛮好玩。左右两边的人对视一笑，跟我说慢慢来，不着急……

火鸡还挺好吃，还超级喜欢土豆泥，但后来配土豆泥的酱汁不够了，人太多，我也没再去找酱汁，就这么凑合着吃吧。

饭后，我帮着收拾杯子、盘子什么的，大姨父的哥哥站在水池边上刷碗，我每去一次，都跟他说谢谢，他也跟我说谢谢，几次之后，他开玩笑说："我看你看得都烦了。"

都收拾完了之后，我们二对二玩起了桌上足球。爸爸真的是无敌了，稳准狠不说，还能利用反弹，打在侧壁上之后射门，我跟妈妈两个人打他一个都打不过……

11月23日　星期五

大早上，早早起了床。吃过早饭之后，跟爸爸一起去了健身房。女教练昨晚也在晚宴上，跟我们都很熟。一上来先是举哑铃做蹲起，我奔着10磅的就去了，但教练却让我拿了个30磅的，哦，我的天。做蹲起的时候，应该是手心向上把哑铃举在胸前下巴底下，但我根本就举不上去。最后还是教练帮我，我才翻过来了手腕。之后各种俯卧撑和蹲起，重复完了又重复，死里逃生啊，哈哈哈。真的是分分秒秒都在等结束，好不容易活了下来，站都站不起来了，双腿抖啊抖啊，走路跟鸭子似的。

回家之后洗了澡，大姨一家和姨父的父母、哥哥一家准备去商场，我和妹妹也决定跟着去。大姨原来说11点来接我和妹妹，结果她为了等她儿子，12点多才来接我们。我们一行12个人浩浩荡荡地走在商场里，这么些人根本没法买东西，如果要逛的话，那其他的人都得等着你，我看上了一件明尼苏达州纪念品的卫衣，往身上一套试完了就买，这真的是我买衣服最快的一次啊，哈哈。大人们真是，哪家店贵他们往哪儿去……

我们没逛多久就去吃饭了，去了一家日本餐馆，我点的寿司，还好点了两份，要不根本吃不饱，还贼贵。

爸爸妈妈晚上不在家，我跟妹妹就待在了大姨家。大姨跟姨父想看他们儿子队伍的橄榄球比赛，妹妹还跟他们抢电视，我也是醉了……

在他们家我闲着也是闲着，就帮着他们刷了刷碗，他们好一通夸我。晚上我们看了两场电影，都超级好看，都是很著名的电影，其中一个是我一直想看但没看的。一直玩到22点多，大姨把我俩送回了家。

11月24日　星期六

早上，爸爸做的早饭，虽然我不知道做的是啥，但是蛮好吃的，有培根、奶酪、蔬菜等等，真的是撑着我了。

中午时去看了亲戚家一个孩子的篮球比赛。另一队的队员好几个身高都比她们高，而且感觉两队根本不是一个水平的……最后她们输了30多分。

晚上妈妈的朋友过生日，我们六点钟去了一家酒吧，里面还有一些游戏和台球可以玩。过生日的阿姨从三点就待在那儿，来的人都是吃饭聊天，玩够了就走了。我在那儿发现了一个我在电脑上玩过的弹珠游戏，哈哈，这次算是见到真的了。这顿饭吃得撑死我了不说，聊天也是聊得超级high啊。

晚上爸爸说明天大姨要带我和妹妹去商场，但妹妹如果写不完作业就不准去。这下好了，十点多了两人在楼下书房里吵开了。妹妹喊的声音能掀房顶了，直到爸爸忍耐不了跟她说："你再冲我喊，明天就别去了。"这才消停了。

11月25日　星期日

　　本来说大姨早上9点来接我们，后来又改到了11：30，但直到12点才来啊。进了商场我们先去吃饭，去了一家墨西哥餐馆，永远看不懂菜单的我其实也不知道我点了些什么，上来后发现真的是一大盘，又差点没给我撑死，还不好吃……

　　后来逛的时候，看见一条打折的牛仔裤，想刷商场的购物卡，却被告知卡要先打电话给客服设置个什么密码，那只能用现金买了，购物卡留着以后用吧……

　　下午回家之后，本来想躺一会儿，结果一觉睡到了吃晚饭……晚饭又是墨西哥风格，我睡得懵叨叨的，还把罐子里的凉米饭看成了奶酪，撒到饼上才觉得油腻腻的，还好不是生米饭……

11月26日　星期一

　　大清早的，也不知道是昨天睡得晚了还是睡多了，成了起床困难户了，一整天都懵懵叨叨的。

　　有一个一直帮我的女生，感恩节的时候，我也顺带给她写了张贺卡，她假期出去旅游竟然还给我带了个项链，哇，好感动。

　　地理课我们用不同颜色的彩虹糖当作不同性别和年龄段的人做游戏，但这糖真的号称千年老糖了，老师告诉我们千万别吃啊，放了能有10年了……哦，天，好多都掉色了，还有的粘成一大团，更有的好像都长毛了。我们拿着盒子盖小心翼翼地把它们给分开，都不带用手碰的，全都拿笔挑。我们问老师怎么不买新的，老师无奈地说挺贵啊……给我们乐得不行。下课之后，老师还给我们拿来了洗手液。

　　工程设计课上，我们要做一个弹射棉花球的装置，然后进行10次实验，记录每次弹射了多远。我们小组4个人，两个男生忙活他们自己的一种方案，另一个女生做自己的方案，他们瓜分完材料，我没得干了。从一开始我就觉得这两个方案都不靠谱，一开始我去帮那两个男生，他们想用气球进行弹射，结果做出来之后发现不行。那女生我也是不说什么了，用橡皮筋弹射吧，前面还弄上个木条挡着，能弹出去才怪。跟她说把木条抽了，她也不听，我们仨就静静地看着她做，直到她做到了下课，她也发现不行，才让我们帮着改进……

排球课打了两场比赛，全都输了……但队员之间一直互相鼓励，真的是蛮不错的。

英语课开始《麦克白》，老师在屏幕上放原版的，边讲边解释，虽然我买了本跟现代英语对照的书，但还是跟不上。能找得着老师讲的原版的内容在哪就不错了，哪还有时间去看现代英语的翻译。一节课总算是过来了，还有好多不会的单词得晚上下功夫啦。

今天的滑雪训练总算不是太难，先让我们试靴子合不合脚，告诉我们怎么穿滑雪板，之后又进行了平衡练习。最后还是跑步，绕高尔夫球场一周。今天真是冷得可怕，戴着厚手套还是觉得手指头都不是我的了，脚就更不用说了，连脸都感觉不到了。教练还真是有招啊，跟我们说甩胳膊可以保持手的温度，一开始还不信，后来发现还真是有用，神奇了！

11月27日　星期二

今天地理课，我们继续彩虹糖游戏，昨天只是玩玩，今天还要记录人数、回答问题、模拟情景。我们小组边玩边做，下课之前全都交上了，我们组另外5个女生都很热心地帮我呢。

工程设计课上，我们组的那个女生不在，我们仨迅速达成一致，改进装置、进行试验、收集数据，虽然我们组是最后一个完成的，但效率比昨天高多了。

化学课要自己看课本做笔记，几天之后还要用笔记完成一个蛮重要的任务。一般的笔记写完之后，有的时候根本没用，但这个就不一样了……老师发了一张导学案，上面就十来个问题，但书上的内容何止那么几个问题。我们又不知道将来的考试会有什么题，我是真的开始一个一个字读啊。十来页本来就不少，那个字还就那么一点点大小，一节课我根本就抄不完。还好，我家里有一本化学书，可以回家再做喽。今天最无语的就是我的平板插头没插紧，昨晚没充上电，跟另一个女生借了她手机的充电器，化学课上放在一边充电，结果下课的时候就给忘了，全落在教室里了。英语课时她跟我要充电器，我才想起来，又跑回去拿，真是觉得脑子没救了。

滑雪技巧训练之后，绕着高尔夫球场跑了一圈，但觉得明显没那么累了，而且我是女生中第一个到终点的！身上热得冒汗，大腿却冻得冰凉。

11月28日　星期三

地理课上，老师先过完了几张幻灯片之后，我们开始玩一个答题游戏。这个单元学的真是一头雾水，感觉什么都没干呢，就得复习了。学个移民吧，还有不同英语单词分别对应往外往内移民、不同地带之间、州之间、同一个州内城市和乡村的移民，绕得我晕乎乎的，还有问不同的人种都是什么时候来到明尼苏达州的，什么原因来的。我怎么觉得他们也倒腾不清呢，答题的时候一堆错的，老师捎带讲了一下，但还没等记住，老师的声音在脑子里只剩下了一缕烟，还被徐徐清风拐到了天涯海角……我突然发现老师平时不大讲课啊，全是刷刷刷地过幻灯片，就让我们做手抄报啊，上网页上通过玩游戏自学啊，但谁知道那些是考点啊！全都没当回事，以为过去就过去了，现在开始懵了……唉，晚上回去复习吧，那么些单词的定义，还有好多历史事件，那么大个课本那么小的字，将近20页啊，也是挺头疼的……

今天化学课可真的是轻松了。就自己上网查资料完成一种元素的性质和一些数据。我和大部分人一样下课前10多分钟就做完了，总算是能歇歇了。

11月29日　星期四

地理考试总体还不错吧，还好还好，其中有一项标题是写论文，但其实是写个小故事。好嘛，我都快写完了才发现是写个故事……往上贴了张纸又从头开始写，我发现我速度还可以啊，最起码按时答完了。

化学课又发下来了新的题，画图像之后回答问题。我小组里的同学手速都真是快，聊天聊得那么high，还做得那么快，我真的是专心致志地赶啊，也赶不上。但也给了我难得的紧迫感啊，效率也是蛮高的。

英语课的作业是看几个不同版本的《麦克白》片段的视频，并且对比它们的优点和缺点。前几个还能看得下去，最后一个男的演女的角色我还能接受，毕竟莎士比亚那个时代都是这样，但是什么背景布置也没有，他就站在那叭叭叭说，表情还夸张到无法形容，我也真是醉了。

数学课自己复习，也可以写作业。但我昨晚把作业都写完了！

法语课上用平板考试。一般情况下先是给你问题，再让你填答案。但这就遇着个不一般的——连线。我本来以为第一堆是原题，第二堆是让你填答案，谁知道两个都是问题……这下好玩了，我第一堆没做就提交了，交完了发现不对劲儿啊……老师真是善心大发啊，让我重做了一遍。我也是没辜负这一遍。

下雪了！下雪了！我们可以滑雪了！先是倒腾了好久才穿上滑雪板，之后趁着教练还没来，我们一群不大会滑雪的，在雪地上开始撒欢自己滑。平地滑雪跟滑坡道真的是太不一样了……我完全就不会前进，保持平衡还不算特别难，最容易摔倒的原因是往前滑着滑着停不下来了，眼看两腿要劈开了，只能跪地上。还有就是滑雪板太长，特别容易自己踩到自己的滑雪板……雪倒是挺软的，就算摔了一跤也不会太痛，还是蛮好玩的。

11月30日　星期五

今天的英语课要考《麦克白》第一幕，而我读是读了，但上课跟不上老师的速度，发的导学案也有好多答案不是很确定，大清早去找老师问吧，放学以后还得滑雪也没时间。哦，其实答案我都蒙的差不多，但再去问一遍还是更安心啊，老师还夸我说理解得不错呢。

今天一个汉语沉浸式学校的学生来我们学校参观，每人带了一个上中文课的学生。今天学校西班牙语课还有个研学旅行，上中文课的那些同学大清早去带学生，第一节课教室里一半都空了，上课之后好久他们才来。地理课开了新的单元——农业。老师先让我们用字母表A—Z，每个字母开头，写一个关于农业的单词。真的是考验我的词汇量啊，就算我词汇量达到了，我也想不出来啊。最后教室里聚堆开始问，其中不乏好多笑话。有人问能用K开头拼Carrots（胡萝卜）么，立马有人接茬说K开头可以写Kangaroo（袋鼠）啊，但袋鼠跟农业有个啥关系，哈哈，我们笑成一团。有人想不出来Z能拼什么单词，问老师写Zebra（斑马）行不行，还真有人上网搜，说是有斑马牧场，厉害了！

工程设计课进行了人名小测。老师的目的是让我们通过互相询问名字相互了解，但我们都觉得太尴尬，没一个真正去通过问名字相互了解的，要不就是像我一样看着学校课程软件上有每个人的照片和名字学习，要不就是问完名字掉头走人。我发现我脸盲，有几个男生其实长得不一样，但我感觉他们长得都是一个样……今天的任务是分析两组数据。老师把数据传到了平板上，但忘了修改学生的修改权限，神奇的事情发生了！先是第一组数据全都成了一样的，之后是第二组数据全没有了……不知道是哪个同学给剪切走了。

排球课上一个女生还真是拼命，穿着短裤还各种跪地上救球，虽然穿着长裤还能滑得远一点，但真的是看着她都疼……

这一下午真是开心，英语数学都考试。《麦克白》我也不知道蒙对几个蒙错几个，但数学还是OK滴，好歹昨晚我还复习了呢。美国学校普遍是考试内容比课本内容简单，但在中国会发现课本内容不管什么用……老师真是勤快，晚上就把卷子批出来了，得了满分哦！

法语课老师不在，让我们自己上网学习，用一个软件叫edpuzzle。但我忘了我的用户名和密码。学校账户的用户名是个邮件地址，但这个软件不让把邮件地址作为用户名，我真的是懵了，不记得我用的什么名。我有中文名、英文名、法文名，还有名和姓的不同组合。一通试也没试出来。如果老师在的话，她那可以查到，但关键是她不在，给她发邮件求救她也没回，只能靠自己了……原本想重新注册一个，但在注册的时候，它告诉我用户名不能有空格，哦，这可真是启发我了，我再一试还真猜中了！谢天谢地……

12月1日　星期六

上午爸爸去了单位，妈妈带我和妹妹去拿圣诞树，原本说九点就出发的，结果她们磨蹭到快十点才出门。领圣诞树那儿有个圣诞老人，可以跟他拍合影，但队排得超级长，拉倒吧，我才不在那儿等……

我们先把松树送回了家，之后准备去爸爸单位帮他搬东西。都快到他单位了，他给我们打来电话说，他没带旧办公室的钥匙，让我们帮他回家取钥匙……刚掉头后不久，他又打来电话说，算了，今天就不搬了，明天再搬……行吧，我们正好在一个运动品商场附近，我们仨就去逛商场啦，哈哈哈。妹妹一进门就被货架上毛茸茸的毯子迷住了，搁那抱着，爱不释手。还真的是不贵，买一赠一。正好快圣诞节了，我就买给她当圣诞礼物吧，妈妈正好要带她去楼上，我跟妈妈商量了之后，要来车钥匙，等她们上楼之后，买了毯子送到车里压在了座位底下，这样妹妹就看不到啦，到时候给她个惊喜！

中午匆匆吃过午饭之后，去了同学家玩。今天是个装饰饼干的party，对装饰饼干一窍不通的我，握着奶油管颤颤巍巍地在饼干上画出了一条粗细不均的曲线……有专门画线的奶油，有用来大面积往上涂的奶油，还有各种装饰用的小糖粒。我做出来的蛋糕还蛮不错，毕竟我也不是一点艺术细胞都没有。装饰完开吃的时候，我才发现，我真是受不了被装饰得花里胡哨的饼干的味道，吃到最后还是觉得不装饰最好吃……还有个小一点的孩子直接挖了一勺糖就往嘴里送，也真是不嫌齁得慌……

这个同学全家都会说汉语，她妈妈在一个汉语学校当助教，今天来的好多人都是这个学校的老师，汉语成了这里的主要语言，有时在汉语和英语之间随意转换。有个家长带来了她缝的小沙包，教我们玩她们小时候玩的一种游戏，但我和我那个同学干脆就用手掌颠沙包互相传着玩，毕竟我们在排球课上练习的时候是搭档啊，默契度还是有的。

12月2日　星期日

上午再次向爸爸单位进发，他的办公室是从一栋楼搬到另一栋楼，为了搬东西方便，我们开了两辆车。先是到旧办公室去收拾东西，该扔的扔，该装箱的装箱，该销毁的销毁。收拾得差不多，我们每人搬了些东西放车上，运往新办公室。好多画啊啥的，还都用毯子包了起来，结果最后不知道咋整的，还是有一个木质相框被磕掉了一块。楼里头的门全都刷门禁卡，门还都贼沉，有的时候搬着那些东西真的是很难开门。但是我机智啊，从里往外走的时候可以倒着走，用屁股顶开，哈哈，我又教了妹妹一招。

　　不知道妹妹又哪来的脾气，爸爸塞给她一个塑料袋和一个纸箱，她一开始一手一个没拿稳，纸箱给摔地上了，我还可以理解。爸爸妈妈跟她说，她也是挺聪明的，之后把塑料袋放到了纸箱上，走了几步塑料袋又掉了……爸爸妈妈跟她说，你能不能好好拿，她就开始吼："不！我做不到！"刚挪了几步全砸地上了……爸爸有点火了，警告她说："你如果中午还想跟我们一块吃饭，那你就好好干。"还是这个好使，她之后再也没掉过东西。

　　中午去了一家有川菜的中餐馆，我点了一份红烧牛肉面，真的算是我到美国之后吃到的最正宗的面了……之前吃的面大部分都是面汤，而且一点都不鲜，其实不叫面，那叫米线，一点弹性都没有。这下总算是饱餐了一把。

　　之后跟同学去滑冰，这可是我第一次滑冰，刚穿上溜冰鞋，就发现比我想象的难多了。我站都站不稳，这么大个人要在冰刀上找到平衡也是挺难啊。脚腕往里倾又往外倾，走得跟跄跄跄跄，还好有另一个同学扶着我。到了冰上之后，我根本不敢抬脚，更别提能自己滑得起来。朋友倒着滑，拉着我找感觉。滑了几圈之后，我觉得我还OK，可以扶着墙慢慢往前滑了，她又拉着我滑了几圈，其实主要目的是聊天方便，哈哈哈，之后我就能慢慢地自己滑了！我真是个天才！我神速的进步看得那俩同学一愣一愣的。最后还是一不小心摔了一跤。溜冰鞋最前面是锯齿状的，能帮助停下，但我却因为它一下卡到了冰里，失去了平衡，一屁股坐到了冰面上……滑完冰，我们仨没事干，也不想回家，于是都来到了我家，虽然我也不知道我们能干点什么。之后就吃着零食聊了快一个小时的天，也是蛮不错的。

　　晚上妈妈去商场，说是有活动，我就跟了去，但之后便分开了，我去给他们买礼物。先是冲着欧舒丹去了，一番纠结之后挑了两个20美元的小礼盒，里头有一个手油和一支唇膏，给奶奶和姥姥一人一个。其实我已经做好了攻略，在网上看过了价钱，今天就是来看看商场价钱的。商场忒大了，就算有导航，有的牌子还是找不到，逛游到最后，我不出所料地进了一家打半价的店，开始自己试衣服，哈哈哈。

12月3日　星期一

　　昨天晚上忙活要交的英语诗文赏析，虽然我觉得睡得不晚，可今天真的是又累又困，大清早到了学校还懵圈：我是谁？我在哪儿？……

　　化学课今天开始半开卷的考试，会给我们两三天的课上时间。订书机订起来的一沓题，看着都绝望。我们可以参考每个人发在平板上的评论（老师给的导学案问题的答案）、自己从课本上做的笔记和元素周期表。内容是关于元素周期表变化规律的4大部分，刚开始都是些比较基础的，和导学案上一样的题，但每一部分最后一道都是给几个元素让你排序，就开始有点懵。其实之前我们每人做了元素排序的相关内容，老师在走廊的墙上拼起来一个元素周期表，虽然不完整，但这些信息应该都是包含了的。懒得动脑子算顺序，还是出去直接找数之后排序吧。这节课就忙活完了基础的部分，下课上交之前瞄了几眼后面的题，可以提前思考思考啦。

　　英语课老师又好一个叨叨今天晚上要上交的论文，给我们提了一些注意事项。其中提到要在最后标明资料来源（网站），而且还有特殊的格式。我记得我上一学期就对这个很懵，为了不因为这个扣分，我还是去问问她吧。她从我们班级博客上给我找到了介绍这种格式的网站，但是那么一大堆……真的是不想读，但又不得不读，看得我对自己写的格式一点信心都没有，其中还写到了要调页边距，但在平板上根本没法调。放学之后为了不排队，我以百米冲刺的速度冲到了英语教室去问她我做的对不对？问到页边距的时候，她发现她给我的是错误的网站……我真的是服了。之后她又找了一个专门关于网上资源设计的，这个看着还靠谱点儿。

　　法语课学天气，老师在平板上传了一张表，让我们查世界上不同地方的天气，画图并用法语形容。真心不想在平板上做，便在查好资料之后把屏幕截图，等回家打印出来之后再做吧。剩下的时间光忙活那英语网址怎么标注去了……

　　我从滑雪B队转到了A队，今天是我在A队训练的第一天。一开始是不同的技巧练习，我真的是要垫底了，滑得快的速度是我的两倍。跟我一起从B队上来的一个男生也是新手，但他比我高，腿长还有劲儿，我挣扎着超过他都困难。集体训练结束之后，教练专门把我们几个刚上来的叫到一起，又给我们补了一些有关技巧的训练。感觉能好点了吧，也是在不断提升嘛。

12月4日　星期二

地理课学农业，老师给我们一张表，让我们猜沃尔玛一些食物的价钱。进了那么多次超市，还是对美国物价一头雾水，全靠着放开胆子去蒙啊。第一栏是全靠自己蒙，第二栏是等我们都蒙完之后，老师给了我们总价钱25美元，再让我们去分配。第一栏还蛮简单，蒙下来刷刷的。但我的总价是38美元啊，再往下减可是麻烦了，觉得这个价钱不高，那个也不高，最后好歹凑出来个25美元。第三栏要求我们上沃尔玛官网查询准确的价钱，发现有的价钱跟我蒙的出入很大，但大部分还凑合。我发现这儿的学生也没好到哪儿去啊，课上老师问我们蒙的结果是啥，还有比我更狠的……

工程设计课原本说明天考试的，结果同学反映感觉学得太快还没复习好，考试就推迟到周四咯！老师真的是开明！

化学课继续在那一沓题里遨游，老师告诉我们，她的计划是周三就全部完成，望着后面那遥遥无期的几页，还真是觉得有点悬。做到后面还有需要上网查资料的，这种独立的考试还能上网查资料，对我来说真是不可思议。

数学课老师找同学上白板上做题，其实那是个投影的屏幕，要用触屏的专用笔写。一个男生拿起白板笔就往上写，写了一笔发现不对劲儿，他又拿橡皮开始擦，抹得一团黑。我们在底下看着他的窘态笑得前仰后合。老师一脸绝望地看着他。之后他用触屏笔写的时候又写错了，找不到橡皮的那个键，问老师怎么擦，老师望着之前的那一团黑，一脸无奈，开玩笑地说："你可以用橡皮擦。"哈哈哈，我们的笑声就没停过。之后又上来一个男生，他写数字是倒着写的，总之没一个是正常的写法。他做完之后，有个同学说："我啥都看不懂"，又引起一波狂笑。

滑雪课，我依旧是在摸爬滚打中存活，今天最开心的是下坡时，我学会了控制方向，还有侧摔，总算是能不奔着那棵树去，还保住了我的屁股……

12月5日　星期三

地理课昨天的表格今天要计算组成食物价格的每一部分费用都多少，像包装费、运输费、广告费等。每一项百分比也给我们了，就是个敲计算器的活儿，真的是懒得干，一点技术含量都没有。我的智商加手速让我第一个做完了，横排是不同的食物，竖排是不同项目的百分比。老师举例的时候是竖着做的，这样是相同的百分比乘上不同的价钱，但食物的价钱没有一个是一样的，一个一个算也忒慢了。而我则是横着做，百分比有好几个都是一样的，这样算完一个之后，后面的照着抄上就OK了。哈哈哈，佩服我的机智。

昨天发的复习题，老师做完了之后把答案放在讲台上，让我们做完之后对照她的答案。结果，全班好像就我一个做完了，还给她找出好几处错。小数点位数约错，敲计算器计算也能错，画工程图也有错，统计数据总数还少了一个。我一遍一遍地叫她来改，到最后我都不好意思了……她说她做得匆匆忙忙，就靠我给她检查了，哈哈哈。这儿的老师一天上四五节课，那么些学生，还有那么些作业考试要检查，也真是蛮辛苦。

化学老师的第一节课，跟我们上的是同样的内容，结果他们全班没一个做完了的；我们班有个手速快的做完了，但就一个。于是老师把期限延到明天了，这样就宽松了不少。

排球课上6打6，我们队中的4个都是比较强的，把比分打了个25：16，轻松获胜。

法语课上老师把任务资料传到了网上，还专门给我准备了一份纸质的，哇，太暖心了吧。那我更是不能辜负老师这一片好心和难得的记性啊，我做得真的是超级认真。

放学之后，受一女生邀请去了中文俱乐部，他们其实没一个说中文的，但播放的中文偶像剧还不错，配的还是英文字幕，他们聊天聊的还跟不上故事情节，我又用英文给他们解释。最开心的是他们那儿有吃的！

之后又回到滑雪队，今天我们集体扫雪铺滑道。有的地方雪太薄，我们就要从别的地方运雪把那一部分的雪铺厚。还有专门在那儿滑雪给压滑道的。其实在我们干完之后，还有好多地方的滑道不是很理想。

12月6日　星期四

工程设计课今天考选择填空，明天考画图和电脑上图表的数据分析。今天的考题不难，都是之前复习过的内容。老师真是仗义得很，考试还真没有超纲的。

化学课磨啊磨，最后总算是完成了考试，交上的那一刻长舒了一口气，听天由命了，哈哈哈。

排球课，明天最后一节课，学校的排球队跟老师打比赛，今天的午餐时间是最后能买票的机会。刚坐下吃饭的时候看见队排得不短啊，心想等晚点是不是就没有人了，结果，人越来越多，等我吃完饭再去排的时候已经是原来的2倍了，真是绝望。最后，食堂里其他人都走光了，就剩下我们还在排队……上课都有点晚了，还好是排球课不碍事。我跟老师说中午排队买票有多恐怖，给老师乐的，说："我早跟你们说了买票从周二就开始，今天是最后一天，你们都喜欢等到最后，我有什么办法……"好有道理的样子。

法语课要设计一个调查问卷，调查之后还要制作图标和海报。今天开始设计问题，明天开始进行调查。可我明天要去看排球赛，不在啊，今天效率挺高的，设计完问题之后，经过老师同意，已经调查了三四个人了。我设计的是选择项，还在不常用的法语后面给标上了英语。要不调查的时候好多人不知道法语，用法语问完他们，还得用英语再问一遍，真的浪费时间。

滑雪课老师给我们滑道一圈计时，我在A队绝对是垫底了，B队的一些都把我给超了。不知道教练怎么想的，我刚开始练两周就把我调到A队，难不成是之前在健身房看我在平衡板上半蹲蹲得稳当，跳绳还会双摇？还真的是挺有压力的，看着那么矮个初中生从我边上超得嗖嗖的……我滑一圈下来大概得15分钟，之后我们练习变速又滑了两圈，真的是累到不行。

晚上作业不是很多，就跟朋友去看了我们学校的曲棍球比赛。他们在冰上嗖嗖滑得真是看得我目瞪口呆，上次我自己试过之后才知道有多么不容易。我朋友一直跟我说，我们学校曲棍球队有多差劲，上一场被对方打了个9：0，但是！这场比赛我们赢了！打了个11：0。我跟他们说，我是幸运之星唉，我一来看比赛我们就赢了，哈哈，乐呵乐呵，好嘛，他们还真是配合，说：这样的话，以后他们的每场比赛我都得去。

12月7日　星期五

地理课上，我们开始看一个关于玉米的视频，真是谢天谢地，这个视频能打得开字幕。虽然是英文的，但也能帮到我不少，明显感觉做题简单多了。

化学课上学写原子的结构，难倒是不难，但就是原子数得费好大劲儿算，一不小心就会算错，碰到大的数更是要命，最后我干脆写了个模板出来，这样再照着往上抄就简单多了。

今天英语课老师不在，代课老师发导学案的时候，我把上一次的导学案拿出来了，他就以为我有了，就这么把我给跳过去了。我也不知道他叫啥名，最后还是一个同学提醒他，他才回头给了我一张。两页都是读书写笔记啥的，写完两张的前半页我还是决定补觉……

数学课开始用方程解实际生活问题，6种不同的方程解题，解得一头雾水，老师还讲得很快，好不容易跟下来了。我居然发现了老师讲课中的一个错误！

最后一节课去看了排球比赛。老师根本打不过学生，学生一开始还是扣杀式发球，到最后连扣杀都不愿扣杀了。有的老师根本不会打也上场了，就靠着那几个高个儿老师能挡得住学生的扣杀。倒也是蛮有意思的。

放学后的训练是打水球。我去了之后帮着收水上隔出泳道的浮漂，用一个大滚轴把5条全都滚上去了，给我累够呛。最后一条没地方往上滚了，我们就拖到了岸边上。我们队上来就连着输了两把。我想我试试当守门员吧，上一次我当守门员完美保住了我们队。这次好多次挣扎之后，在我想去够球的空当被他们一个传球之后，我们又输了……最后教练看不下去了，把下一次的抢球权就那么给了我们队。

晚上原来准备装饰圣诞树，但是太黑了就改看电影了。看了一个关于圣诞节的动作片，虽然挺老的了，但真的是超好看。

12月8日　星期六

上午本来要装饰圣诞树的，结果妹妹有没补完的作业，早上，我下楼看见她在那儿写作业，我还真是蛮吃惊的……后来才知道，她是在那儿补作业。晚上家里要来客人吃饭，我和妈妈便趁这工夫去超市采购。妈妈跟我说，来的这家人接待了一个意大利的交换生，他们会带意大利食物过来，那我们就准备做中餐。她说她准备炒米饭，我开始讲我们炒米饭怎么做，讲到最后，我发现我把今天晚上的饭全包了……其实我也很懵啊，突然让我做饭，我还真是不知道都要往里加些什么东西。到了超市，我突然想找味精，虽然我也不知道用不用得上啊。这是家亚洲食品超市，我还是找不到。动用我强大的社交能力！反正来这儿的好多人都会说汉语。正好我旁边有一位小哥，他妻子会汉语！她知道英语，但是她也找不到，她帮我找到了超市服务员，谁知道服务员说要到仓库去拿，晕。最后还是买了一小罐鸡精。

之后我们去了另一家超市，我去买零食。妈妈也拿了一些东西，结账的时候，她先把她的东西拿出去结账，结果把她拿的一打雪碧落给我了。等我发现时她已经结完了，那我给结了吧，应该也不贵。结果我装袋的时候她看见了，回家之后又把钱给我了，哈哈哈。

回了家后吃过午餐，妹妹还没写完作业，我和妈妈去了学校，里头有一些附近的小商卖手工制作或者批发来的东西的。我买了个木刻的我们学校标志的钥匙环和一个别头发的卡子。

之后总算是腾出时间装饰圣诞树了。好几箱子的装饰品各式各样，看得我眼花缭乱，目瞪口呆，就挑自己喜欢的往上挂呗。树底部还不能挂易碎品，狗尾巴很危险啊。本来树就不大，挂得满满当当，感觉有的枝绝对给压过载了。

收拾完剩余的装饰品，小憩了一会儿，立马又投身到了做饭的战斗中。我没做过饭，但有个神奇的东西叫网络，里头还有更神奇的东西叫食谱，有了食谱，我还是没问题的。先从米饭开始，我已经把做好的米饭放冰箱里冷藏了一段时间了，应该没那么黏了，昨晚的米饭感觉有点太淡了，又加了盐，但最后吃的时候还是感觉淡。也行啊，总比馊着强，米饭嘛，淡点就淡点吧。之后又开始做西红柿炒鸡蛋。这个我可是做过！上次做淡了，这次就往里狂加盐啊，结果鸡蛋做成了……还好西红柿没加多盐，好歹是挽救过来了。之后又煮了在超市里买的做炸酱面的面条，买的炸酱也是不错。虽然客人来晚了，但其实时间正好。忙活了这么久，站得我脚都疼，但大家对我做的菜好一通夸呢，真的是超级超级开心，还有不少吃完了又去盛的，耶！但最后刷碗刷锅也是挺扎心的……

12月9日　星期日

早晨起床之后，突然想起来衣服在烘干机里还没收拾，但是却没空箱装衣服了，霸气的我一次性给抱楼上去了。

忙活完化学作业剩的一点尾巴之后开始写数学，被三道题给卡得死死的。饥肠辘辘的我循着饭香摸到了厨房，吃完爸爸给我炒的米饭和肉肉之后，重新振作起来向难题冲锋！一道题是循着另一道和它类似的题的答案做出来的，还有一道要用到之前例题里的信息。

攻克难关之后心情大好，决定出去滑雪，下周二就要比赛啊，就我这技术到了赛道上就是去摔跤的……学校的滑道我也不知道经历了啥，滑溜溜的，要不就是雪被压得超级结实，要不就是跟沙一样一点黏性也没有。保存体力吧，下午还要去滑冰，就滑了两圈。最后快要到终点的时候，我心情大好啊，一加速结果又摔了，我也真是无语了。

回家之后在妈妈的帮助下，把给姥姥的礼物包装好了。她住美国南部，还要给她邮过去。我剪包装纸的时候还把大小给估量错了，我这个脑子……之后妈妈帮我写好地址，把盒子用胶带好一通缠，我就不负责去邮了，交给妈妈了。

匆匆吃过午饭之后滑冰去咯！第二次，这次到那儿租到的是冰球的滑冰鞋，鞋前部是没了能卡在冰里的铁刃了，但它的冰刀底面却不是平的，我总觉得会往后仰……万幸啊万幸，这次总算是没摔着！

之后计划跟朋友一起去镇里逛，其实不远，但她们不想走。她们看错了公交车的时间，我们眼睁睁看着公交车开走了，但她们买的敞口的饮料还不敢跑。这里的车站其实很高大上啊，还有暖气，但偏偏我们这个站的坏了……于是我们就在寒风里等了将近20分钟。车上突然上来个女警察就朝着车后部走，我才看见后面有个男的睡着了，估计是醉酒了或者啥的，好不容易给他叫醒，警察把他给带下车了。这我才知道城市巴士上是不允许睡觉的。

晚上开始做下周三要检查的个人实践项目，原来我准备做的内容是中美学校差异，但我发现其实真心不好做啊，拿中国的教育制度去吓唬他们总觉得不大好啊，哈哈。后来转念一想，我决定做有关中国食物的，大家总是对吃很感兴趣的嘛。这种资料网上多的是，很快我就收集了一些名菜的英文名、照片，之后开始逐个介绍八大菜系，我也从中学到了不少呢。

12月10日　星期一

工程设计课看教学视频，自己学怎么用软件做3D图，老师还给我们发了几页题，好多是标注软件中哪一部分或者哪个工具叫什么名。如果视频里给标出来了还好说，但也有一掠而过的，那真的是凉凉了。10多分钟的视频，一节课也没完成，一直在回放……

英语课考《麦克白》，老师还从剧本里挑句话出来，问你这是谁说的。挑一段也行啊，她还真的是多一个字也不给。还是古英语，语法啥的也不对，本来就看不大懂，这下可好，3句话没一个蒙对的，也真是扎心了。

数学课小组合作完成考试，第一部分是平板上的，第二部分是纸质的。平板上的是要分别对应5个不同的图像、名字和一个用得上这个图像的问题情境。小组里互相核对过答案之后，第一个女生提交之后说是满分，但我也不知道我是哪儿做错了，得了个93%，这是个正式的考试啊，给我心疼的。

法语课大部分人设计完了调查问题之后开始互相问了，满教室都是躲着老师说英语，啊哈哈，老师也是蛮无奈的，抓着一个就让他说法语，挨个桌子溜达。我去调查之前还怕有的人嫌麻烦不愿理我，但同学们都超友好的，尽管我跟有些同学都没聊过天。其实这也是个蛮好的机会，可以跟同学聊聊天。还有一个男生被我横平竖直的表格惊到了，一个劲夸我，哈哈哈。

明天滑雪就要比赛了，临阵磨枪，教练开始教一些小技巧。而我滑轮滑的习惯是往外蹬，就造成我老打滑……我也是很绝望，又去跟着B队练怎么滑行。因为明天比赛今天早早就收工啦！

12月11日　星期二

地理课看完了关于玉米的视频，但我还有没完成的题，问了几个人，发现他们也不知道，这就尴尬了，要不明天去问老师吧，我跟不上视频还是情有可原的，哈哈。晚上我上网一搜，发现网上有所有问题的答案，我真是个人才！但还有一道需要小组讨论的问题有待解决。

工程设计课上，老师带着我们把昨天的那页题过了一遍，之后让我们开始进行下一项任务——在电脑上画小火车的3D图。她先是给我们展示了她做的火车，车身、轮子、轨道什么的都不用说，关键是那火车还能在轨道上跑！这看着就挺有难度的，下面一片唏嘘，老师却安慰我们说，照着她给我们的步骤做就没问题，但愿吧，哈哈哈。

化学课上，老师让我们下载一个学习软件进行测试，我们可以做好几次，但最后要给她一个最终的成绩，而这个成绩还是蛮重要的，那我肯定要拿到100%啊。一共43道题，选择还好说，但填空真的是太可怕，都是要往上填元素的名称，而你拼错一个字母它就给你算错，真是要命。有的是因为我马虎看错了，还有的是因为我在元素周期表上做的笔记把元素名给挡死了没看清，就这么反反复复做了四五遍才全对了，真是要了命了。我交上去的时候跟老师抱怨，老师却笑着说，但你最终是得了满分嘛。好像有点道理……

数学课今天又进行了一个全区统考的拔高考试。有的题还不算太难，能看得懂也能解得出来，但有的题看得懂却不会做，更有的直接看不懂……反正是全蒙完了……

法语课上老师看我们调查得差不多了，告诉我们有一个网站可以辅助我们做海报，老师在大屏幕上做了演示，但等到自己做的时候，才发现放上去的图片调整不了大小，这哪行，调不了大小，整个海报都是乱糟糟的。我问老师怎么改大小，老师也很懵，说在她的平板上可以改的啊……只能回家之后在电脑上做了。

放学后收拾好东西乘巴士去滑雪比赛咯。到了那儿以后，B队教练跟他们队员说比赛是1.8千米，我寻思这长度还凑合，但A队一男生跟我说，你想得太美好了，A队肯定比B队比赛长，我开始紧张，好嘛，最后教练告诉我们说5千米，生无可恋。我跑都跑不下来5千米，还滑5千米……更绝望的是赛道都把我绕迷路了，本来应该往右拐，上个小坡就是终点，但我直接往前冲下了坡，下到一半发现不大对，又要回头再上坡。比赛中就摔了一跤，已经是很庆幸了，最感动的是滑道上遇到我们学校的同学，特别是在滑雪队待得比较久的队友，都过来鼓励我，超暖心的。时间肯定是花得不少，但我做到了，5千米！

12月12日　星期三

地理课，老师花了几乎一整节课的时间带着我们把关于玉米的那页题又过了一遍，有的题答案不唯一，他连着问了几个人，最尴尬的是没有一个人跟我写的答案一样。他也不再重复答案，反倒是能延伸出去好多跟答案不相关的。听得我懵叨叨的不说，还不确定答案到底该写什么，虽然他根本就不在意我们写的答案到底对不对。

工程设计课，开始造小火车了，老师怕我们看不清电脑上的图纸，还专门给我们发了打印版的。虽然挺复杂的，但是照着图纸，一步步地做倒也是没什么问题，就是苦了老师，我们问题不断啊，老师挨着个的给我们解决，一节课忙得跟个陀螺似的。

排球课，对面的男生一个扣杀，球正好砸到了一个女生的手上之后又飞了起来。一开始我们觉得，哇，她好厉害，还能把球接起来，之后发现不大对劲，她的手给伤着了。她疼得开始哭，我们赶紧去找老师，后来给她敷上了冰袋才好些。

数学课讲新课了，分别用度数和半径表示弧，还有它们之间的转换。用度数表示我还比较熟悉，但用半径我就有点懵了，其实也不是很难，多练习练习就好了。

　　法语课我最终放弃了老师推荐给我们的那个软件，我找了一个新的软件，一样可以做海报，但这个总算能被我操控了，我把统计数据用了不同的表现方式加以展示：柱状图、饼图、百分数等等，不同的季节我用了不同的图片，配上法语单词，感觉我还蛮有创意的，哈哈哈。

　　放学后滑雪训练，教练让我们先自己热身，然后在橄榄球场集合。我问教练橄榄球场在哪儿，她跟我说跟着别人滑就行了，一开始我还勉强跟得上，后来我下坡的时候被绊了一下摔倒了，还把滑雪板给摔坏了，滑雪板上固定靴子的那一部分掉了下来。碰巧一个教练正好经过，帮我安了上去，但再等我一抬头，周围一个人影都没有了，我能看见几个在滑雪的，但都不是我们队的，哦，天，我这上哪儿去找呀？后来通过问别人，我历经千辛万险总算是找到了大部队，但他们的技巧训练都快结束了。我一直等在最后看他们的技巧，正巧我们队的几个刚回来，哈哈哈，原来不只是我找不到路啊，我们几个又组了一队，老师又把刚才的技巧给我们教了一遍，滑着雪转圈算是比较难的了，不是滑不起来就是转不过圈儿来，还得练啊。

12月13日　　星期四

　　地理课要上网查资料，调查一种农作物，记录产量最大的4个国家的相关信息。老师给了我们一个表格和能查到资料的网站，大部分人都做玉米，因为我们刚看完玉米的视频，但我就是想做水稻，哈哈，虽然做别的农作物的话还要重新查一些关于这种农作物的趣事，因为这之后还要写一封关于这个农作物的信，全是数据的话那不得无聊死了。一节课我就完成了两个国家，表格中还有一栏是政府类型，调查气候、土壤类型和运输方式等等，但我真是搞不懂政府类型跟农作物有啥关系……

　　工程设计课继续在电脑上造火车，老师传了教学视频给我们看，本来我第一部分都快做完了，但我发现有的地方做得不对。特别是打洞，我用的是画圈之后延伸，但视频上用的是打洞，打洞的话从图上看洞底部是个尖的，但延伸的话只是个圆柱形。而且我还发现我有条线没画直，这要是全改的话可麻烦了，我干脆照着视频重新开始做吧，虽然要一直回放视频一遍一遍、一点一点地看，但是也确实学到不少新东西，学到不少更简单的方法。

化学课进行了个小考试，我做得比较快，交卷之后接着进行下一项任务，上一个网站进行限时答题，关于通过原子结构来推测元素的题。上一道题答对了才能进行下一道题，但是只给5分钟。我第一个做完了，还剩将近两分钟呢，老师还把我好一通夸。

排球课，6打6，第一局我们的对手有3个发球贼好的，呼呼呼，一个比一个刁钻，能接起球来我们都谢天谢地了。但其实我们已经蛮不错了，还能打个25：25，最后我们还是输了，但总比昨天被他们打了个16：4强，哈哈哈。

英语课进行了关于《麦克白》的小考，这次老师找了个《麦克白》的漫画书，把其中的一些漫画复制到了考试中，这可比问你哪句话是谁说的简单多了，自我感觉良好啊，哈哈。然后啊，上课的时候我一查英语成绩，发现怎么这么低，原本以为是我上次小考拉低成绩了，结果发现老师又把在我来之前她布置的一项任务给我标了个"未交"，真是醉了。上一次我去找她，她给我改过来了，这咋又改回去了。而且还有那个给我标了个"B⁻"的，也是在我来之前他们做的，她说不能给我编个成绩啊，但她确实是给我编了个成绩……那项作业上的日期分明就是在我去之前就截止了。她说她回去查查，但她上次也是这么说的……

数学课老师不在，来了个助教在黑板上写我们的作业题的题号，幸好我们数学老师把题号传到了平板上，我发现助教写的少了一组题。我告诉她之后，她开启了找理由模式，说那么多组题太难跟得上……一节课她就干了这么点儿活还能看岔了。

滑雪训练的时候我去给滑雪板打蜡，明天滑雪旅行就要出发了。今天下午学校还开家长会，教练还要按时回学校，训练早早就结束了。打蜡熟练的20分钟就能搞定，我却用了将近40分钟，还是在另一个女生和教练的帮助下完成的。今天教练给我配了另一种滑雪板和滑雪杖，可能是因为我要去滑雪旅行吧。

晚上回家之后洗澡、洗衣服、甩干，写作业、打包东西，一晚上也真是挺忙活。作业剩的也不多了，旅行中也没网络，也干不了啥，带了点不用上网写的作业。还要自己带枕头和睡袋，我拿了我那个大箱子，我可不想拿那么多袋子。

12月14日　星期五

早上起床，打包好最后一点东西，在家吃过早饭，妈妈开车把我和妹妹送到了学校，其实主要是我那大箱子了。我们往停在停车场的大巴上搬东西，把过往的车堵得老长，也是蛮心疼他们的。差不多是准时出发，好激动！逃课出去玩的感觉就是爽啊，哈哈哈。我跟另一个10年级的女生坐在一起，有不少共同话题，哈哈，好一通聊天。中途大巴在一个加油站停了车，我们可以用里面的洗手间，女生的队排得把出发时间都给延误了，但我们还是蛮准时地到了，果然像教练所说的，司机很会控制时间啊。大巴上给我们每个人发了个折起来的小纸片，外面是自己的名字，里面是另一个人的名字，这个人就是我的攻击目标，要么往他后背贴小纸条，要么拿玩具枪射他的后背。不能在训练或者在大本营里面的时候抓人，只能在路上袭击。我不但不知道我纸片上的那个人是谁，而且我还没有便利贴。早上上大巴车的时候，还看见有个男生书包上挂的子弹，当时还想都多大了还玩玩具枪，现在明白了……

下了车，真是一团乱，要卸行李，卸滑雪用具，车停的也不是个好地方，车旁边根本站不下那么多人，也不知道男生都哪儿去了，几乎是我一个人把滑雪板都搬下来了，另一个女生后来过来帮我。男生估计是去卸行李了。

我们住在一个8人间，结果数人数的那个女生把7个人给数成了8个，后来我觉得不对劲儿，又问她们另一个是谁，其他人都不知道，都以为是给谁留了床位，但其实只有我们7个人。

午饭只能说凑合，结果，吃完午饭回宿舍的路上，我就被一个男生给袭击了，其实我听见身后有跑步声，但根本没想那么多，也可能是因为我身份特殊太好找了吧，伤心啊伤心。之后他就要去袭击我的目标了，我还记不住那个人的名字，还是我同伴告诉他的。短暂休息之后开始训练。先是一个半小时的滑冰式滑雪，就是我之前一直练的。这真的就是在山里滑雪啊，各种上坡下坡累得挺要命的。天气不错，大太阳照着，后来给我们热得外套都脱了，就穿一件卫衣。我们都是成小组地滑，但不只是我路痴，我们组一群人都傻傻找不到路。她们想去另一个滑道，应该是有指示牌的，但第一圈我们错过了，第二圈就没时间再去了。

半小时休息之后开始的传统式滑雪，是我之前没有接触过的，滑雪之前要打蜡，虽说滑雪时用的根本不是蜡。打蜡的活儿我以前干过，要先把滑雪板底面清理干净，把蜡烤化滴上，再用热铁板把蜡烤化摊匀，最后还要把蜡全刮下来，清理干净，也是个体力活儿啊。

我们几个跟着教练去了地形比较简单的湖面上，教练教了我们一些技巧，之后就让我们自己在湖上滑。感觉真好啊，哈哈。

训练结束，离晚饭还有一段时间，给我的另一对滑雪板打了蜡，明天有比赛。先往滑雪板上抹一些黏黏的，叫作蜡的东西，再用一个软木块把蜡都抹匀，其实是把蜡打到滑雪板里面，往上抹蜡是挺简单啊，但往里打蜡就难了，胳膊酸得不行。

吃完饭后，开了个小party，其实就是一群人瞎蹦跶，有个负责人告诉我们怎么跳。8个人围一圈，编排了不同的走位，其实真没啥意思，就是在一块乐呵乐呵。

舞蹈结束之后是自由活动时间，我先去打了场乒乓球。教练在墙上挂张表，分好了组，我们要自己找对手、自己找时间打。我报名报晚了，还给我加了场比赛。我赢了，哈哈哈，成功晋级下一轮。

打完比赛原本想去泡泡热水的，但时间来不及了，就去活动室找同学聊了会儿天。不知道是我晚了还是她们睡得太早了，我还没收拾好，她们就把灯全关了，本来还不到我睡觉的点，我不能影响别人睡觉啊，我干脆关了灯听了会儿音乐。有个女生真是奇怪，一开始她开了电风扇，说她习惯了，需要噪音才能睡得着。我的妈呀，真要命，我跟下铺的女生很无奈，最后跟她商量关了电风扇，她用手机上一个软件模拟电风扇声音，戴着耳机睡咯。

12月15日　星期六

一晚上都没睡好，一次一次地醒。大清早6点就起床，7个人挤一个洗手间，收拾好了之后，匆匆忙忙到活动室喝足水、吃点饼干，之后就开始训练。我提前到了打蜡室，好多人都已经开始给滑雪板打蜡，我一看赶紧开始行动，又给滑雪板打了一层蜡。之后出门训练。天还黑着，我带了头灯，但是落在了宿舍，也没时间回去拿了，我们都是小组一起行动，如果我回去拿，别人还要等我。我就这么摸着黑跟着别人踏上了滑道，真正体验了一把黑天滑雪的感觉。本来我对于这种滑雪就不是很拿手，再加上连滑道都看不清，很快就被别人落下了。同伴为了我开了手电筒放在布兜里，在岔路口会停下来等我，但我还是很绝望，漫漫长途一片漆黑，什么也看不见。但我总算是摸着黑熬过来了。

8：30吃饭，9：30又开始训练。虽然说我还是跟不上，但总算能看清路了……

本来要求滑到10：15的，但大家陆陆续续地回来了，11：00要比赛呢，谁还在这个时候拼命地练呢？

比赛不只是我们一个学校，还有其他几个学校。我们A队等了好久才轮到。我在比赛时，为了图快摔了无数次。在山上比赛真是不好玩，其中有一个超级大的下坡，还有一个拐弯，估计坡底下是悬崖。拐弯那儿站了一个男指导，警示我们，但我这种水平哪能那么好地控制方向，我好不容易拐过弯了，结果一个不稳摔倒了，他还喊着问我有没有事。比赛结束后，我好几个朋友都说差点把他给撞了，真是辛苦他了。

中午饭吃的意大利面，吃完饭后还有甜点，真是不错，而且还可以再加。吃完饭，我上楼找了个安静的地方迷迷糊糊睡了一觉。

总算可以滑我熟悉的那种滑雪了，有点莫名兴奋。我们6个人1组出发了，去了比较远的一个滑道，昨天我们就想去那个滑道，但是完美地错过了路牌。今天一遇到岔路口，我们就停下来看，后来跟别人打听，总算是找到了通往那条滑道的路。我们这一天累得不轻啊，昨天还没缓过劲来呢，今天又比赛，找路口的时候，我们内部开始出现意见分歧，我们最终还是决定继续踏上这条未知路。我没觉得这条滑道有多好，只能绊绊磕磕地滑行着。其中一个超大的下坡，就我跟另一个女生没摔跟头。令人绝望的是，我们不知道这滑道有多长，相比于原路返回，我们决定迎接未知的挑战，虽然终点在远方。这一路上，有个女生一直喊着鼓励我们，真的是挺有用的呢。到最后真的是筋疲力尽，滑到出口的那一刻跟发现新大陆一样，我们乐得差点没蹦起来。但这只是出了滑道，我们还要再滑回出发的地方，但也总算是看到希望了呀。

休息一会儿之后，又来一轮传统式滑雪，真的是觉得我是用生命在坚持……明显觉得大家都是筋疲力尽，我竟然能跟得上，哈哈哈哈。

晚上原本说组织一个演出，结果没人组织，就取消了……那我就去打乒乓球赛吧。打过了2人，我还吸粉了呢，有几个女生专门来看我打球。但最后还是输给了一个男生，他那个旋球简直不像话，怎么接怎么飞出去。但听说他去年是亚军呢，我输了就输了吧……

打完球之后，我真的要开始享受生活了。休息一下，换了泳衣，先去泡了泡温泉，之后又去蒸了桑拿，洗了个澡之后，回宿舍睡觉！

12月16日　星期日

今天没有早训，只训练了两个点就要返程了。我们宿舍集体决定还是早早起来滑雪，虽然大部分人的目的是去拍照。

早晨6：30才起来。虽然还是有点黑，我戴了头灯，却没用上。而且我们决定去结了冰的湖面上滑，所以不怕迷路咯。虽然她们滑得好像都比我快，但她们一停下来照相的工夫我就赶上了。在初升的太阳照耀下，皑皑白雪真的是好美，但这些人真的是照相狂啊，滑不上几步就停下来照相，各种动作、各种景色、跟各种不同的人照……我们已经滑出去好远，一回头才发现她们落得老远。开始还等了她们一会儿，后来发现她们也在等别人，我们仨干脆不等了，继续往前滑。滑到终点之后，再滑一圈时间肯定来不及，但时间还早，还不到早饭的点儿，我们就在附近滑了一会儿，她们还没跟上来，我们这一组人就先回去了。

早饭真的是丰盛，估计是看我们要走了吧。三张大长桌子摆得满满当当，我们从桌子两边排着队拿吃的。真是发现手不够用的，肚子也不够用的，只能拿一只盘子，但真的是堆得跟小山似的。肉、面包、沙拉、饼干、面条、甜点……真是大饱口福啊。

休息了一会儿，是两个小时的传统式滑雪训练。本来我觉得昨天已经打过蜡了，今天不用再打了，但我们昨天滑的时间太长了，估计蜡都已经给磨没了。本来我就不拿手，现在真是寸步难行啊，滑得慢不说，胳膊快给累掉了，滑雪板底下摩擦力还大，经常给我跌得一跟头一跟头的，还好有个女生一直鼓励我，让我在她前面滑，防止我掉队。途中遇到一个大下坡，要先上坡拐弯再直接一个大下坡，这真是难住我了。我连跪带爬好不容易爬上去了，然后发现这个弯我拐不过来……我侧着身在山顶上勉强站住了，总觉得还没等我完全转过身去就会秃噜下去了，而山坡那边还挺高的……倒腾了老半天也不敢转弯的我最后直接坐下了，一直滑到转过弯来了，我才敢站起来往下滑，真是可怕。

训练结束之后，打包东西、收拾好宿舍，吃了午饭就准备返程了。把东西往车上搬的路上，他们还在玩那个"追杀"人的游戏，我真庆幸已经被"打死"了，要不一直都心惊胆战的。

在大巴上也不知道睡了几觉，迷迷糊糊地就到学校了，却不见妈妈来接我，发短信也不理我，打电话也没接，联系爸爸也没动静。教练一直陪着我在学校等，帮我打电话联系，但还是没人接，最后是教练的朋友开车把我送回去了。回家之后，爸爸妈妈一个劲儿跟我道歉，原来妈妈在那儿准备晚饭没看手机，而爸爸在洗澡……这时间点儿赶的啊，哈哈，蛮好笑的。

吃完饭洗了澡之后，开启了补作业模式。先是完成了英语《麦克白》的提纲，之后是数学作业剩的几道题，接着又完成了法语课老师要求我们做的海报，化学明天要去补考呢，晚上没时间复习了，早上起来再说吧。

12月17日　星期一

今天到了学校有一种离别很久的感觉。大清早，我早早到了学校来补他们周五考的化学考试。本来我以为很难呢，还特意大清早提前来补，结果不到20分钟我就做完了。

第一节地理课，老师把我们拉到了电脑室，之前填完了关于种大米的表格，今天要开始写信了。他们应该是从周五就开始写信了吧，没想到今天还能给一节课的时间写信。老师周末把写信的要求和格式发在了平板上，由于我没刷新，根本没看到，我还以为他没发呢，但就算我看见了也没时间写……今天课上我又问了一遍信的格式和内容。还好，这封信周四交上就行，我还有时间。

工程设计课依旧是要完成3D火车的电脑绘图，我的进度有点慢了，照着视频做，一开始有个测量，我以为我只是跟视频上用的方法不一样，没想到是我给量错了。最后要往上加另一个部件的时候，才发现怎么跟图上的位置不一样，这个时候再改可是麻烦了。老师忙得团团转，我有等她的工夫还不如靠自己呢。虽然花了挺长时间，但我还是自己解决了，开心！

不到5分钟做完了剩下的化学题，又检查了一遍，这就完成任务了，之后开始写地理的信，要尽快完成啊。

英语课继续读《麦克白》，我上周已经全部完成了，不会的单词都查过了，上课还蛮轻松的。

数学课开始学圆中的三角函数和用 π 表示圆上的弧，虽然有点懵叨叨的，但是我学得还挺快的，毕竟以前学过嘛。

法语课，老师问有没有愿意展示我们做的海报的，我周末抽时间给做完了，所以我第一个举手上去展示了。做的是法语的幻灯片，但我不会用法语讲啊，就问老师能不能用英语讲，老师说要不你用汉语讲吧，哈哈哈哈，有几个能听得懂的啊，最后，我还是用英语讲的。

12月18日　星期二

地理课，我们开始准备一个关于转基因食品的辩论。老师把我们分成三组：支持、反对和中立。我被分在了中立组，虽然两方面都要涉及，但每方面找三条论据也是蛮好找的，总比一正或一反要找6条论据好办嘛。上课我先写了会儿信，把有疑惑的点去找老师问明白了，之后开始找关于辩论的资料，毕竟明天上课就要辩论了。用英语查论据我看得慢，我干脆直接用中文查，看完了再翻译成英文就简单多了。

工程设计课，继续造小火车。今天还比较顺利，我是长记性了，完全按照视频上的步骤跟着做，总不会再错了吧……可是，问题又来了，有的时候，我觉得跟它做的一样啊，但就是出不来视频上的效果。

化学课，老师给我们叨叨叨讲了一大堆，有关于药品用量的，有关于结晶的，听得我一头雾水，以为我们又学新内容了呢。结果，老师只是让我们做一个结晶实验而已，我松了一口气。把一个试管刷弯成自己想要的形状，用一根线吊着，上面拴在一支笔上，把笔放在塑料杯口的时候，小挂件可以刚好吊在杯里。接着把烧杯中烧开的水倒入软塑料杯里，往里加5—6勺药品，搅拌均匀之后，就可以把小挂件放进去了。我做了一个心形的，还被他们好一通夸，说漂亮。

英语课复习《麦克白》，明天要进行最后的考试。可老师不按常理出牌，复习就复习吧，还让我们演《麦克白》，把我们分成了几个小组，每个小组分配一幕，给15分钟时间准备之后，要求演一个90秒的小短剧。我们组5个人，但角色不够，时间也不够用啊。我们只能删减了一些不重要的片段，还有的人分饰两个角色。虽然我们的剧不是很有特色，但大家合作的过程还是蛮有意思的。

法语课开始看一个法语电影，虽然有英文的字幕，但有的内容我还是没看懂。之后老师让我们按照对应角色的图片，分别找出他们的名字，一共8个小男孩啊，这可是有点难。最后，我们小组合作着把题都做完了。

今天放学之后又有滑雪训练。感觉滑雪旅行回来之后，我的水平提升了不少呢。这次训练我就摔了一次，下坡拐弯时重心不稳。但我感觉超过了我们组的好多女生呢，以前我一直都是落在最后的，连个人影儿都看不见，只有别人超我的份儿。我今天能坚持下来真是不容易，滑到一半就开始累得不行。又是晚上早早睡觉的一天。

12月19日　星期三

地理课，开始真正的辩论了，我们按照正反方和中立方重新排了座位。一开始我没怎么说话，最起码我要先看看别人都找了些什么论据啊。一开始举手的也不多，老师是好一通鼓励啊，后来举手发言的多了起来，我也举手发言了好几次，感觉做中立就是自由啊，正反方都能支持还都能怼。

工程设计课，今天进行了一个电脑画3D图的小考试，老师给了三个难度不一样的题，当然得的分也不一样。好多人都选的是最难的那个，但老师给的测量数据不够用，老师又现给我们加测量数据，虽然等了好久，但得了满分还是蛮开心的。

化学课是继续做结晶饰品，昨天有的人没做呢，老师干脆又给我们一节课让我们玩。昨天结晶好了的要往上喷个化学药品使它定型，我也不知道那是啥东西，难闻不说，还黏糊糊的，洗还洗不掉，一整天手上都黏黏的，我今天做了个星星的，虽然不是很标准，但也蛮好看的。

英语课考了《麦克白》，连线、填空、简答，虽然有的地名啊什么的单词不会拼，有几个小问题没答上来，但总体感觉答得还不错啦。

数学课今天复习，明天考试。数学老师也是会玩，小组合作进行抢答。老师给每个小组一块白板、白板笔和白板擦。老师在屏幕上展示完一道题之后，前三名写下答案并举起来给她看就能得分。老师要求我们轮着写答案，一开始我们还好好听话，后来老师根本顾不过来，我们组干脆就成了我左边的女生负责写答案，我负责举牌，因为我坐的位置最适合举牌，而我们组另两个人负责算题，两个人的计算器还设置了不一样的单位，这样算的时候就不用现调了。我们的配合蛮默契，就这样得了第一名呢！

第七节课，我们的个人项目要开个会，上次老师要求我们要写关于项目的日志，我这几天才找时间写了，但到了那儿才发现，我是唯一一个完成的。老师问的时候，其他几个人都一本正经地说写在了一张纸上落在家里了。老师一脸的不信，最后还有点火了。等老师给我们复印资料的时候，我们笑作一团，哈哈。

周二的时候，有个女生给了我圣诞礼物，我得回礼啊，那干脆就直接给我的好朋友和老师都送个圣诞礼物吧。今天本来也嗓子疼，不想去参加滑雪训练了，放学之后去超市给老师和同学买礼物。我想给同学买巧克力，给老师买饼干，感恩节的时候，已经给老师送过巧克力了。去的第一家超市没有小包装的圣诞饼干。之后我又去了另一家超市，但那儿的饼干真是忒贵了，一个圣诞饼干就要4美元，而我个人还不喜欢装饰得花里胡哨的饼干。之后我又去了附近的另一家超市，正好碰上这里的饼干有会员卡就打折，但我没有会员卡。于是我去找超市里的顾客借会员卡。我第一次找的那个顾客没有会员卡，真的超尴尬。第二次是一个老奶奶，她一脸警戒地问我，你会把卡还回来么？弄得我再一次超尴尬。最后总算是把东西买齐了，提着两大包东西，最后还是妈妈来接我的。

12月20日　星期四

今天真开心，总算是熬到了最后一天上学，明天就开始放假了哦！我大清早去上学时真是个灾难，一大包是给老师的礼物，一大包是给同学的礼物，还有一包是我放学后打水球要用的泳衣和毛巾，还有我的书包，好在是妈妈开车送我上学的。

我早早来到了学校，想先把给老师的礼物能送出去多少就送出去多少，这样我提的袋子能轻一点。我先奔我顾问的办公室去了，整个顾问办公室都黑着灯呢，好吧。接着又去了二楼，地理老师和英语老师的教室开着门，但人都不在。我只能把给他们的饼干和贺卡放桌子上，再冲向下一个老师的教室，结果老师都不在。上了三楼之后，化学老师的教室关着门，我能听见里面有动静，但一度让我敲门敲到怀疑人生……

下楼之后，又去顾问办公室溜了一圈，里头总算是亮灯了，但我的顾问还没来。之后去拿早饭、换衣服，几乎是跑回教室的。

地理课今天看了一个纪录片，讲述美国人在世界各地品尝各种当地食物，这集是在智利的4个城市，他吃的那些美食，有的看着是好吃，有的是真恶心……吃一些生的海物不说，还喝生的牛血。

工程设计课老师不在，给她的饼干我还得继续留着了……昨天她告诉我们今天她不在，但我忘了。

化学课我们其实就是在那儿玩，我做了另一个结晶饰品。我今天是绝对不再往上面喷那个胶了，昨天喷完了味儿那么大不说，手上还一直黏糊糊的。老师主动跟我们说她会帮我们喷还给我们准备了圣诞节的糖，让我们随便拿，我们都开心得不得了。

中午吃饭的时候，在食堂看到了我的顾问，我把圣诞礼物给她了，她好一通感谢我，还给了我一个抱抱。

排球课上，我一个朋友被排球砸在脸上两次……虽然说挺心疼她的，但她的体育技能真的是有待加强啊。第一次接球的时候，平时都是碰不着球，这次是直接打在了大臂上，她胳膊往上一抬，球直接反弹到了她脸上，看着都疼啊。她去休息了一会儿，刚回来，我们没打上两个回合，她又被球打脸了。这次是她站在后排，球落在她和前排的那个女生中间，那个女生水平比较高，往后跑着退，最后跪在地上接球，结果球又一次弹到了她的脸上。被打的女生坐在地上笑得脸通红通红，我们边上一群人转过身去偷着笑……

英语课很是轻松，老师给我们讲了放假回来之后我们要做的项目，之后就开始给我们放电影《麦克白》，老师还给我们准备了一些空白的图画，我们可以上色。我觉得上色也太无聊了，还不如看电影呢。我看了会儿电影觉得没意思，直接趴桌子上睡了一会儿。

数学课我们在平板上有个小测验，真是蛮简单的，我很快做完了，之后也没有别的任务，我就开始写别科的作业。

法语课继续看我们之前看的法语电影。我昨天不在，就上网查了些资料，也搜罗出一些答案，今天老师要求看完电影、完成所有题之后上交，结果好多人都来问我，弄得我自己都差点没做完。

放学之后打水球，我们队真是厉害，打了个5：1。每一轮哪队输了哪队就要接受惩罚，有俯卧撑、平板支撑、游泳打水等等，为了不接受惩罚，我们真的是拼了啊，哈哈。对方有个男生死死抱着球往我们这边冲，男生抢他手里的球都抢不下来，真的是可怕……最后教练看见了，跟他说不能抱着球跑，他有点小尴尬，但我们都在旁边笑，真的是松了一口气。

12月21日　星期五

放假第一天，总算可以睡个懒觉咯。上午妹妹的同学来了，她俩也是真能闹腾……

上午划拉划拉把衣服洗了。一开始问妈妈洗衣机里是不是空的，她说是，结果我收拾了一筐衣服下去一看，洗衣机里有洗好的衣服。这就尴尬了，我还怕有什么不能往烘干机里放的衣服，也不敢一股脑全给塞烘干机里，只能把妈妈叫来让她再检查一遍。

中午妹妹跟她朋友出去吃饭看电影去了，妈妈带着我出去吃的比萨哟，还在现场看了他们怎么做比萨。吃完饭后，我俩去了一家高大上的商场，不是去买东西呀，只是去逛逛，养养眼啊。一进去就是一股香水味，还有现场弹钢琴的，商场里的人还是挺多的。

回家之后睡了一觉，差点睡过了。今天晚上原本想去一家中餐馆吃饭，结果打电话预订座位已经订不上了，于是去了一家有名的汉堡店。店很小，但里头满满当当一群人等着排座位。招牌的汉堡还真是不错，肉饼中间夹着奶酪，一咬就往外流。

吃完饭以后，去了一个圣诞展，各种彩灯和装饰超级漂亮，有圣诞老人可以合照，有卖东西的小铺，还有溜冰场。车根本没地方停，爸爸把我们仨放下之后，又找地儿停车去了。我们仨进去之后拍了几张照片，妹妹就扎在滑冰场不走了。那儿是免费使用溜冰鞋的，虽然人有点多，但等了一会儿就有我俩鞋号的溜冰鞋了。万万没想到啊，我滑冰滑得比她还好，她还让我扶着她滑，我真是庆幸没被她拉倒……有些小孩子真是危险，不怎么会滑冰还在冰上狂奔，不知道哪一下就摔在你身边，给我吓得一身汗。有一次一下拦住了我一只脚，另一只脚又停不下来，整个身子转了180度之后摔出去了……

之后，看了看一些大型的圣诞装饰，去跟圣诞老人拍了照，到街边的小铺逛了逛，冻得不行。已经22点多了，回家睡觉咯。

12月22日　星期六

吃完早饭之后，妈妈跟爸爸要出去遛狗，看我也想去，他们就"逼迫"妹妹跟我们一起去，连逼带哄的总算是出了门。我们带着狗开着车到了山里，虽然以前那儿是个农场。下了车没走几步就发现地上全是冰，一开始还在柏油马路上走，后来到了山里虽然没那么多冰了，但还是不好走。妹妹捡了根树枝，边走边玩，后来走到了河边的沙滩上，她看见个贝壳就非得挖，我们仨都走出去一段距离了，发现她还没跟上来，妈妈又回去找她，又过了好久她才跟上来。刚准备走，她说她把树枝落在那儿了，又跑回去找……我真的是无语了，一根树枝而已，还非得回去找。

我们在山里迷迷糊糊地走错路了，原本以为能从旁边的小路绕回去，没想到那儿有条河，过不去，我们只得原路返回，这样一直到将近12点才回到车上。我半路上还摔了一跤，妈妈、妹妹全被我拉倒了……对不起咯……

中午吃的西红柿汤，我才知道他们这儿的西红柿汤是用西红柿酱做的，蛮简单的还挺好喝。吃完饭之后，妈妈要带妹妹去买裙子，我正好要到汉堡店给爸爸买那儿的纪念帽子当作圣诞礼物，昨天吃饭的时候，他就一直说想买，结果忘了。那家店离家还真是挺远，我们开着导航好一通找才找到。当时已经是14点左右了，但里面还是挤得满满当当的，等座位的队伍已经排到了门外了，生意真是兴隆到不可思议。

之后又到商场去给妹妹买裙子，明天她在教堂唱歌要用。一开始到了成人区，那裙子虽然漂亮可根本不适合她，妈妈要拉她走，她不乐意。其实这个时候商场好多打折的，逛游了好久，最后总算是决定了，她挑裙子期间我也试衣服，就算不买，试衣服也是蛮开心的。

下午全家一起玩游戏，妹妹找到了一个新的游戏，这是我第一次玩，但我也学得挺快。玩了三四局吧，最后我的分竟然是最高的，我都佩服我自己！

晚上跟朋友一起去看了个圣诞电影。讲的是一个小男孩想要的圣诞礼物是一把手枪，但家长和老师却因为它危险而对此很抵触。算是个喜剧吧，但我真的是昏昏欲睡，好歹靠着爆米花才没睡过去。那家影院的座椅靠背也太矮了，头都没个靠的地方。

好不容易看完了电影，可以去其中一个朋友家开party吃饭咯！刚一进门，看见桌上放的好吃的，立马觉得饿得不行，见有人开始动手，我那不安分的小手也蠢蠢欲动伸向了一桌子好吃的。还有人没来呢，我们几个先到的已经扫荡一圈了，饼干是真好吃，还有水果啊什么的，垫饥也是挺管用的，还有虾和专门给小孩子准备的类似酒的无酒精饮料。最最最让我没想到的，他们还准备了烤鸭，虽说没有酱，也没有面饼，但还是超好吃！我们一共4家，另外3家全都是从中国领养的孩子，很有话题聊啊。有计划去中国旅游的，还有抓着我就好一通聊天的。小孩全都在楼下玩，几乎都没怎么吃东西，但我作为一个资深吃货，见到这么多好吃的，怎么可能放弃好吃的去跟她们玩呢？哈哈哈。

12月23日　星期日

上午妹妹跟着爸爸去上拳击课，拳击这种东西我还是不去了吧……我在家静静地写完了作业，洗了个澡。就剩下地理有个导学案要完成，其中一道题让看地图回答问题，给的提示说让看图中的红线，而我却很懵啊，我哪知道那条红线是干什么的，问妈妈之后，才明白那是条铁路啊，这就能解释通了，哈哈。

中午吃完饭之后，我跟妹妹去滑冰，走之前，她一脸嘚瑟地跟我说："我要用妈妈的溜冰鞋，你到那儿去租吧！"我本来也没想着跟她抢啊，我满心无奈，给爸爸妈妈弄得也很尴尬，跟她说你能不能别这么刻薄？结果呢？到了那儿，她发现穿妈妈的滑冰鞋太难滑，我又给她租了一双溜冰鞋，我都不知道我这个脾气是怎么练得这么好的……她还是滑得没我好啊，还让我帮她，拉着她滑，让她给我晃的，吓得我一身的汗，就我这水平，才滑了几次啊，顾自己都难，还怎么顾她。一小时之后，她先走了，跟爸爸去给我们买圣诞礼物。剩我一个人滑，我真是松了一口气。觉得正常的滑冰练得差不多，我开始练交叉步，滑冰场上好多人都滑得蛮不错，我先是观察，后来又扶着墙边慢慢练，虽然有一次还是重心不稳摔了一跤，但我右脚往左脚前面交叉已经练得差不多了，虽然反过来的还不大行。

晚上爷爷奶奶带我跟妹妹去看个著名的圣诞舞台剧。我穿上了裙子发现没有打底袜，妈妈把她的一个放了好几年也没穿的打底袜给了我，再蹬上高跟鞋，美美哒！他们到我们家来接我俩之后，又好一通拍照、研究路线，耽误了点儿时间，于是路上开车开得超快。爷爷开车奶奶给导航，都那么大岁数了，大黑天的开那么快，一脚油门一脚刹车真是吓人，坐在后排从来不系安全带的我默默地拉上了安全带……结果啊，他们记错时间了，我们还是晚了……

但舞台剧还是蛮好的。讲了一个讨厌圣诞节的吝啬鬼，在圣诞前夜被3个鬼魂领着到过去回忆他的过往、在现在看别人家的圣诞节、到未来展望，最后开始施舍并帮助别人，跟大家一起过圣诞，这个故事在我们初中英语课本里都有，只是有的情节不大一样罢了。

看完舞台剧回家的时候奶奶开车，依旧是开得贼快，现在的老人都是怎么了，胆子都这么大……

晚上回家之后，恍然大悟明天就是圣诞前夜了，而我还没开始包礼物，怪不得妈妈今天跟我说，你如果要包礼物的话，东西都在3楼……虽然挺晚了，但能包一件是一件啊，一直到十一点才睡觉。

12月24日　星期一

今天是圣诞节前夜咯！可我的礼物还没包完……大清早起来就开始包礼物啊。

我发现我真的是心灵手巧啊，包得一个比一个好看，包礼物也是蛮有乐趣的呀，有的礼物比贺卡小，在不折叠贺卡的情况下包装礼物还真的是挺难办，但没有啥能难得住我的，哈哈哈。

我这包完了之后，妹妹还得去包，到了十点来钟我决定先撤退，让妹妹去楼上包礼物，结果她把包装纸啊什么的全都搬到她屋里开始包，那正好我可以继续去阁楼上包咯。妹妹原来准备今天去给爸爸买礼物，结果没时间去买了，我真是江湖救急啊，原本给爸爸和大姨夫各买了一个钱包，但后来又给爸爸买了一顶他喜欢的帽子，我就把钱包给了妹妹，当作她给爸爸的礼物咯，一开始我也没好意思跟她提钱，但妈妈知道后把钱给我了。

上午爸爸去健身了，中午妈妈带着我们俩跟他会合之后，去了家越南餐馆吃饭，我点的那一大份真是满满一盘子，没给我撑死。吃完饭爸爸去买圣诞礼物去了，真的是临时抱佛脚啊，哈哈，这时候上网买都邮不来了，今晚爷爷奶奶就要来我们家吃饭，并且交换礼物了。

回家之后，我跟妹妹帮着装饰饼干，妈妈开始准备晚饭。妹妹真是作出天际，先是把一桶那种用来装饰饼干的小糖粒撒了一桌子，之后又往一块树形状的饼干上倒了一堆绿色的糖粒，多到全撒出来了，真的是给我整到无语了。还好她要准备去教堂唱歌，不再作了，我真是长舒了一口气，接下来我要开始收拾她留下的残局了……

　　圣诞夜教堂有仪式，我们去教堂看妹妹唱歌。原本以为是16点半开始，结果16点就开始了。我纯粹就是去看热闹的，看一群小孩子表演耶稣出生，还有各种仪式、唱歌，我真的是一句也听不懂，看他们站起来我就站吧，他们还带跪下的……那我还是坐着。总算是听他们唱完了，可以回家吃饭咯！

　　妈妈做的意大利面，饭前还有一个圣诞节的小礼包，是一个糖果形状的纸盒，你不知道里头有什么，但要的就是个惊喜嘛，哈哈。我的礼物是一个手链，还蛮漂亮，就是大了点儿。

　　饭后开始跟爷爷奶奶交换礼物，妹妹给奶奶一双厚袜子，我给爷爷买的厚袜子，心有灵犀啊，哈哈。我给奶奶的是欧舒丹的手油和唇膏，她还开玩笑地跟我说，我的手和嘴唇真的很干是不是。最让我惊喜的是他们给我的礼物，一件质量超好的披风，和一个施华洛世奇的水晶饰品，真是个惊！喜！

　　晚上，坚信有圣诞老人的妹妹在壁炉旁边的茶几上准备了给圣诞老人的牛奶和饼干，还有给麋鹿的胡萝卜……爸爸妈妈把她哄睡觉之后，开始包剩下的礼物，当作是圣诞老人送的。妈妈还埋怨爸爸，说他把那么些礼物都在妹妹面前搬到树底下去了，没法给她惊喜了……还真是浪漫啊。

12月25日　星期二

　　今天是圣诞节！之前爸爸妈妈跟妹妹说早上7：00之后才能拆礼物，好嘛，妹妹大清早6：50来敲我屋门叫我起床，还兴奋地大叫圣诞老人来了！我昨天晚上快十二点才睡觉，现在懵懵叨叨的，满心的不情愿但蛮期待我的礼物，看他们都在楼下等我，我牙也没刷、脸也没洗就下楼了。壁炉上边挂的大袜子已经塞得满满当当，爸爸妈妈还真是浪漫主义者啊，能一直哄孩子玩，玩到现在，昨天妹妹放在壁炉旁茶几上的牛奶、饼干和胡萝卜都被爸爸妈妈吃得喝得差不多了，牛奶喝光了不说，胡萝卜和饼干上还留的牙印，爸爸一脸骄傲地跟我说——看！证据！

　　把圣诞袜里的东西一样一样往外拿，给我兴奋到要相信有圣诞老人了。袜子里有糖、我之前让妈妈上网帮我看但还没买的眼药水、一板别头发的卡子、超级软超级暖和的袜子、手油、唇膏、小饰品、明尼苏达州纪念扑克牌啊什么的，本来他们给我包礼物我已经很感激了，没想到还有塞得满满的一袜子的礼物，意料之外的惊喜！

之后开始拆大包的礼物，圣诞树底下堆的一大包的礼物，妹妹负责往我们手里递礼物，我们排着拆，大家对别人的礼物都很好奇呀，很多时候都是等一个人拆完这个下一个人才接着开始拆，拆礼物就一直拆到了8：00多，收获了好几件纪念衫和卫衣，妈妈还给我买了一件我之前逛商场看好的一件嫌贵没买的羊毛衫、绣着一个Q的大手提包和收纳衣服的真空袋，真的是超感动。妈妈这边的姨给我寄来一大盒零食，圆了我一个吃货的梦。爸爸这边的姨给我买了一套超软超毛茸茸的围脖及帽子。抱着满怀的礼物，真是开心到要起飞。上了楼把礼物铺满床，洗了澡就开始试衣服、研究各种礼物。好几件衣服已经是S码了，但还是感觉穿着肥，就是那种超现代的宽松款啊，哈哈，穿着都还蛮好看的。

倒腾完礼物小憩了一会儿，下午两点钟去爸爸这边的姨组织的家庭圣诞晚宴，在一个超豪华的自助餐厅，服务真的是到位。有一个专门的衣帽间挂衣服，服务员会给你上饮品、收盘子，牛排、羊排还有专门的服务员给你切，以满足不同的大小和生熟需要。姨跟我开玩笑说，爸爸跟她说我能吃上5圈，我听了哭笑不得又接了回去："我哪只能吃上5圈，我分明能吃上6圈！"哈哈哈，作为一个吃货的自豪。这顿饭也真的算是大饱口福了，有超鲜的蟹钳和虾、牛排、羊排、鸡块、沙拉、薯饼、寿司、水果等等，还有专门一屋子的甜点。吃了三盘子之后开始奔向甜点，布丁、饼干、蛋挞、蛋糕，把我胃里的缝隙也填补得差不多了，我厉害就厉害在吃完甜点又吃进去些水果和薯饼，饭后零食嘛，哈哈。

吃完饭之后，去了姨家交换圣诞礼物。她们没再给我跟妹妹准备礼物，但这顿饭真的是超级棒的礼物了。姨家茶几上有饼干，我闲着无聊抓了一通吃，她们笑着问我说我还饿么？哈哈哈哈，管不住嘴，怪我咯……之后大人在客厅聊天，孩子在楼下闹腾，我困叽叽的，在沙发上也懒得下去玩，正巧回收包装纸的大袋子在我脚边，我从里头扒拉出来一条包礼物的宽丝带开始玩，我真的是心灵手巧啊，哈哈，叠出来一个立体的星星，都是小学时候的技能了，却把她们惊到了，还开始跟我预定，奶奶把我叠的这个留下了，我又叠了一个给姨，妈妈还说她不着急，反正家里有丝带让我叠，哈哈哈，傲娇！

晚上回家之后，爸爸又开始吃零食，我们仨开他玩笑，说他能吃，他一脸严肃地说，吃饭那都是一个小时之前的事了……晚上总算有时间收拾干净了我铺了一床的礼物哩，中午时候我只能在床上一个犄角旮旯里睡觉。之后跟家人一起看了个电影，我看着电影补日记，但进度不快啊，哈哈。

12月26日　星期三

早上经过无数次闹钟的轰炸好不容易从温暖的被窝里爬出来，下了楼吃完妈妈做的早饭，收拾收拾，一家人跟朋友一家一起去滑雪，但是是坐在橡胶垫里的那种滑雪。

半个多点的车程之后，终于到达了雪山。买了票进去之后，我第一眼看见的不是坐在橡胶垫上滑雪，更让我感兴趣的是那种普通的滑雪和滑雪板上滑雪，但都比这个危险得多，滑道也都不一样。

挑了一个橡胶垫之后，站在传送带上上了雪山。工作人员还真是挺负责任的，山顶上还有一个专门的工作人员让我们排队，一直等到前一批人都离开了滑道才让下一批人开始滑。站在山顶上那么长时间，真的是看着都冷。山脚下还放着地毯让我们减速，经过地毯，再上一个小坡之后，栅栏那边就是停车场，最好还是别撞栅栏上啊，哈哈。一开始我还正儿八经地坐在橡胶垫里往下滑，之后觉得太无趣，我们开始发明创造新办法。有趴在橡胶垫上的，或者坐在橡胶垫里头倒着往下滑的，这样可以用脚助力往下滑。还有敢跑步助力，之后趴到垫子上直接往下冲的，但是我没敢试。我太轻了，过了毯子之后就差不多停下来了，只有一两次上了地毯之后的那个小上坡。但爸爸这边惯性大得都得手动助力停下来，能上坡不说，每次都能撞到栅栏上。我们还经常会有上了坡之后又往下滑的，跟这边还没上坡的撞到一起，跟碰碰车似的蛮好玩诶。

有一个小女孩往下滑的时候越过了两个滑道，她的尖叫声刺破耳膜，幸好没飞出滑道。我一次跪在橡胶垫上背朝后往下滑，结果到了毯子那儿突然减速，我直接一跟头躺地上了……还好冬天穿得多，没摔着。更狠的是，妹妹嫌爸爸总比她滑得快，最后一次让爸爸推她助力，爸爸推完她之后，再回他的滑道往下滑，结果到了山脚下爸爸直接把妹妹给撞飞了……我眼睁睁地看着妹妹飞了起来，爸爸从她底下滑过去之后，妹妹又摔在了地上……看着都疼啊，我的天，但还好妹妹没大事。

晚上没安排，他们都在看电影，我也边看电影边写日记。先是把爸爸给看睡了，呼噜打得贼响，之后又把妈妈给看睡了，我也昏昏欲睡，全靠日记撑着。

12月27日　星期四

早上经过一个多点的挣扎之后总算起了床，想去洗澡，我跟爸爸都靠地下室的卫生间为生，但他还没起床，等他起床了肯定要用洗手间，那我就等等吧。跟妈妈在客厅聊了会儿天，这时爸爸起床了，不出我所料，他也要洗澡啊，哈哈，我真明智。

昨天半夜开始下雪，谁想到现在又开始下雨，妈妈要出去扫雪，反正我闲着也是闲着，那我就去帮忙吧。先从后院开始，先把地砖部分铲了就行了，但雪加上雨还真是挺沉，下雪后地上滑溜溜的，我用的那个雪铲比较小，想把雪举起来都难，地上是滑的我还蹭不住地，想推雪却只能在地上打滑。扫完后院和车库门口之后，开始向前院进攻。门前的大台阶尤其不好办，我从下往上、妈妈从上往下，我俩从两边向中间聚。下雨下得路边低洼的地方积水挺严重，我俩把门前人行道上的雪全推到马路边的水洼里了，一会儿就化了，哈哈。我俩边扫雪还边打起了雪仗，我发现我虽然准头不是很强，但躲雪球的技术真是高，打雪仗打的一身汗。

等我俩扫完雪回去之后，爸爸正好洗完了澡，扫雪给我饿的，先吃了点儿饭。虽然只是昨晚的剩饭，但还是挺好吃的。洗完澡之后，妈妈把我送到了商场，我有几个免费的脸部手部护理券什么的，到年底就到期了。我发现圣诞节之后的折扣好多比黑色星期五还狠啊，买了3条细腰带打完折3美元，3双袜子7美元，还有件格子衫打4折。但原本想去做的护理，却被销售员以太忙为借口给拒绝了，让我提前打电话预约……行吧行吧，好歹有一家店还比较仗义，给了我两个脸部护理的小样。中午饭都没吃的我就这么一直逛游到了五点半。那么大个商场吃的是有，但贵不说还贼难找，就一直饿到了回家。

晚上原本想去看个亲戚家孩子的篮球比赛，后来又决定不去了。妹妹晚饭没吃几口，一看就是不舒服。昨天晚上她熬到半夜，今天几乎又看了一天的手机电视，但一听妈妈说让她饭后别看电视了，上楼休息，立马急了，一万个不乐意，眼睛瞪得老大，一直重复说："我没病！"结果呢？上楼没一会儿吐了，带着哭腔下楼来找妈妈说，我真的病了……但吐完好歹能吃下点东西了。

12月28日　星期五

真是起床困难户啊，等我从被窝里爬出来下了楼，他们都准备吃早饭了。早饭之后，爸爸在书房里关了门打工作电话，还好他打电话之前我看见他关了门，我去问他要用多久，听见"一个小时吧"，我默默地把我要用的东西都搬了出来……

本来朋友说今天中午要来我家玩，但时间还没定下来，结果上午再给她发短信怎么都不回我，妈妈还要开车去接她呢，快11点时给她打电话，第一遍还打不通，后来她告诉我，她还在睡觉……真是有比我还能睡的啊，哈哈。

上午补日记给我无聊的，妈妈要出去遛狗，我也跟了去。没想到外头那么冷就不说了，还那么滑……之前下的雨全结成了冰，街上机器铲雪的时候，把水溅在人行道上再结了冰，整条路都凹凸不平。我跟妈妈互相搀着被狗拉着一步步挪，可走在斜坡上我还是摔了……幸好没把妈妈给拉倒了。

之后妈妈带我去把我朋友接了来，本来想让她在我家吃午饭的，可能是她不好意思吧，她说她平时也不大吃午饭就不吃了。我也没吃呀，但也不能就那么让她看着我吃啊，我拿出一盒子零食，我俩开始啃着零食看电影。平时父母都不让妹妹在那个客厅吃零食，容易招老鼠。我去问了妈妈能不能吃零食，她答应了，估计也是不好意思拒绝吧。但我也很不好意思啊，她今天上午才用吸尘器清理了地毯，而我俩吃的零食还有好多都是挺脆的那种，等朋友走了，我把我俩坐的沙发和地毯清理了一遍。我俩看的那电影是真不错，虽然有点暴力血腥，但还是蛮刺激的。

之后，我跟妈妈去超市买东西。晚饭吃的火鸡汉堡。妹妹真是情景再现啊，昨天晚上不吃饭，今天晚上还不吃饭，火鸡汉堡不吃，蔬菜也不吃，爸爸妈妈好一通哄才啄了几口菜。我们仨吃完饭后，开始玩拼单词游戏，都是些比较难的单词，我纯粹是靠着读音往上蒙，就一个简单的对了。妹妹还是不想吃饭，给爸爸逼得继续跟她玩拼单词，拼一个吃一口，妹妹依旧是小鸟啄食，最后还带着哭腔开始喊，真是醉了。

12月29日　星期六

今天早上总算是早早醒了，虽然磨蹭了好久才从被窝里爬出来。喝了杯咖啡之后，又跟妈妈出去遛狗咯！外面冷不说，还下着雪，雪底下就是一层冰。我牵着狗的时候都感觉是它在遛我，我要是坐在个滑雪板上它就能把我拖着走了，逼得我一个劲儿地往后扯它……真是庆幸我今天没摔倒啊，哈哈。

回家之后急急忙忙吃过早饭，我们一起去了博物馆，看从埃及附近的海底打捞上来的展品。1200年前，埃及附近的两座城，分别叫作Thonis-Heracleion和Canopus，由于海平面上升、地震和海啸等因素，它们沉入了海底，直到近几十年被发现、城中的物品被打捞。由于海水的冲刷好多展品都已经残缺不全，但依旧是十分的震撼，有3个雕像都是5米多高，很难想象它们是怎么被雕刻的，又是怎么被打捞上来的。其中好多都是关于一些神话中的神和举行仪式时用的，而我对于希腊神话几乎是一无所知，看了英文名靠着谐音开始蒙中文名，而博物馆里给的介绍又太长了，还有好多生词。虽然有的故事没大看懂，但是看看那些展品真的是蛮震撼的，这两座城市在以前的考古界真的是个谜啊。

之后又去了一家礼品店给我换一件衣服，妈妈给我买了件明尼苏达州的纪念衫作为圣诞礼物，有点小，但商店里却没有中号的了，就有一件特大号的，我穿着也忒大了。妈妈问我要不换成别的，让我在商店里挑，我哪好意思，商店里还一股香水味，呛得我头昏脑涨的，干脆直接退了。

中午回家之后，我们吃的鱼肉三明治。妹妹不爱吃，妈妈吃的一片面包的三明治，见爸爸要做两片面包的，我也决定尝尝。爸爸还专门先给我做的，超级好吃哦。

晚饭妈妈做的鸡肉加蔬菜，我虽然不知道食谱，但我可以帮着炒。最后快要出锅了，妈妈才发现她没做米饭，哈哈。最后机智的妈妈做了面条替代米饭。面条快嘛，往开水里一放就好了，结果呢，我眼睁睁地看着煮面条的水溢出来了，我补救都没来得及，嗯，真的是煮成挂面了，贼软……

晚上爸爸带妹妹去买她开生日party要用的东西和唱片，我跟妈妈在家，总算是没人跟我抢电视看了啊，哈哈。虽然平时我也不好意思抢，妹妹又贼难跟我们的意见达成一致，机会难得啊，我总算能找个自己想看的电影了。一开始找了几个，不是没有就是要花钱，最后找了个超好玩的动画片，好久之前就想看，但一直没找着机会。虽然故事情节有点扯，但是个动画片嘛，里面的人物真的是超级萌。原本还想边看电影边补日记的，结果完全被电影给吸引了，直接关上了电脑……

12月30日　星期日

早上早早醒了，但一直等到大太阳照屁股了才起来。下了楼之后，却不见妈妈的影儿，后来爸爸告诉我说她病了，在楼上躺着呢，肠胃不舒服，怪不得狗狗一直趴在她卧室门口啊。上午爸爸带妹妹去上拳击课，我就在家补日记。在楼下书房里写和在卧室里写还不都一样？我就干脆也上了楼，最起码妈妈出来的话我还能知道她什么情况。她一上午吐了两三次，而家里又没有药，我不禁萌生了给她做小米粥喝的念头，可到厨房找了一圈，家里没有小米啊，这就很扎心了。

中午吃完饭之后，我和妹妹准备与朋友去滑冰。妹妹跟她的朋友水平欠佳啊，妹妹邀请到朋友的时候，兴奋地跟我说，我不用你帮了，我有朋友一起了！那我直接就跟她们分开，去找我的朋友了。这俩人一个从小就开始练花样滑冰，一个会打冰球，都厉害得很，正好我不用找教练了，在她俩的帮助下，我学会了另一个方向的交叉步和倒滑。练倒滑的时候，一个朋友牵着我，往后慢慢推我给我助力，我就想起来，我刚学滑冰的时候也是她，她倒着滑，牵着我往前走，慢慢地，我找到了感觉，敢放开她的手，好感动啊，帮了我这么多。最神奇的是，我发现自己能倒滑了，虽然有点慢，但也是很有成就感的。

我们去滑冰之前，爸爸准备去超市买东西，问我有没有什么要买的，哦，我突然想起了小米。晚上妈妈有点饿了，经过她的同意，我开始做小米粥。网上说小米和水的比例是1：4，行，那就1：4吧，我也没经验，但显而易见是米放多了。我又没做过，只能乖乖按照网上的食谱做。水烧开之后放进小米，大火煮沸之后小火接着煮，直到小米变得黏稠粒粒开花。大火煮完了问题来了，水越来越少，都快给煮干了。我一看这哪行，还是往里加水吧。我又觉得不能加凉水，于是乎现烧水啊，烧开了再往里倒。过一会儿又好干了，又烧水、往里加水，一次一次之后我也忘了搅……问题又来了，我发现小米煮不熟……在锅灶上煮了快两个小时，小米还不是很软。我先舀了一点儿汤出来准备给妈妈喝，这两个小时让她等的可能又不舒服了，于是又上楼躺着去了。我去问她想不想喝，她说刚喝了点水，那我说就等等吧，想喝的话下来就行。正好我也接着煮煮小米，看能不能煮熟。我刚把给她准备的汤倒进锅里又倒进去些开水，结果这时候她下来了……给我无奈的，只能让她再等等。她是真不舒服，又上楼躺着去了。就在这个时候！我闻到了一股煳味……原来以为是锅底下有什么东西，妹妹正好在边上做她的晚饭，她赶快让我把锅从电炉上拿下来，她拿毛巾帮我擦，但其实锅底下也没啥东西。我情急之下把锅放到了一边，我本来以为那个地方不怕烫，结果给烫的黄了不说，还鼓了点儿。妹妹帮我往水池里放水，我把锅拿到了水池里。我上楼跟妈妈说，这锅粥是毁了，她说她有点恶心，不想吃东西了，没事没事倒了吧。

下楼之后，爸爸正好在厨房准备明天晚宴的火鸡，我特尴尬地跟他说，我把粥给烧煳了，他笑着说，我也觉得你把粥给烧煳了……他在厨房用水池，我便把这一锅糊了的粥拿到卫生间倒到了马桶里。拿了个小塑料片开始刮锅底糊上去的小米。刮了一会儿，我就开始绝望，这哪能刮得下来啊。我干脆去跟爸爸说，我不洗锅了，让他带我去超市直接买一个新的吧。他听了以后笑着拒绝了，先是说他不舒服，不带我出去，之后一直跟我说，没事没事别担心，他搞得定，以前他用这个锅做饭也煳过底。不让我买新的，我就试试怎么刷干净吧，上网查锅煳底了怎么办，对于不同材料的锅有不同的方法，我就去问爸爸这锅是什么材料的。他怕我知道材料之后去买新的，跟我说这是金子的……倒是挺好笑啊，哈哈哈。我跟他说，我只是想刷锅，他却说，今天晚上泡在那儿行了，不许我再刷了。虽然他严肃地禁止我刷锅，但我真的是好感动的哦。

12月31日　星期一

2018年的最后一天！早上醒了之后才发现，这儿的早上是我们中国的跨年夜，国内高中QQ群里聊天聊得热闹着呢，一群熬夜等跨年的跟我这一刚醒缩在被窝里的聊着天也是蛮好笑的。也不知道是谁先在群里问了一句新年快乐，突然所有人就都出洞了。我本来以为大家上了高中会瘦，但所有人都是齐刷刷地说胖了……哈哈哈，原来胖的不止我一个，我们都胖得这么整齐。

更搞笑的是，一个女生说她上高中之后学会了打羽毛球，跟一个男生打，打得他屁股疼。我们都是问号脸，怎么打羽毛球还能打得屁股疼……我脑洞大开系列，问她你是打球还是打他屁股，还有比我脑洞更大的，另一男生问他是用屁股接球吗……真是给我笑到岔气。我们乐完之后，那女生说了原因，原来是她打的球比较低，那男生接不着，她就一个劲儿捡球……虽然真相大白，但还是超级好笑啊。

之后我们表示打羽毛球她打得低，怼她说那球是从网底下过去的吧，但她很骄傲地说，水平高不用网！我刚想说那是不是也不用拍子了，另一个男生直接说拍子和球都不用了，用手打影儿就行了！我们又是好一波儿乐，哈哈哈，都是些段子手啊。

快中午了才从床上起来，吃了饭之后，妈妈又送我去了商场，我有一个免费做脸部护理的券，还有一个同学让我帮他捎双Nike鞋，我正好还有一个耐克满100减20的券，到今天就到期了。之后就开启了逛商场模式，好多店都打折，我看见有个店结账的队伍排得跟长龙似的……这次真是给我逛得有点恶心了，也可能是让商场里的香水味熏的。

回家之后他们仨拉上我看电影，连晚饭吃的比萨都是看电影时吃的。妈妈的病今天才好，爸爸又觉得不舒服了，两人九点多就都上楼睡觉了，剩我跟妹妹在楼下，她看着电视，我坐在她旁边补日记，陪了她一会儿，我也上楼了。本来我真是没想着要熬夜跨年，但写日记写到不早，寻思发个说说吧，结果就这么熬到了2019年。发说说的时候，我明明点了同步到微信朋友圈，但它没有！好气哦！我发现有时差也挺好的，他们跨年的时候，都发说说发到系统瘫痪，一直提示网络繁忙，发都发不出去，估计大年三十又得经历一次啊，哈哈。

1月1日　星期二

2019年啦！奖励给自己一个新年懒觉吧，昨天睡得晚，今天早晨实在起不来了。早晨被闹钟叫起来了，但是头昏昏沉沉的，就干脆又睡了一觉……

快中午才起来，早饭肯定是免了，午饭也很晚才吃。一上午爸爸妈妈都在忙活那个火鸡，原来准备是昨天晚上吃的，但他俩都病了，不舒服，也怕传染给别人，活动取消了，今天晚上我们要4个人吃大餐了，哈哈哈。

今天是放假最后一天了，总算是补完了所有的日记。本来还想补日记的中间休息会儿，但怕一觉再给睡过去，还是一鼓作气写完吧。

写完日记之后，跟妈妈聊了会儿天，之后我们就要吃晚饭了！才四点半啊，但外面天黑了，我也没觉得那么早，也真是有点饿了。火鸡大餐啊，一顿狂吃之后，最有意思的环节来了：刷碗……乖乖的我肯定是自觉承担起了这个重任啊，站在水池前一顿狂刷。爸爸妈妈也在厨房收拾剩的火鸡，这一收拾自然就少不了一堆锅、碗、瓢、盆接踵而至，爸爸还笑着跟我说，永远也没个结尾哈。其实刷碗也蛮有成就感的，收拾干净了乱七八糟的厨房不说，还能得到爸爸妈妈的感谢，也是蛮开心的呢。

我收拾完了之后，他们问我要不要玩游戏，一看他们就是一直在等我啊，家庭活动啊，我也不好拒绝。《权力的游戏》是本小说，也有连续剧，他们找到了与之有关的桌面游戏，跟书的内容倒是没什么大关系。爸爸照着说明书，好一顿读规则，我也没大听懂，游戏开始后，他们稍微给我解释了一下，我就明白得差不多了，玩个游戏光听规则都费脑子……这游戏有点打打杀杀的感觉，战略很重要，有的时候一个决定就能改变全局，很多逆转也是出乎意料。一开始玩了三局，爸爸赢了两局，妈妈赢了一局，妹妹开始闹脾气，抱怨她一次也没赢，最后直接走人不玩了……玩个游戏都输不起吗……我也一次没赢啊，但我依旧超享受这个过程啊。妹妹走了之后，我们仨继续玩，我赢啦！还赢了两局呢！妹妹去洗了个澡回来，爸爸妈妈不让她玩手机，她便又加入游戏中。我们一共玩了两局，我又赢了一局呢！哈哈哈，我这水平是突飞猛进啊。

晚上收拾明天早晨要带的东西，由于放假，我把放在学校的所有东西全搬回来了，这下可好，又得往回搬。排球课的运动服、滑雪的保暖衣、运动鞋、袜子、零食……收拾了整整一大包，还有滑雪板和滑雪杖。明天上学可真是够受的了。

1月2日　星期三

昨天晚上睡不着，早晨靠着坚强的意志才从床上爬起来。妈妈看我要拿那么些东西，就开车把我和妹妹送到了学校，哈哈，开心。

今天大家都一脸倦容，看样儿假期都没少熬夜啊。地理课老师发给我们一个空白的世界地图和关于在食物上花的钱数占总收入百分比的资料，我们要在世界地图上找到一些特定的国家并按照不同范围的百分比涂上不同的颜色。涂色简单啊，找国家也不是很难，但遇到一些特别小的国家就有点麻烦了。本来地图一拉伸形状就有变化，就更不好找了，我只能上网一个挨一个地搜某些国家的地理位置再对着在空白地图上找。

工程设计课经历了九九八十一难，我总算完成了火车的每个部件，明天就要开始组装啦！

化学课我们做燃烧试验。内容是不同金属元素的离子燃烧时产生的颜色不同的火焰。涉及燃烧，老师一个劲儿强调安全。我们一共8个不同的实验站，4个人一组，之后就轮着转。燃烧的实验确实挺好玩，可以"玩火"不说，还能观察到超级漂亮的火焰。

排球课不知道因为啥，改成了自由课，想做什么运动都可以。一开始我们随便打排球比赛，但老师看见之后，把我们分成了4人一组，每边两组，输了就换另一组。我们当中好多人都不是专修排球课的，就是来瞎玩的，这根本就打不起来，不出两三个回合球准落地。

英语课我们要开始这个学期的终极任务了——做电影。看完了《麦克白》的书，老师让我们改编并拍成电影，还要写论文，这任务真的是有点艰巨了，还好是小组合作。上课之后，老师又带我们过了一遍任务要求，之后给我们展示了几个之前别的学生做的，之后就让我们自己分组讨论。我们组5个人，4个女生1个男生，我想出了个改编成海盗的主意，但服装这方面有点难弄。另一个女生提议说做成个犯罪小说，但这个剧情也太难设置了。最后他们想出了个美国的电视剧，讲的是一群富婆天天享乐，追求逍遥自得，我们觉得这个挺合适，我们4个女生正好可以承包大部分角色，还能把麦克白的各种心计改成女孩之间的钩心斗角，明天要开始改剧本咯。

数学课开始讲直角三角形三角函数，就是英语读题有点挑战，新名词挺多的，关于数学的内容之前我差不多都学过。

法语课开了一个新的单元——食物，今天差不多记了一节课的笔记，我才知道有的法语单词在法国和加拿大的说法还不一样，神奇哦。

放学之后，我们先到健身房开了个小型滑雪会议，教练主要是跟我们讨论一下以后的训练咋办……之后在健身房练了一会儿，教练跟我们说出去"简单"跑一跑，一跑就是半个点儿……真是简单啊……但我昨天熬夜熬得头疼，干脆就给我的滑雪板打蜡去了，正好明天有滑雪比赛。我的蜡用完了，跟别人借，发现都没有，最后去找教练，她帮我问的工夫，我总算是借着了。本来寻思直接从那个女生那儿买点儿，没想到她跟我说用就行了，也不要我钱，好暖的哦。

1月3日　星期四

早晨起床总算是没那么困了，我一开始还怕妹妹会在厕所里，结果发现她已经在楼下吃早饭了。呦呵，今天这是咋了，后来才发现她在复习单词，今天她有个单词竞赛，哦，哈哈，原来如此啊。

地理课，我以为会继续完成昨天的地图，结果老师说地图明天再交，今天又有新内容——食品的人造香料和自然香味。先是上网站看资料做笔记，又看了一个关于食品香料的视频，之后回答三个问题。这三个问题几乎全是个人观点，跟视频一点关系都没有，我总觉得看视频时睡了一觉……

工程设计课我开始组装火车咯！老师先教给我们一些技巧，之后我就照着视频开始实践咯。但就算是照着视频做，还是会出现很多意想不到的跟视频上不一样的结果，找了老师两三次，技术也有提高哦。

化学课继续完成昨天的实验，之后做了一些关于实验的题，还有两个通过火焰颜色来猜测是什么物质的题。一共7种物质，第一个实验就一种物质，颜色也比较好辨认。但第二个实验有两种物质不说，还有一种物质的颜色很难找。我们确定了其中一种物质的颜色，趁着老师在我们身边，我们七嘴八舌地猜了好久，可老师还说我们猜得不对。最后老师跟我们说，有一次我们猜对了，而她当时跟我们说，你们是不是就会猜？我们哪知道她说的是哪一次……又从头猜了一遍才猜对。有个女生笑着跟老师抱怨，我们都说这个答案快一百遍了。老师一本正经地跟我们说，你们每个答案都猜了一百遍了……不得不说，好有道理唉，哈哈哈。

排球课，老师让我们自己选，是4人一组，每边两组打比赛，还是直接6打6。我选了6打6，但因为人数问题，老师把两个选了4打4的女生分来了我们这边。其中一个女生矫情地站那儿不动不说，来球了连跑都懒得跑，直接用脚接，这都什么人……

数学课老师原本给我们准备了纸片玩游戏，结果第一次她去复印，给复印错了背面，她剪完了准备发的时候才发现，给她气得直接全扔了。第二次她又去复印，又印错了……真是给她气到无语，但我们在底下乐呵得很。没的游戏玩了，剩下的时间我们可以自由写作业了。我昨天晚上把作业都写完了，还是补觉吧，哈哈。

法语课做完了关于食物的笔记，老师却直接给我们三段关于食物的法语文章，让我们看完之后回答问题。她还没给我们准备打印版的，就这么在平板上看，连个翻译都没法写，还是回家之后打印完了再做吧。

放学之后滑雪比赛。感觉今天状态还不错，不是特别累。之前因为我的手套太大了，没法套进滑雪杖上套手的绳里头，上次教练看见了之后跟我说，一定要用那东西啊。今天温度挺高，我特意找了薄一点的手套，比赛的时候用了滑雪杖上的套手的绳里，果然是省力很多啊。最开心的是我今天比赛没摔跤！滑道的大部分都是冰，但到了上坡的时候全都是"雪泥"……根本就滑不动……真是扎心。我发现B队的人抄小道……应该是往远处绕一圈，但有人直接就插到另一条路上了，我朋友说，怪不得他们滑得那么快呢……

明天放学之后，妹妹要在家开生日party，今天晚上在家做蛋糕，妈妈帮她。我非常明智地没去帮她，之前我跟她一起做饼干的时候，我完全就是给她收拾残局的，她什么都能撒，面粉撒，牛奶也撒……我每次都在被"气死"的边缘徘徊。虽然，今天妹妹又跟妈妈好一通吵吵……

她俩一直忙活到晚上十点多还没弄完，妈妈去看篮球比赛了，妹妹睡觉去了——后来妈妈又开始忙活蛋糕。妹妹要自己做蛋糕，还要往上抹奶油，这重任最后还是落在妈妈身了……我看这么晚了，妈妈也去睡觉了，那我就来试试抹奶油吧，哈哈，看着还挺好玩的。一上手了才发现没那么简单……怎么抹都抹不平，好不容易抹平了顶面，抹侧面的时候又有奶油往顶面上跑。抹狠了里面的蛋糕就露出来了，这力道真的是不好把握。妹妹还弄了一个双层蛋糕……我这心理阴影面积可以遮天蔽日了，这个时候真的是佩服做蛋糕的人。最后好不容易抹得差不多了，还蛮自豪的呢，哈哈哈。

1月4日　星期五

地理课又加了点笔记，之后看了个关于现代高科技养奶牛的视频。机器挤奶我能想象得到，但竟然还有能自动加饲料和把饲料推到奶牛能够得到的地方的机器，真是开眼了。

化学课又新学了两部分内容：一部分是我之前学过的，另一部分就是新知识了，虽然是画原子图，但我感觉在初中的时候也见过这种图，虽然一开始有点懵，但其实也挺简单的。

英语课继续编电影，老师给我们发了提纲，用一句话总结《麦克白》的每一幕，我们就照着提纲开始编我们的电影了。真的是需要脑洞大开啊，想把我们的改编跟原文中的人物都对应上，真的是有点难。《麦克白》里那些打打杀杀不说，还有告诉麦克白预言的女巫和灵魂，我们只能给人物设置另外的"死法"，通过一些别的办法让人物知晓预言。大家集思广益，想出了不少好办法。

数学课讲完新课之后，老师又开始带我们玩昨天没完成的游戏，老师往下发纸片的时候，我们都在底下偷着乐。每个人的纸片上有一个答案和一个问题，一个人读完问题之后，谁有这个问题的答案，读完答案之后就接着读问题，全班应该是都能连起来的。老师满怀信心地跟我们说绝对没错，她还找了另一个老师给她检查，结果我们一圈做完了之后，发现还有的人没轮到呢，从其中的一个人开始，发现那几个人又轮了一圈，全班被分成了两轮呗……老师最后还是给弄错了啊，哈哈哈。

法语课讲关于食物的习语，老师先从英语习语引入，结果在自由完成任务的时候，老师突然问我，中文里有这样的习语吗？我脑子里一片空白，一个例子也举不出来……最后还是谷歌一下才恢复了记忆，给老师举出了几个例子。后来，老师想把法语中的一个习语转换到英语，结果想不起来英语中的那个俗语了，哈哈哈，跟我一样啊。

放学之后打水球。我们先做了些运动，像跑步啊、高抬腿啊什么的，因为之后游泳队有训练，我们没剩下多少时间打水球了，第三轮都没结束，我们就不得不出了水池。

晚上妹妹叫来了她的朋友在家办生日party，爸爸带我出去吃晚饭！他本来问我要不要带朋友一起去，结果我问了好几个人，都有事，生活都是蛮丰富的啊，哈哈。

家里这七八个女孩子真是能闹腾，声音大得能掀屋顶了。回家之后，发现妈妈已经让她们吵得跑到二楼卧室关门躲起来了。她们看个电影还能这么吵吵……我也到卧室躲起来了，希望晚上能安然入睡吧……

1月5日　星期六

昨晚睡觉前手机才充满电，但今天早晨一个闹钟声我也没听见，手机一直响着快没电了我才起来……哈哈。

之后就开始写月度报告，11月份的还没写呢，结果都到1月了……写个报告还要照片真是挺麻烦的，要先从手机和平板上把照片都传到电脑上，从电脑上接收、保存，再复制粘贴到文档中。更麻烦的是调整照片的格式和大小，还要给每张照片加备注。上午九点多，总算是写完了11月份的月度报告。

看女孩们一个个都起床了，妈妈开始做早餐啦！早餐是香肠和薄饼，我都超级喜欢！妹妹生日party的主题色是蓝色，所以她要蓝色的薄饼，妈妈去买了蓝色的食用剂，但其实跟黄色的玉米糊一混，成了绿色啊，哈哈。一开始妈妈做的正常的薄饼，我跟爸爸先吃了点儿，之后女孩儿们下来了，我就开始帮着准备餐具、上餐啊什么的，忙活完了，剩的都是绿色的薄饼了，我只有硬着头皮吃了……真的是一言难尽啊。

吃完早饭之后，本来想听听音乐休息会儿，结果一打开平板，看见英语课我们组的一个男生分享的文件，他开始写《麦克白》改编的剧本了，我既然看见了那就帮他一起写吧，他把第二幕交给我了，但我上课的时候没跟他们讨论，有些细节我还不确定，只得问他。分享文件的好处，就是我们每个人都能看见也都能编辑，我们就直接在文档上聊天，超方便。

总算是编完了，爸爸妈妈都在客厅，我在沙发上坐了会儿，迷糊了一觉。之后女孩儿们下来找吃的，她们陆陆续续走了几个，但有4个人还是那么吵吵……我只能上了楼关门睡觉，结果一直睡到了下午四点。下了楼，妈妈问我午饭想吃点啥。哦，哈哈，我还没吃午饭呢！

下午把衣服洗了，原本还想洗枕巾、被套什么的，不过，看样子洗衣机是放不下了，我还是不要让洗衣机超负荷了吧。之后开始忙着传12月份的照片、写报告。晚上爸爸不在家，我们仨就对付了点晚饭。晚上看了个电影，之后总算是编完了12月份的报告，哦耶！

1月6日　星期日

早上要把洗衣机里昨天洗好了的衣服放到烘干机里烘干，结果发现洗衣机里的衣服还是湿的，估计是因为里面有两个洗澡用的大毛巾，比其他的衣服沉得多，影响了洗衣机的甩干。上面的衣服还好，下面的那些全是湿的。薄一点的衣服，我还能用手拧干再塞到烘干机里，但那两个大毛巾真的是难为我了。最后先把别的衣服放进了烘干机，再去问妈妈这两条大毛巾咋办。最让我无语的是，这个洗衣机高级到没有单独甩干这个选项，只有先清洗后甩干，这花的时间可就长了。妈妈说，她平时这些大毛巾都是跟床单、被套什么的大件一起清洗，这样就能平均一点。正好提醒我了，我就把床单、被套和枕巾都洗了吧，反正那两条毛巾也得重新洗一遍。

拆被套、拆床单真是费了不少工夫，但这种小事我又不能让妈妈帮我，唉，靠自己吧。但庆幸这次洗完了总算是把水都甩干了，烘干之后，我又一个人全都给铺回去……

那些手拧干的衣服也是难为烘干机了，在烘干机里转悠了快1.5小时才干得差不多，有些厚衣服还是没干。其中有件超好的羊毛衫是妈妈送给我的圣诞礼物，我想放到烘干机里，但又怕给它搅坏了，于是挂在一边晾着。但我下午去音乐会还想穿这件衣服呢，直到快出发了也不见它干，只得放到烘干机里烘了15分钟也没干彻底。本来觉得就这么穿着吧，但穿上发现真是忒湿了，又换了另一件衣服……哎哟喂，这给我折腾的。

下午先去了妹妹在教堂的音乐会，唱的全是些基督教的歌儿，那还正好是个犯困的点儿，闭着眼眯了一会儿，后来脖子已经撑不住头了，干脆靠在了妈妈肩膀上。另外一家朋友的哥哥，也是困得不行，眯着眼打盹，哈哈，困的不止我一个呀。接着去了明尼苏达州男童合唱团，看外貌像是从小学到高中的学生。正规的合唱团就是不一样，听他们唱歌真是享受。特别是童声超级好听，就算是青少年也能拔到挺高音，每一个人面带笑容，超级活泼，我录像了整个过程呢。

之后又和朋友一家去了附近的饭店，哇，我的天，东西太！好！吃！

了！我要了两个面饼夹炸鸡块，吃了一个半，另半个给大家分了。还要了一个奶酪汉堡和薯条，还叨了好几口别人的菜，吃了一口鱼，还有半个扇贝，每吃一口都觉得飘飘欲仙，好吃不得了，也是给我撑得够呛。饭后还要的甜点，也是蛮不错的呢，就是有点儿甜……

晚上10点，本来准备收拾收拾睡觉，但觉得有点早，就决定把个人项目的照片从手机传到平板上。我又改了主题，准备做我的美国生活，这就需要大量的照片。我为了写月度报告，已经把照片都传到电脑上了，那就直接从电脑上传吧，还能方便点儿。我只能从邮箱传，从QQ邮箱传到我在学校用的个人邮箱，再从平板上接收。我想把整个文件夹传过去，但是文件太大了，之后，我又从我写的月度报告中，把所有的复制粘贴发了过去，结果整个成了一张照片……行吧，那我就一个一个复制，但那像素真的是一言难尽。我只能传原版图片了，先从9月份开始，费了好大劲儿才把所有的照片传上去，但在平板上下载不下来，学校的平板把QQ邮箱给禁了……我也不知道倒腾了多久，才发现每次最多只能传8张照片，要不文件太大，它会自动把邮件给我退回来。传个邮件的时间也太长了，有一次花了七八分钟才传过来，我一度以为邮件走丢了……

1月7日　星期一

早晨跟同学在更衣室里聊天，还差3分钟上课才从更衣室里出来，真的是狂奔到教室的。

地理课老师带我们玩了个小游戏，给了我们一张有关农业的世界地图，让我们挑25个不同的地方种作物，之后他排着从1到25，告诉我们某个地区经历了什么，赚了还是赔了，或者没有影响，我们以此来算盈利还是亏损，这个游戏主要是想让我们知道影响农业的一些因素。

工程设计课继续组装火车，我开始造铁轨了！还要把火车组到铁轨上。看着视频做，做个铁轨不是问题，把火车组上去也没问题，但到最后，发现没法让火车跑起来……明明我跟着视频上的演示做的，结果就是不一样……问老师，她也说不上来，等明天咯。

排球课我们分成了5个小组，每个小组5—6个人对打。我们小组全是女生，有一个女生发球比较厉害，但是不爱跑动，本来一点儿没觉得我们优势有多大，但我们竟奇迹般的赢了！跟第一组打的时候，他们有3个人发球都厉害得很，但他们失误连连。把他们打败之后，另外两组中的胜者跟我们打，我们组发球厉害的那个女生，光发球就把他们打了个11：3。团队合作也是很关键的呢。

英语课老师叨叨了一些关于这个任务的注意事项之后，我们就开始小组合作了。我们组今天完成了每一幕和每一场的大纲之后，他们也没有一个想开始写剧本的，就开始看我跟另一个男生周末完成的剧本，一个女生说很喜欢我写的舞台和动作设计，哈哈，好开心！

法语课讲怎么在饭店点餐，开始学句子了！我们也是进步了，哈哈哈。之后老师给我们讲，说法国人去饭店一吃就吃三个小时，而晚饭一般从八点开始，能吃到十一点左右，什么前菜、正餐、沙拉、甜点都分得很清楚，听得我们一愣一愣的。之后老师突然问我，在中国去饭店吃饭一般多久，我只能说，高中生根本没时间花三个小时去吃个饭……顺便给他们普及了一下中国的高中生活，吓倒了一片啊。

大冬天的温度还0℃以上，雪都开始化了，要不可以晚上去滑雪场练，要不就放学之后留在学校训练。去滑雪场一次要20美元，一个季度也要80美元，而滑雪训练还有一个月就结束了，我就不去了吧。好嘛，放学之后我们开始跑步，原本说好的练滑雪动作，结果成了让我们拿着滑雪杖跑3000米，到了个山坡上，开始练滑雪动作了，在山上来来回回跑了10趟，滑雪杖在沥青地上用受损严重，我们就在泥地里跑。鞋成了什么样就不说了，连裤腿上全都是泥……往山坡上跑的时候好一通打滑，有个女生直接跪到泥地里了，之后我们又跑3000米回学校，虽然我们跑跑停停，还是累得够呛。之后还要去健身房继续练，我们就"投机取巧"，全都是找好几个人一组，排着用一个器械，这样就可以多休息一会儿……

1月8日 星期二

工程设计课，忙活了一节课，昨天的问题还是没解决。问老师，老师也不知道，跟我说，要不就上网再查查有没有别的教学视频……行吧，这是唯一的招儿了。虽然说火车最后的组装和自由移动这两步额外给分，但也是分儿啊。我上网找到几个视频，但他们的做法和我的做法完全不一样，如果要重新开始那太麻烦了。明天就要交火车了，能不能解决得了就看天意了！

化学课我们要小组合作完成任务，先是填写关于原子之间相互结合，组合成化合物的一个表格，之后我们按照表格，用小圆纸片拼出来化合物的示意图。我往表格上画示意图的时候画错了一个，还好有同学提醒，我改了过来，真是尴尬。

排球课来了一个极品代课老师，先是找不到用来挂排球网的一个小器件，耽误了好久，我们就用那个超级低的网打着玩。然后又让我们5个队员5分钟就按顺时针方向转一次，把我们弄得懵叨叨的，不知道是我们老师给他写的备注错了，还是他理解错了。

数学课又考了全区统考的题，感觉还比较简单，六道题就最后一道没做出来，虽然我也不确定前5道都对了啊，哈哈。第一道题的答案是 ±2019，老师瞄了一眼题之后，问我们第一道题的答案是不是今年的年份2019，好多同学说，每年1月份的第一道题答案都是当年年份。我的卷子放在第一个，老师看了一眼之后"唔"了一声，那意思就是我可能做错了吧……之后她又看了一遍题，发现第一道题有两个答案，她这一声叫的，真是让我心跳加速啊。

法语课老师让我们看了一个关于点餐的小视频，之后回答问题。听完了发现什么都没听懂，老师也知道我们听不懂啊，哈哈，把听力原稿给我们了，接下来的问题就是看不懂问的什么……老师又给我们一个单词、一个单词地翻译，最后总算是都明白得差不多，我真是找到了差生做英语题时，看不懂的感觉。

放学之后打水球，今天教练真是调皮，让我们三个球一起玩，但还不是一起。扔到水里的，不注意的话连加了一个球都发现不了。有一次，教练偷偷把一个球扔到水里，但我们队的守门员没看见，于是我们就这么输了……戴泳镜的话老哈气，也就那么一两个戴泳镜的，但不戴的话就被泼得一脸水，跟别人抢球的时候，就啥也看不见，全凭感觉了。从水里头爬出来都已经累得不行，之后又去健身房的滑雪训练机器上训练。昨天跑得腿疼，今天练完了可好，浑身疼……

1月9日　星期三

地理课又加了点儿笔记、看了个关于杀虫剂致癌的小视频，之后就开始在平板上玩游戏进行复习。老师在大屏幕上给出问题，每个人在下面可以用平板进行回答，正确率和手速都会影响得分，分数会累积，这次一共35道题，我！竟！然！得了第三名！哇，这给我开心的。昨天晚上复习了，复习的结果就是不一样啊，以前每次都是刚上来的时候名次还比较靠前，但越往后错得越多，越往下掉，这次真是难得。平时老师都会给前三名准备糖，结果这次估计是忘了，拿出来他自己的口香糖还有几根铅笔问我们前三名的要哪个……这这这也忒敷衍了！我好不容易得个第三，就拿个口香糖当奖励了嘛……

工程设计课上问题依旧没有解决，老师也解决不了，只能靠自己了。我想跟着另一个视频重新做，但方法不一样，只能让老师先检查我已经完成的，再把一些步骤删了重新做，要不到时候再回不去了那可就凉凉了。其实我已经得了个103/100了，蛮不错的呀，哈哈哈。

化学课就一项任务——在网页上做题，但这个得分比较值钱，我们可以做多次，于是都冲着100%拼。还好只有22道题，就算重新开始也不是很多，上次43道题做了5次的噩梦还是让我心有余悸。最可恨的是，这次给的图片是按顺序的，但给的选项不是按顺序的……于是乎，一个不小心就给按错了。第二次开始，真的是小心又小心，终于得了100%啦！

英语课来了一个顾问，又给我们讲个人项目。好多人都已经完成了，我改了主题之后还没开始做呢。更绝望的是，还要写一个1500—3500字的论文，这真的是要命。

我们本来计划昨晚完成剧本，这节课把整个剧本通读一遍再进行修改，结果结尾的部分没写完，上课时我们只能接着完成剧本。几个人完成同一个部分其实挺麻烦，每个人都往上打字，但有的时候思路会不一样。我根本就插不进去，于是就把前面的部分又进行了完善，希望他们今晚能完成吧。

数学课发下来昨天的考试卷子，我答对了4个！太开心了，哈哈哈。之后老师让我们抽扑克牌，相同数字和颜色的一起合作完成复习提纲，这种组合小组的方法还真是挺好玩的。跟我一组的是一个滑雪队的男生，之前滑雪旅行的时候，我还跟他打过乒乓球比赛，也算是熟悉了，打过招呼之后立即进入了状态。好多时候都是我领着他做，他有不会的我会给他讲，告诉他公式，当然，他也会帮我改正错误。有一个类型的题，我每次做几乎都错，这次倒好，我俩错一块儿去了。还好我知道我可能做错了，又去找别人对了一下答案，在下课铃响的前一刻，我俩给改过来了，哦，这时间还真是挺紧的。

法语课老师不在，本来上课纪律就不好，这下更是炸开了锅。先要我们录自己的声音，再制作一个法语视频，教室里沸反盈天，我问助教，我能不能去走廊上，她真是心大，跟我说，他们一会儿就安静了。她是真的不知道我们法语课有多能闹腾啊，等他们自己安静是等不到了……后来她喊着管纪律都管不住。还好教室比较大，我只能到教室最前面一个拐角里，噪音还能小一点。老师告诉我们用一个软件，但每次我录完保存之后，被保存的只有最后一句话……哎哟，天啊！最后只能用录像来录视频了。法语课除了录视频还有别的任务呢，上课时光忙活那个软件去了，没做完的只能当作业了，要求读两段文章并回答问题，唉，又得开始一个单词、一个单词地查了，读法语文章真的是愁人。

下午没有滑雪训练，教练说我们可以自己去跑跑，我当然是选择——睡！觉！回家之后吃了点儿零食，把给妹妹的生日礼物包好了，明天就是她的生日了！然后！从15点半睡到了18点……

1月10日　星期四

今天是妹妹的生日，早晨我凭借着坚强的意志总算是早起了15分钟，早早下了楼，我们都到齐了，妹妹才能拆礼物……她先从我给她的礼物开始了，我送给她一支钢笔和一板墨囊。她拆开包装之后，先冲着那墨囊去了，全都倒出来之后，才发现那是一板墨囊，之后立马奔着钢笔去了，看到之后，兴奋得不得了。她之前在商场看到这种钢笔的时候就爱不释手，商场里的真是挺贵的，但我从网上买的就便宜多了，看到她这么喜欢，我也很开心啊。

地理课考试，问了好多细节问题，哪能记得住那么些，全靠蒙啊，哈哈哈。从昨天的复习游戏来看，我蒙题的技术还是过得去的……

化学课，给了一节课完成任务，但我昨天已经把所有任务都完成了，课上就开始做我的个人项目，把照片往PPT上一个个复制粘贴，然后还要排版、加说明。

英语课我们组的主心骨——唯一的一个男生不在，但我们还得继续啊。剧本总算是写完了，我们从头到尾把剧本读了一遍，却已经超时了，我们想往下删减，却因为那个男生不在，我们又不敢删。剧本的好多内容都是他写的，就这么给他删了，他会不会很伤心啊，哈哈，我们只能把所有准备删减的地方都做了标记，回来让他决定吧。

第6、7节课我去参加了一个关于女性从事科技领域工作的活动。学校请来了8位在科学、技术、数学、工程这4个领域中从事不同工作的女性，来给我们讲她们的工作、经历等等。其中有气象预报员、环境工程师、空气质量检测员、雕塑师、医生等等，听她们讲有关她们工作的事也是蛮有意思的。我们分成了5个不同的组，每组有1—2个人给我们讲解，之后再轮着转。我们的问题不断，我也提出了好多我比较好奇的问题，好多时候都已经到了轮换的时间了，但我们的问题还没问完呢。

下午的训练依旧是"自愿"跑步，哈哈。回家之后写完了作业，晚上全家还要出去吃饭庆祝妹妹的生日呢。去了一家汉堡店，妹妹说，她每年过生日都来这儿，已经成传统了。店不大，但做的汉堡真是好吃，又给我撑得够呛。

1月11日　星期五

地理课看了一个关于美国农民的用地是否有益于环境的视频，其中涉及好多关于养鸡和养牛的工厂，看得人心惊胆战。养鸡就一个劲儿给鸡打抗生素，那么多鸡挤得密密麻麻的，有一只生病的话能不传染才怪，来收鸡的那些人才不管鸡病没病呢……而且鸡的品种也被"改良"了，大多数人喜欢吃鸡胸肉，现在的鸡长得快不说，鸡胸肉那部分还更大，但鸡的骨头根本没发育好，就只能站着踉踉跄跄走几步而已。养牛的也好不到哪儿去，之前都是给牛喂草，现在都是给牛喂玉米粒，造成牛胃里全是酸，还会滋生细菌。虽然有绿色农场，但还是改变不了大环境啊。

化学课讲新课做笔记，都是我在初中学过的，老师讲的超级细致不说，还给我们发了一张各种离子的电价单，但初中的时候全靠手写啊……

英语课今天我们总算是全都到齐了，但上课的时候，有3个女生被其他组借去拍电影了，哈哈，我们可能也要从别的组"借"人啊，还是帮帮忙吧。等她们回来分配好了角色之后，我们从头到尾又把剧本捋了一遍。我们组一共6个人，所以都身兼多职，但同一幕中还不能有同一个人演两个不同的角色。我演一个还算比较重要的角色，一上来不久就被"谋杀"了，之后我就开始客串各种小角色——造型师、主角的一个朋友和刺客，最后算下来，我的戏份还真是不少，还要准备3套不同的衣服。

数学课大考哦，不算很难，晚上老师已经批完了，把成绩登上去了，我得了满分哦！

法语老师把膝盖给伤着了，拄着拐呢，她是初中部的老师，我们只能到初中部去上法语课了。今天一个同学带着我，好不容易找到了教室，如果我自己走的话绝对得迷路……上课之后，老师开始催大家交昨天晚上的作业，还有一堆人都没做。我昨天法语课都不在我还给交了呢，老师还好一通夸我。

放学之后，我们做了一个小时的体能训练。教练把我们所有人分成了9个组，每组发了一张要做的项目清单，每5分钟左右就轮换，去做下一个项目。可能是因为周五，健身房里挤得不行，好多项目都是在走廊里做的，我的跳绳技能又被教练夸了，哈哈哈！

训练之后，我和朋友先去吃了点儿东西，之后漫无目的地在超市里逛，主要是聊天啦，哈哈，我们还遇见了另外两个同学。晚上妈妈有饭局要出去，爸爸很晚才下班回家，幸亏我吃了点儿东西。

1月12日　星期六

早上吃过爸爸给做的早饭之后，全家一起出去遛狗散步。穿得暖暖和和的，戴上了围脖才出门。我们去了不远的高尔夫球场。放眼望去，全是灰绿色，虽然有些萧条，但还是很怡情的。一开始我调皮了一下，捡了一块冰开始跟爸爸"打冰仗"，好嘛，之后我们4个人就开始大战，捡不到冰，我们开始捡松果，还弄得我满手都是黏糊糊的。我跟妈妈一伙，爸爸跟妹妹一伙，他俩攻我俩躲，一开始我俩还反击，但妈妈要顾着狗，到后来我也懒得反击了。爸爸追不上我，就让妹妹来追我并控制住我，我哪能让她追上！把她给累得在后头一个劲儿喊"等等我！"我又不傻，我才不等呢，哈哈哈。穿着大棉袄跑真的是消耗体力啊，真的是体能训练了。妹妹追完我，爸爸又来追我，虽然知道他追不上我，但我要绕过他的封锁线，真的是狂奔啊，哈哈哈，最后跑得一身汗还不敢摘帽子。回家路上妹妹抓着我就不放手，但我劲儿比她大啊，哈哈。爸爸一想攻击我，我就把妹妹"甩"到我身前护着我，这招还蛮好使的呢。回家之后身上一层汗，好久没这么锻炼了。

因为妹妹过生日，明天中午要家庭聚餐，结果我以为是今天中午，原本说好吃完饭之后跟同学出去玩，这下可好，又手忙脚乱地跟她们联系。她们仨准备出去吃，还是去一个超大的餐厅，但约我的女生平时要工作，好不容易有了时间，我也不好拒绝她，我又不知道我如果跟家里人一块出去吃的话得多久，只能舍弃了好吃的奔着朋友去咯……她和她大学的朋友都学习汉语，我们仨好一通聊天，最后她的朋友以我们是高中生，而她已工作为由付的饭钱，不好意思啦。

吃完饭后，去她朋友家看了个电影，之后她朋友有事要出去，她就来了我家。先是玩了一会儿游戏，之后我俩开始练汉语！虽然她汉语已经说得不错了，但还有发音不准的地方，我给她纠正之后好多了，但对于儿化音还是很懵。她问我儿化音的使用有什么规律没有，我突然也懵了……

1月13日　星期日

上午跟妈妈出去遛狗，看见一个男人在到处找狗，他的狗狗跑丢了，看得出来他真是心急如焚啊，妈妈问了他狗狗的特征，边走边留意着，但我们一路上也没看到他的狗。

上午爸爸跟妹妹去健身了，到了饭点儿，妈妈开车带我到了饭店，继续庆祝妹妹生日的家庭聚餐。昨晚上突然把地方改到了一家越南菜餐馆，还挺远的。我们12个人，占了一个大圆桌，边上又拼了一个方桌还是挤挤巴巴的。妹妹把收的生日礼物都塞到了圆桌的玻璃转盘底下，她这种拿啥都能弄洒的人还敢把生日礼物放餐桌上。每次都弄得好像我针对她似的。好嘛，最后她还是碰洒了一杯水，水直接泼到了生日礼物上，还好生日礼物外头的包装纸防水，妈妈在边上帮她好一通擦。她跟亲戚聊天的时候说到她零花钱的问题，说我来之前她零花钱一个月是10块钱，我来之后就成5块了。哎哟喂，这是几个意思，还赖上我了？周围大人听了她的话，看着一脸懵的我，乐得不行。妈妈跟她说是因为我分担了她的家务，我这才反应过来。要是零花钱是根据做家务的情况给的，那只减一半还真是给多了。现在爸爸、妈妈好不容易让她刷个碗，她能刷了一半之后来跟我说"到你了"，之后甩手走人……

吃完饭，英语小组的同学还等着我一起去拍电影呢，妈妈就带着我先走了，把我送到了同学家。我本来4个角色，但去得晚了嘛，他们就找人替了我的一个"女巫"的角色，正好我也没有特别适合这个角色的衣服，但我其他两套裙子被她们好一通夸，好开心的啊，哈哈。同学家还有钢琴，我又过了一把手瘾，真的是得经常弹啊，要不都忘了。

我们拍电影的水平真是不高，说白了是他们要求不高，有一次因为我个儿太高，拍摄的角度也没选好，直接把另一个女生全部挡住了，我说重拍吧，他们都觉得没事，懒得折腾，我也真是无语。我们就这么草率地拍完了一大半，剩下的等以后再说吧。

我们4个人去了镇里溜达，之后他们又叫朋友，朋友又叫朋友，最后聚了十多个人在餐馆里聊天。不聊不知道，高中里好多男生都吸烟，甚至还有吸毒的。而且以前和我一起上英语课的一个男生就吸毒，上课的时候完全看不出来啊，还积极回答问题，我还以为是个好学生……真是可怕，以后要躲远点儿了。

1月14日　星期一

地理课开了新课，开始讲自然资源了。老师让我们猜写最主要的9种自然资源，虽然单词用得不是很准确，但是我还是知道答案的，大部分都蒙对了。

化学课讲化合物的方程式，这在初三都学过了，老师给发下来的题也是超快就做完了。

英语老师总算是把我们的考试成绩登上去了！没想到啊，非但没给我拉分，还给我把分提上去了！《麦克白》的考试可能是有附加题的缘故吧，我竟然得了A！诗文赏析得了A⁻，周围同学得的最高也就B⁻，不知道老师是不是因为我是交换生手下留情啦，哈哈哈，朋友知道我的分之后，自嘲地说她这个英语是母语的还考不过一个不是母语的。课上我们组有的人开始剪辑电影了，我和另一个女生就开始写论文。她写了第一段，那我就写第二段吧，但发现第二段真是复杂，让我们记述为什么留下或者删去《麦克白》中的某些情节。问另一个女生，她说我们一起讨论讨论再说，好吧，那我开始写第三段吧。老师要求我们每一幕中必须引用《麦克白》中的一句话，这一段就要写为什么要引用这一句。我好歹把所有引用的句子都找齐了，之后发现这段也不简单啊……

数学课开始学sin和cos的图像，虽然以前没接触过，但也不难，老师让我们以前没学过的举下手，一共就仨人，其他两个是9年级的，老师很惊讶地问我，你没学过吗？真是高看我了，敢情她觉得我什么都学过啊，哈哈哈。

法语课老师让我们3人一组设计点餐的对话，每一组设计完3个问题之后发给她，她汇总之后明天小组展示，其他人要回答问题。我也是醉了，听正统的法语都听不懂，听我们同学的发音更是绝望，正好明天有排球联赛，逃课咯！

放学之后我们英语小组去了一个同学家接着拍电影。同学家有一只大狗，但却超级怕人，离我们远远地就一顿狂叫，我们往前走它就往后退，还有几次我们拍电影拍到一半它突然开始叫……我们都乐得不行，得嘞，重拍吧。我们在同学家蹭吃蹭喝啊，他们家一罐kisses巧克力经历了我们拍过这两次电影之后，已经快见底了……上次同学给我们拿的汽水，这次是柠檬汁！感觉这样跟同学在一起，原来不熟的也很快混熟了，本来是朋友的又进一步了解，这真是个增进友谊蛮好的方式呢！

晚上回家之后，开始剪辑我负责的那部分电影。仔细一看里头好多问题，不少部分得重拍啊。有的小细节拍之前没设计好，衔接的地方显得特别突兀，还有把各种不相干的东西给拍进去的，还有突然有其他人进入镜头的，真的好尴尬。

1月15日　星期二

化学课老师又讲了"新"内容，接着发下来一页习题，难是不难，但就算是个反正面的，题也还不少。临近下课还有一个小考试，老师要用我们的成绩统计数据。我手速就是快，第一个交了卷之后，又踩着下课铃交上了习题，我是我们组唯一一个完成了的呢。

英语课老师不在，反正我们也是自己拍电影写论文。我给组长看了我剪辑完的电影，他又教我怎么在每一幕之间加上黑底白字的字幕，推进故事情节的发展，要不我们那个电影看着真的太突兀了。

英语课上到一半，我们要去打排球联赛咯！我们组6个人，除了一个12年级的学生没有来，其余的都来了。不只是有我们排球班的，还有我们老师所教其他排球班的学生，原本是有其他学校要来的，结果他们没来，就剩我们自己了。按照我们平时上课的分组，很快老师就安排好了3个不同的场地同时开打。赢了就往左手边的场地移，输了的往右移，虽然最后换得有点乱，但我们是见哪个场地没人就去打，也真的是累得够呛。本来我们还挺有信心的，但后来真的是输得挺惨……其间有因为有事走了的，也有新加入的……我中间还跑回法语课一趟，本来有个小组展示要做的，结果我们组的另一个女生不在，得嘞，那就明天做吧。

回到法语课的时候，老师告诉我总办公室有人打电话找我，等我去时，那儿的老师告诉我交换生项目的负责经理来找我，想了解一下我的学校生活，但等她再给经理打电话的时候，经理已经走了。行吧，估计以后她还能再来。最好玩的是，我们法语课有个跟我英文名一样的女生，一开始还把她找去了，哈哈，当时的场面肯定十分尴尬。

打了两个小时的排球之后！滑雪比赛！5000米！好久没滑雪了，我又忘了准备滑雪的衣服和裤子，少穿点就少穿点吧，滑起雪来肯定会出汗的，但在我们等比赛的时候，真的是冻得瑟瑟发抖。这么长时间没滑雪，感觉我已经丧失了滑雪技能了……下坡摔，上坡也摔，没摔到尾骨是好的，在打排球的时候，膝盖着地跪着滑出去接球，这下膝盖更疼了……下坡时雪依旧是滑溜溜的，上坡时，雪厚得能把滑雪板给埋了，寸步难行啊。平时滑雪老流鼻涕，这次我直接用纸把鼻孔都堵上了，啊哈，这下好多了！

好不容易熬完了5000米，18∶30才"爬"到家。去打排球落下了数学课，还要自己看笔记补课、写作业，之后连玩的心都没了，奔着床就去了，今天真是给我累得够呛，难得这么早就睡觉了。

1月16日　星期三

地理课开始看一个小纪录片，讲的是纽约的一个家庭在男主人的坚持下开始过起环保、无污染的生活：不看电视、不坐电梯、自行车出行、不用多余的包装袋、养蚯蚓消化厨余垃圾、吃当地农民种的果蔬等等，到后来开始全部断电、不用厕纸，连度假都是去农场自己种菜。真的是难以想象，也很佩服他们啊。

工程设计课先是自己看幻灯片做笔记，之后老师让我们抽扑克牌进行分组，每组2—3人，一起完成一份题。我跟一个9年级的男生分在了一组，他可能是数学还没学到，要么就是懒得做，完全是照着我的抄了，我写一笔他就写一笔，我每做一步都会给他讲明白，希望能帮到他吧。

化学课老师用了4张大桌子，每张桌子上分别有两种正离子和负离子，这就可以组成4种物质。最后一共是16种物质，但要上网查各自的一种用处。我们特别和谐，都分成了两人一组，一个从上往下查，一个从下往上查，总是会在中间遇到的嘛。查用处弄得我很绝望，我用英语查的话，读得太慢找不到答案，用中文查的话，好多专业名词，翻译成英文也太难了，关键是还有好多我根本就找不到……最后大部分都是同学告诉我的。

法语课我们组的另一个女生没来……我们组就没有一次能凑齐的。老师找了另一个人帮我们读那个女生的角色，我觉得我们组展示得最好了，起码声音够大的，底下的人都能听得清，发音标不标准那就另说了……

放学之后，我去了中文社团玩！教室里有锅、有水池、有碗、有筷子，啥都不少，哈哈。有的人是买的现成的，还有两个男生是在现场做的，一共五六个菜呢，还有米饭，到最后都被我们一扫而光！我啥也没贡献，那就留下来刷盘子吧，哈哈。本来还想跟另一个一起去的滑雪队的女生去跑跑步的，结果给我俩撑得根本跑不动。

1月17日　星期四

地理课接着看纪录片，老师昨天跟我们说做6条笔记，3条新事物，2条有趣的事和1个问题。我们都以为是整个纪录片一共6条笔记，结果是每天做6条……昨天我就写了2条……得嘞，今天补吧。

工程设计课和化学课，老师都给我们发了题，明天交上就行，但我这手速、我这智商，上课就做完了，我才不想拖到回家之后当作业……

排球课一共分成了4组，两个场地上6打6。我们组没有特别厉害的，但我们配合得超级棒！到最后打了第一名呢！昨天打比赛的时候，我一次次失误，但今天换了队友之后，也就一两次失误吧，看来队友也很重要啊。

英语课我们原来都说好了今天要在学校拍电影，结果演主角的那个女孩又没来上学，上课之前5分钟才告诉我们，我们想用她的服装找别人替都来不及。老师让我们自由分组的时候她不在，第二天莫名其妙就进了我们组，主动要演主角却还一次次缺席，我们都很无奈，却又不能怎么样，只能先把一些别的部分给拍了。

数学课昨天讲了tan和cot的图像，老师下课之前提了一嘴sec和csc的图像，我们回家之后的作业里有这部分的题。上课老师再一讲我才发现，昨晚上我做的作业tan和cot的图像全画错了，而sec和csc的却画对了……不知道我这脑子是怎么运作的……

法语我想重考一次，却被老师以"你成绩够好了"为由给拒绝了……我也是很无语啊，哈哈哈，这个理由是第一次见。我跟老师说，我除了英语，其他5科的成绩都比法语的要高，老师笑着问我，你是不是什么都要求完美？上课听了个小听力之后回答问题，做题是没啥问题，但听力没完全听懂，放学之后，我又去找老师给我顺了一遍。其中涉及一个啤酒的名称，老师不告诉我不说，连说"啤酒"时都把声音压得很低，这是文化差异么？哈哈，对酒管得这么严？

最戏剧的事来了！我们周五晚上有个滑雪比赛，但大巴名额有限，我水平不够轮不上我。教练和几个同学跟我说，如果有人送你的话，你就"去"呗，这可好玩了。我以为我可以自己报名参加，结果他们说的"去"是指去给别人加油……我哪有那么闲，大冬天让家人开车送我去，黑着天站在寒风中给别人加油？但我之前以为我可以参加，于是昨晚就给组织方的负责人发了封邮件问我可不可以单独报名。昨晚他给我回信说，跟我的教练谈过了，我可以参加。但是，今天我问了我的教练和总负责的教练，他们都说满员了，行吧行吧，那我就不去了。然后呢！今晚又一个人给我发邮件说，让我填完表发给她，我可以参加明天的比赛了。组织方跟我们教练之间的这个豁口差得不是一般的大啊……由于教练告诉我满员了，我今天都没给我滑雪板打蜡，明天还够呛有时间，就这么去比赛得累死我……真的是绝望了，如果我真的要去比赛的话，明天可是够我忙活的。

1月18日　星期五

地理课3人一小组，完成一张导学案。前面的那些题都很简单，可到了最后，让设计一张拒绝浪费资源的海报。难倒是不难，但做海报也太费事了……最后还有个可以加分的附加题，让我们设计一首歌，还要在全班同学面前唱，我仿佛已经看到了全班没有一个做的，哈哈哈。

工程设计课老师让我们研究电脑上的一些画图工具，包括把两条线画平行、两个相似的图形改成一样大小、把线段改成平行或垂直等等，那些工具都是排在一起的，点上去之后，它还会给说明，我自己都研究得差不多了。我右边的同学在老师讲的时候不好好听，自己开始操作的时候连工具栏都找不到。

周五排球课是自由活动课，我今天心血来潮踢足球去啦！外头冻得要死，我们就在室内的一个小足球场上玩儿。我第一次踢足球，真的是个菜鸟，射门不中不说，传球的时候传不准，还经常被别人捞了球去……虽然我很绝望，但还是挺好玩的。

英语课我们去了图书馆，用绿幕做背景拍电影，好好玩啊，这样我们就可以把背景换成任何我们需要的。我们在电影里拍女孩们走秀，这样的背景不好找啊，就只能这样制作了，还是很成功的。

法语课老师不在，给我们布置了任务，几乎没几个人认真做，但是我们组3个女生还都蛮认真地在做，最后一项要3人一小组录法语视频，我们仨正好一组，配合得还蛮好，下课之前总算是弄完了。

晚上要去滑雪比赛，巴士满了，需要妈妈送我去。巴士从学校出发之前，教练会打开滑雪棚让我们去取滑雪用具，结果天气冷到锁都被冻住了，教练又去找蜡才给弄开。我们几乎是提前两个小时就到了，热完身之后还有一个多小时，我们又不能一直滑啊，要不比赛的时候就没劲儿了，零下十多摄氏度在那干站着不得冻死……他们搭了个帐篷，但里头也没有暖气。我在那等的时候，穿了两层厚裤子、两双袜子还是冷，帐篷里挤了一堆人，人肉暖气也还是有点用。好不容易等到我们组比赛了，比赛的时候，有一次我走岔路了不说，还有一次直接滑溜着摔下山坡了，最扎心的不是摔着了，是站不起来了……滑雪板那么长，我的滑雪杖还被踩在了滑雪板底下，滑雪杖被套在了手上，但最后我还是神奇地站起来了，哈哈哈。到终点的时候，发现爸爸妈妈在等我，哇，真的好暖哦！大冷天他们还来看比赛给我加油。

比赛结束之后，爸爸妈妈带我去吃的中餐自助，虽说是中餐，但其实是美式中餐啦，馄饨是炸的不说，里头还加奶酪，但还真的蛮好吃的，我还在那遇见了一个朋友呢！

1月19日　星期六

上午，爸爸带我和妹妹去健身房参加了动感单车课，这是爸爸的姐姐组织的一个捐款项目，爸爸连问都没问就先给我报上名了，哈哈，也没要我钱。我第一次上这个课差点没累死，从自行车上下来之后腿都是软的。但经过滑雪的磨炼，这次我都没觉得有多累。妹妹在我旁边没蹬几下就蹬不动了，一脸惊讶地看着我蹬。

回家之后发现又累又困，在沙发上眯了一觉之后，被饭香味勾引醒了。吃完饭洗了个澡、清理了洗碗机里洗好的盘子，之后跟爸爸妈妈去了爸爸单位取车，周五晚上妈妈开车接的爸爸去看我比赛，他把车放单位了。之后两人分开走，爸爸去买狗粮，妈妈去超市。那我肯定是去超市了呀，哈哈，我幸亏是跟着去了，妈妈买了一大堆东西，如果就她一个人的话，还真是有点难办。

一直逛到天黑了才出来，回家之后又帮忙做饭，做比萨吃！比萨饼不是很大，我跟妹妹一人一个，爸爸妈妈两人做了三个，虽然最后还剩了几块。自己做的比萨肯定没买的丰盛，但自己做可以选择自己想吃的食材。

饭后写完了数学作业，就开始收拾卧室了！滑雪比赛之后，堆了一堆乱七八糟的东西还没收拾呢，刚洗完的衣服烘干之后也得收拾了。我把下周上学和训练需要用的衣服都打包好，装到一个大布包里之后，发现滑雪靴子没放进去，又把所有东西都拿出来重新倒腾。原本靴子装在塑料袋里放在楼下鞋架上，装到包里之后发现不对劲儿，那个塑料袋漏！靴子底下化的雪水全流出来了！滴在旁边地毯上不说，包里更是黑了一片，心中遭受了一万点暴击……那个布包那么厚，这可咋洗……地毯上用湿巾擦干净了，鞋架上也收拾干净了，接下来就要开始奋斗我这个包了。用湿巾不好使，肥皂也洗不去，家里真的是连个刷子都没有，妈妈告诉我，她有一个刷厕所墙用的刷子，行吧，我凑合着用吧，我找了一种强力去污的洗衣剂，往上喷了两三次，先放那晾着吧，希望能洗得掉……

1月20日　星期日

上午爸爸带妹妹去练拳击，我在家写作业，做我的个人项目。不仅要做幻灯片，还要写论文，虽然有大纲，照着大纲回答问题就好，但有些问题真是让人摸不着头脑。也可能是我做的是我个人经历的这个特殊性，有些问题根本没法回答。比如，在开始个人项目之前，你已经知道了什么知识、你做调查的方法有了什么提升，我什么知识都不用，更不用去做调查啊……

中午吃完饭之后，妈妈开车送我和妹妹去滑冰，爸爸等晚点的时候也会来哦，我还叫了几个同学。有一个男生滑得超快，跟我说是滑雪给他练出来的，我咋就没觉得滑雪能把滑冰练出来呢，哈哈。

我跟同学滑完冰之后，出去逛游吃了点东西，之后就都来我家，玩桌上游戏。是一个找线索的游戏，有不同的房间、不同的人和不同的武器，游戏开始之前，会从这三类中各抽出一张，每个玩家都不知道抽出来的是什么，接着将剩下的牌洗好了之后再发牌。通过掷骰子的方式在各个房间里走，每进一个房间就可以问玩家一个问题以此来获得线索，推断抽出去的那三张牌是什么。我虽然一次也没赢，但确实是挺有意思的。我差不多就要猜出来了，但一个男生有一张"刀"的牌，他没给任何人看，还一直问别的玩家有没有这个牌，我真的是被他弄懵了。

晚上吃完饭之后，去电影院看了电影《海贼王》。电影院的椅子还可以躺下，腿还能搭起来，哇，真是有意思，超级舒服，幸亏是电影有意思，要不我准得睡过去。又是一个超级英雄的电影，但这次却涉及海底世界和各种景色布置，真的是超级震撼啊。

1月21日　星期一

今天是马丁·路德·金日，放假啦，嘿嘿嘿。早上起得不早，爸爸刚开始做早饭，但我上午要去同学家继续拍英语课的电影，来不及吃爸爸做的早饭了，只能自己烤了个面包吃。到了同学家之后，发现我是第一个到的诶！我们把拍好的所有片段从头到尾看了一遍，又发现了不少问题啊。我们怕电影的时间不够长，又把当初删去的一个片段给加上了。拍得还算是顺利，我们用各种角度错位，尽量让提词用的手机啊、平板啊都在镜头之外，我们聪明得很，想出了不少好办法。

中午回家后发现没人吃午饭……估计是他们早饭吃得太晚了吧，妈妈说我饿的话自己找东西吃，我也嫌麻烦，就把昨天的剩饭热了热。

下午洗了个澡之后开始复习，下周就是期末了。先从化学课下手吧，好似就化学考试涉及的内容最多，要复习我们学过的所有内容。老师给我们发了一张复习大纲，但上面的内容也忒少了点，不知道是考试就这么简单还是我想多了，总觉得靠不住，我又从头开始扒拉笔记，幸好我之前的资料都没扔啊。最让我头疼的是，要背的120个拉丁语和希腊语的词根词缀和它们的英语意思，虽然以前都背过，但每次只能背20个，而且全都是强行记忆，早忘光了……

我总算是研究透了这边同学用的一个聊天软件Instagram。主要是用来传照片、传视频分享生活的，但也可以用来聊天。手机上下载不下来，电脑上偶然发现可以下载的，但打不开传照片、传视频的功能，因为电脑上没连麦克风……之后想在平板上试试，毕竟苹果的系统全球通用嘛，本来没搜到这个应用，但下载了一个辅助Instagram的美图系统之后，我顺带着一起把Instagram下载下来了，哇，真是神奇。昨天跟同学滑完冰之后，一个朋友上传了我们的照片还提到了我，哇，突然好多人开始关注我，以后总算是有个交流渠道了！

1月22日　星期二

大清早有一堆东西要往学校搬，昨晚还下了雪，地上那叫一个滑，幸好妈妈开车把我和妹妹送到学校去了，要不我真的是得"爬"着去，哈哈哈。

第一节地理课，我们小组要合作完成一份海报，是关于拒绝资源浪费的。我们组准备做关于及时拔下电源插头的，那肯定就要画一个插排，再画一些插在插排上另一头却什么都没有的充电线。我们组三个女生，另两个先开始研究插排怎么画，在那儿倒腾了半天，连个长方体都没画出来。我本来以为她们在设计什么高大上的东西呢，结果只是跟长方体干上了……我也真是无语了，我几秒钟就能画出来的东西把她俩难成那样，她俩还好一通夸我，我除了笑笑还能干啥？

工程设计课上又要在电脑上画一个新的3D图，组装好之后是个汽车，但我们要从一个个小部件开始。老师给我们发的测量图真是把我们给弄晕了，主视图上是个0.38，到了后视图就成了0.39，虽然就差0.01，但到了组装的时候可不是闹着玩的，差一点点都组装不上去啊。老师又现去查找资料，到最后拿出来个汽车模型，跟我们说，有不确定的，自己上来量量模型吧……哦，我竟无言以对。

化学课自由复习，完成老师给我们发的提纲。这提纲在考试的时候是可以用的，贼开心。于是我们集体往上抄那120个字母组合和它们对应的英文单词。有同学有先见之明啊，周末就已经抄完了，我按照字母顺序排着往上写，考试的时候好找嘛。

排球课原本说好明天考发球的，结果今天就考，而我一开始还没在意这是考试，就当作玩儿了，头顶上发球一半都没过网。搭档告诉我就得一半分的时候我一脸懵，老师又让我重新考了一遍。保险起见还是别扣杀式发球了吧，已经累得够呛了。啊哈，这下我10个全都过网了！到了下课的时候，老师告诉我们，对自己成绩不满意的，明天还可以重考，好吧……

英语课要交电影啦！交上之后，我们小组的4个人去走廊上又把电影看了一遍，我跟另一个女生在教室里继续改我们的论文，虽然我也不知道为什么我一个交换生要去改英语论文……但我还真是发现了不少问题啊，有好多地方他们写得上句不搭下句，还些对于我们电影的分析是错的。发现问题跟他们讨论了一下之后，我只需把错误标记出来咯，最后审稿的负责啦，哈哈。快下课了，老师告诉我们还要标记我们引用的话的出处，虽然只是《麦克白》，不但要在文章最后写，还要在每句话之后写上第几幕第几场第几行，还有特殊的格式，我们又现上网查、问老师，下课之前还是没把那些句子都找齐。

数学课先是复习了一下上周五学的内容，哇，我突然脑子一片空白，觉得自己失忆了，什么都不会做，但同学给我点拨了一下之后，又突然想起来了，哈哈。之后我们在平板上玩游戏，全班一起回答问题，最后是有得分的。我竟然第一名！哇，太开心了吧，更开心的是，老师给了我巧克力做奖励！

法语课老师让我们听了一个比较难的听力，但说真正考试的时候会比这个简单。其实还好吧，就有一个问题我没听出来，是个我们没学过的单词，关键是翻译过来的英文单词我也不知道，这让我上哪儿猜去。

放学之后雪不够厚，我们只能跑步。外头冷得要死，地上还一层雪，雪底下就是冰。我刚出门就在一个大下坡摔了。还好我早有预感，侧着身放低重心往下挪，坐地上之后还往下滑溜了一段才停下……就这么滑可怎么跑步？我跟另两个女生一起，虽然慢但一直没停，真是庆幸我没再摔着，倒是滑了好几下。

今天我们学校又来了一个新的交换生！巴西来的，11年级，最神奇的是他跟西班牙的交换生住在同一个寄宿家庭。他一来，瞬间就成了舆论中心，他的女朋友是个模特，Instagram上好几百万的粉丝，真的是厉害了。滑雪训练的时候，我们聊起他来，发现周围的人全都知道他了，这个消息传播得真快。

1月23日　星期三

今天是期末考试的第一天，早晨早早起床在家吃饭。妈妈在那儿做点心，跟我说也不知道来不来得及，让我自己找点吃的。我吃完饭刷了牙之后，点心出炉了，哈哈。

期末课程表调了，一天就4节课，但每节课时间很长。今天第一节是地理，但没有考试。我们去了电脑室上网查资料做笔记，之后要做一个类似手抄报的小册子，主题是关于资源的，我不走寻常路，别人都做节约水资源和大气污染啊什么的，但老师说这些主题他都看腻了，那我就做一个电池污染和正确回收吧。跟老师探讨之后，老师也觉得这个比较有意思，以前还没人做过，就是查资料啊什么的有点难度，但也还好啦，老师还帮着我一起想办法。

第一节课9点多才下课，之后呢，吃午饭！这吃的分明就是早饭啊，那队伍还排得老长老长。

第二节是排球课，今天进行了纸上的考试，有一道题问下列哪一个是攻击，选项中有个单词spike我不认识，去问老师，老师给我做了个"扣杀"的动作。我理解了这个意思了，但越看越像打人呢……我问老师这是打人还是打球？我俩笑成一团。考试得了满分哦！

第三节是化学课，这真的是要考试，还分成了三部分，最让我无语的是，考试是要在平板上完成的。第一部分没问题得了满分，之后第二、第三部分就出问题了。第二部分有一道题的答案是0.55666无限循环，我问老师要保留几位，她跟我说2位或者3位，好吧，那我就保留3位吧，写了个0.557，结果系统给我算错了！去问老师，老师说她没把这个答案作为正确答案输进去……题目的四个选项分别为0.6，0.55，0.56，0.556，还好，她后来给订正过来了。第三部分，她说这部分很容易拼错单词，就给我们两次机会。第一次有个单词我多加了个s，就给我算错，40道题啊，我满心绝望地从头做了一遍，结果又有一道题错了！但我明明做的是对的……老师说，她看着挺对的啊，她也不知道为什么系统给我算错了。最后老师直接给我把分加上了。经历了这一节课的波澜起伏，最终我还是得了个满分！

最后一节英语课，我们要看每个组拍摄的《麦克白》的片段。每个组都是大显神通啊，有全是画出来的，有用哈利·波特乐高拍电影的，有用布娃娃的，有用壁虎的（活的！）等等等等，一节课笑声不断。其中拍得好的，有一个场景是一个女生被车撞（其实是她扑到车上的，完美诠释了什么叫碰瓷），虽然是个蛮伤感的故事情节，但我们却乐得不行。另一个"杀人"的，直接是用网球拍把人"扇"在了地上，被扇的那个人，还是翻过了网球网之后摔在地上的，看着都疼……还有一个拍得超级好，一个男生要把另一个男生从阳台上推下去，第一个镜头是他把另一个人给举上了阳台，第二个镜头就已经是在楼下，那男生落在地上，估计是他跳起来之后，把落下来的那部分给剪出来了吧，但这个设计真的超棒哦！

放学之后先在健身房做了体能训练，还进行了一个滑雪练习机的测试。刚参加训练的时候成绩是69，现在已经100多了，这次时间还比之前长。之后教练让我们出去跑跑活动一下，我们三个女生奔着一个给小孩玩的操场就去了。我们仨玩滑梯玩得不亦乐乎，其中有个特别高还带拐弯的，第一次我用脚蹭着地没滑多快，第二次她们怂恿我别用脚挡，结果拐弯拐得太急，膝盖碰在了滑梯边上，估计是我腿太长了吧。

晚上去看了学校的体操比赛，真的是惊呆我了，那叫一个震撼。四个项目：平衡木、鞍马、单杠和自由体操。各种前翻、后翻、腾空翻，看得我们目瞪口呆。还有一些学生也来看比赛，而且我们竟然凑齐了5个交换生！再凑几个就可以召唤神龙了呀，哈哈哈。其中有个女生，我见过她，但我却不知道她是来自挪威的交换生。我们一圈学生凑一堆，好一通聊天，这个晚上过得真是开心啊，哈哈。

1月24日　星期四

今天是本学期的最后一天啦！第一节工程设计课没有考试，但任务也不简单啊。而且老师跟我们说，上次给我们发的图纸是个新版的，但有的测量值是错的，现在又给我们换成了新的修改版，有的测量值不一样，我们就要重做了。虽然我们可以回到2D绘图里进行修改，但之前我也没做多少，就干脆重新开始做吧，但我发现新的图纸里头也有一些怪怪的测量……连猜带蒙地画吧。先是被一个五角星的图案看蒙了，正五角星真是不好画啊，还要确定好中心点。但我最后还是自己研究出来了！先画了一个圆形，之后在里头画了一个正五边形，再找每个边的中线，一点点画出来之后，我都佩服自己，哈哈哈。之后第三部分——车头真是把我难住了。车头是个弧形的，但还不完全是个弧，我只好上网找教学视频照着做了，没想到它的办法跟我构思的大相径庭，我这也是又学了一招。

排球课下课之后，我去找了英语老师，她给了我一本我们要读的新书。耶，我不用买了！

数学课去得有点晚，老师给了半个多点复习，之后考试。一个女生跟我前面一个女生在讨论题，对我来说很简单的题却把她俩难住了，正好我也不想复习了，就开始给她俩考前磨刀。老师教的有些方法，真的是能把我们弄懵了，我就把我用的简单方法讲给她俩听，看着她俩渐渐明朗起来，我也很有成就感呀。其实数学考试出乎意料的简单，真对不起我前天晚上的辛苦复习。

法语课老师计划考完试之后做饼干，但面团需要提前做好之后在冰箱里放一个点儿，我们就只能在考试之前做面团了。糖、黄油、面粉、鸡蛋，好一通搅才给搅开，真庆幸没往外溅。收拾完桌子上的一团乱之后要开始考试了！有一个7分钟的视频，看完之后要回答14个问题。但视频和题目还不在一个页面上，前前后后倒腾真是麻烦。好在视频上有法语字幕，虽然不是很清楚，但总比没有强，题也不是特别难，就是最后一道让我们写一组对话，我又去视频里找了几句抄上了。做完题的就可以去做饼干，但等我做完题，她们饼干都做得差不多了。更扎心的是下课之前我去了趟洗手间，回来之后，她们饼干都差不多给分完了，我尝了几个，真不是理想中的饼干啊……软乎乎的不说，还贼咸，关键是我们还没加盐啊，估计是黄油里的盐吧。

放学之后去打水球，今天三个球一起打，真是热闹。好多时候两个球一起向我方进攻，真是苦了守门员，我们也都帮着防守。最后我们队输了一次，对方却输了三四次，哦耶！

晚上跟同学去了现代艺术博物馆，她爸爸开车带我俩去。周四博物馆免费，但好多房间都给锁死了，弄得我俩晕头转向的。先是从一楼上楼梯，一直到了顶层，每层的门都是锁着的，我俩只得又坐电梯回到一楼。而且有的房间黑得很，根本看不清尽头是路还是墙，我俩纯粹是走上前去用手摸啊。里头还有好多老式投影机，投出来的黑白影像，我越看越像是犯罪现场，还有一部分展览是各种受害者躺在地上的画像，感觉阴森森的……我俩觉得没什么意思，就去了附近的一家餐厅，其实也不近，走了10多分钟，我俩冻得开始跑起来。她用手机导航，但大冷的天儿她也不想多看手机，我俩到了一家她认为是餐厅的店（其实是卖纸牌游戏啊什么的，但里头也卖零食啊）门口，进去之后跟服务员说要一杯热巧克力，服务员一脸懵，说我们没有热巧克力……我俩这才反应过来，她一看导航，发现走错了店，我俩逃出那家游戏店。哈哈哈，给我乐得不行，这件事真是承包了我一晚上的笑点。

1月25日　星期五

今天放假！本学期最后一天了，老师都忙着批考卷、录成绩，学生就放假咯！

早上6点半被手机给震起来了，其实是前两天起得早形成的生物钟吧，要不别说手机震动了，打雷我都醒不了……国内同学都开始放寒假了，在群里好一通聊天，我都觉得我自己很棒，跟他们聊着聊着又困得睡过去了……

上午看了个电影《毒液》。前几天搜到了免费的资源，一直没时间看。还是自己在家看电影好啊，有字幕，美国的电影院从来都不带字幕的，让我很绝望，每次去电影院看电影都是用猜的。

中午吃了几个小小三明治和一袋方便面。这儿的方便面真的很！难！吃！不是我口味太刁了就是寄宿家庭没买到好吃的。我一直对于这边的面条很绝望，软乎乎的，吃起来一点儿都不筋道，方便面的话要不就是不入味，要不就是一股怪味……

下午开始读我们下学期英语课要学的一本新书。老师给了我们一张读书计划，让下周读完66页，而我这个版本是80多页。哦，我的天，真是要我命，早早开始读吧。这本书讲的海拉细胞——一种永生的细胞和关于它的主人——一个黑人妇女的传奇故事。19世纪50年代，医生未经允许就从她体内获取细胞进行培养，发现它永生的特质之后，更是掀起了一场医学革命。这位妇女因癌症病逝，而她的家人20多年后才发现，医学界一直在利用她的细胞赚钱，而她的家庭却依旧一贫如洗。其中有好多内容涉及医学专业名词，查单词查到我怀疑人生。原本觉得这个关于细胞的故事会很无聊，但我读完了第一部分的前三章，还好吧，还算有意思。

1月26日　星期六

早上起床后，自己找了点儿东西吃，妈妈带我去银行取了钱之后，我们去了不算近的一个大超市，哈哈哈，我要开始疯狂一把了，那么多零食等着我呢！买完了牙刷和洗发液，就到了我的Happy时间！妈妈陪着我在零食区逛啊逛，看见好吃的就拿啊，特别是一些打折的，有的地方还逛了不止一圈。陪我买完零食之后，妈妈又去买了些菜啊什么的，等到结账的时候，我才发现我怎么买了这么多零食啊，哈哈哈。花了将近80美元，装了整整两大袋子，我这真是开始储冬粮了啊，哈哈哈，回家之后，好一通倒腾才收拾好了零食。

本来说好今天要跟一个同学去游泳的，结果怎么联系也联系不到她了。在家等了她一天也没消息，我真的是要动用我的忍耐大法了。到了晚上，她才给我发消息说，她手机落在她奶奶家了……你说我还能说啥？

在家继续攻克那本书，晚上看了《哈利·波特与密室》，真的是一点印象都没有。这次我在电脑上找到一个有免费电影的网站，真是开心。但那个中文字幕文理不通，简直没法看，还不如看英文字幕呢。

爸爸妈妈晚上九点多出门跟朋友去酒吧，我在书房看我的电影，妹妹在客厅看她的电视，本来还蛮和谐的，但她把电视声音开得能掀房顶，最后我只得关紧了书房的门。到了23点，我得睡觉了，跟她说了之后，她竟然特别乖地把电视声音调小了！哎，我的妈，太不容易了！我刚躺下不久，听见爸爸妈妈回来了，安静了一会儿，我感觉我刚要睡着，外面又开始有动静，迷迷糊糊之中慢慢睡着了，哦，苍天啊，他们怎么都这么能熬。

1月27日　星期日

早上又变成起床困难户，不但脑子醒不了，眼都睁不开。好不容易起了床，懵懵叨叨地下楼梯时，踩在楼梯边上一下滑下去了，一屁股坐在了楼梯上，疼倒是不疼，但用胳膊撑在楼梯的地毯上，把胳膊给蹭破了。我这"咕咚"一声，把在地下室的妈妈给惊着了，就听见她在那吼妹妹："你在那干吗呢！"哎哟，给我尴尬得哭笑不得，说是我，是我。这一下把我摔清醒了啊，哈哈哈。

上午十点多，吃过爸爸做的超好吃的早饭之后洗了头，衣服扔到洗衣机里又开始读那本书。到了中午也没觉得饿，倒是开始困，午饭都没吃，去睡了一会儿。一觉快睡到跟朋友约好的去滑冰的时间。我们三个人滑了一个多点儿之后，去了其中一个朋友家。本来我都跟她俩说好，滑完冰之后来我家的，我都准备好零食了，结果那个朋友家离得更近，她们嫌外头太冷不愿多走，但她家没吃的……给我们俩饿的，半路上遇到一个加油站，我们俩一人买了一盒方便面。到她家之后，我们仨开始吃"午饭"，总算是填饱了肚子。之后我们开始玩电子游戏，我真的是一窍不通，好吧，这是我第一次玩。玩那种赛车的游戏，我不是往墙上撞就是往沟里掉，一共12个玩家，我不是最后一名，我都能高兴到蹦高，唉，这个游戏真的是不适合我。之后我们又开始跳舞，一只手拿着游戏机，跟着屏幕上做动作，其实得分取决于游戏机的运动。这里头的歌真没几个我知道的，我就发现两个，但其中有一个我得了最高分！开心死了！

晚上最开心的消息莫过于明天不上学！天气太冷了，还下大雪，但真是蛮开心的。之前有一次下大雪，学生在校车里被困到21点半才到家，从那之后下大雪，我们就不用上学啦！

1月28日　星期一

妹妹在家病着也不能安排什么家庭活动，我在家继续看电影《哈利·波特》。一看上就停不下来了，其实是怕一停下来，前面的细节就全忘了。这部电影的各种铺垫也忒多了，前面故事情节发展得慢时，我还能跟得上，到了最后，哈利·波特开始找魂器的时候，看得我懵叨叨的，前后的关联也忒复杂了，我可能也没那么认真看，哈利·波特一直拿的一面镜子，我都不知道是咋来的……特别迷惑。

虽然雪不是特别大，但零下二十多摄氏度，我们明后天又不用上学了，这整个是个小长假了。

1月29日　星期二

今天早晨，我竟然在闹钟响之前自己起来了！后来我卧室里的闹钟好一通响，我一开始还没听见，过了一会儿，爸爸问我是你房间的闹钟么？我又跑上楼去关闹钟……

上午我读完了这周要求读的书的第一部分！我就祈祷，到了要用的时候，别把读过的全都忘了就好。作者也是真不容易，想要采访主人公的直系亲属，却没人愿意给她讲，都不接她的电话；问远一点的亲戚，他们又不敢说，说是要得到她家人的同意；还有的人根本就不信她的细胞还活着，认为是医生造谣的……而贡献细胞的妇女，在承受了巨大的病痛之后因癌症去世。放射治疗之后，她觉得不适，多次到医院复诊，而医生却说没事。最后一次"没事"一个月后，再检查，医生却说治不了了。庸医啊，可能是医学技术水平的限制？但还有对黑人的歧视吧？

中午睡个午觉，分明定了闹钟，但它却没响！好气哦，一睁眼17点了……倒是睡了个好觉。

吃完饭后，跟家人一起玩游戏。先是纸牌游戏，真的是持续了好久好不容易才结束了，这也算是个蛮碰运气的游戏，最后爸爸赢了。接下来妹妹又换了一个拼单词的游戏，哦，天，我真是绝望，就我那点单词量跟他们一比，简直是菜鸟。但还好这次没有单词字母数量的限制，就能简单一点，而且这次我觉得我比以前进步多了！都没怎么用他们帮忙。最后还是爸爸赢了……我离胜利只有一步之遥啊。

1月30日　星期三

早上又睡了一个回笼觉，循着早饭的香气才爬下了床。培根和煎饼，我的最爱之一啊！但配煎饼的糖液又发霉了，看来这东西得放冰箱保存啊。妈妈用蜂蜜自制的糖液，味道就是不如原来的那种好，但也凑合着吃了。

中午也不饿，吃了几个饼干竟然觉得撑。妹妹在那看电影《美国队长》，我窝在沙发上看着看着睡着了，盖了个毯子确实挺舒服的啊，哈哈。我也很是佩服我自己，妹妹把电视声音开得那么大，我都能睡觉。

晚饭三个菜，一个微辣，另两个辣得我在承受能力附近徘徊。妹妹不吃辣，找别的东西吃，可爸爸妈妈都帮我盛出来了，我又不好说什么，幸好能承受得了，再这么让他们培养下去，我这吃辣能力绝对突飞猛进啊。

晚饭后，爸爸妈妈不让妹妹看电视了，说一起玩桌上游戏。妹妹一开始不乐意，抱着电视不想撒手，最后好不容易把她说动了，妈妈来问我玩不玩。他们费了那么大劲儿才把妹妹给拉上了，我能说我不玩吗……第一个游戏还算是有点技术含量，第二个游戏妹妹挑的，简直就是给3岁以下小孩子玩的。最后妹妹走了，我们仨开始玩了那个技术含量比较高的，爸爸妈妈每人赢了一局，唔，就我每次都输……

1月31日　星期四

放假最后一天咯，上午妈妈问我要不要去超市，她要去购物。啊哈！我总算是能出门了！真是开心到起飞，天天在家待着要憋死我了。先去了一个超级大的批发商场，里头还有卖家具的，各种吃的也都是大包装售卖，但里头的东西不是很全啊，之后我们又去了另一家超市，这一上午买了四大包东西。

12点多才回家，收拾好买的东西之后，我自己热了个半成品的粥，粥特别稠，贼好喝！之后啊，我背了背单词，嗯，又给我困得睡着了……

下午，妈妈的朋友坐飞机来了我们家，上一次见她的时候，我还脸盲，把她认成了别人……刚到美国时看谁总觉得都是一张脸。聊天、吃饭，好不热闹，刷碗的活儿也是我给包下了。吃完饭之后，她要等人，就在我们家开始玩纸牌游戏。一共玩了三轮，我竟然赢了两轮！开心！

2月1日　星期五

昨天晚上想早睡还睡不着，还好今天不是很困。到了学校之后，发现好像所有人都在抱怨昨天晚上睡不着啊，哈哈哈。

工程设计课来了一些新同学，有一个新来的男生坐在我旁边。其实我知道他，他跟我同上英语课，但没说过话。我们用电脑画3D图，看得出来，一开始他懵叨叨的，但我点拨了一下之后，他还学得挺快，我也很有成就感啊。

化学课又是用网上的软件考试，最受不了这种错一道题就得从头来的……平时考试错了就错了吧，但这种你能重复做无数遍的考试还错就很扎心。我真的是一个一个单词照着拼啊，啊哈，总算是第一遍全做对了，要不69道题，从头再来一遍真是要命了。

我这学期的新课是木工制作！本来还挺期待的，结果因为这是第一节课，我们需要父母签一个安全协议才能真正动手制作，我们今天就学了学不同的木头和怎么砍树、怎么把树制作成木材。看了几个视频，老师还把教室的灯全都给关了，给我无聊得差点没睡过去，阻止我睡觉的重要因素就是桌子太矮凳子太高……

英语老师竟然破天荒地这么快就公布了我们《麦克白》的电影和论文的成绩，我们小组竟然都得了满分，真是太不可思议了。上课谈到我们要读的新书，我才发现我读是读完了，但没做笔记……老师发给我们书中的人物清单，但考试的时候只可以用自己手写的笔记，得嘞，意思就是得全抄一遍？一共四页啊。

数学课这一节又没讲完，但老师让我们把剩下的自学……上课我觉得那题都可简单了，他们做得都贼慢，老师就等啊等，由于是新学期，老师还没把课本的电子版传到平板上，想写作业都写不了，给我无聊到开始写其他科的作业。

法语课讲动物，让每人调查一种动物，但不能跟其他人选相同的。老师上传了一个任务，让我们在底下评论中写上各自选择的动物，后者不能跟前者选一样的。我还没决定好呢，就看他们突突突地往上加评论，我的网页刷新得慢，根本跟不上他们的速度，最后只能等他们都选完了我才能选，而他们把我们学了的动物全都给选完了，嗯，最后我决定选择猪吧，呆萌呆萌的，哈哈哈。

放学之后，我们竟然有滑雪比赛，我今天中午才知道。本来应该是第二级那个队他们的比赛，其他学校也都只去了那一个队，只有我们学校把A队和B队全都拉去了。我们就只能等他们比完了再比赛。他们比完了，本来以为我们要开始比赛了，结果比赛官方说滑道上人太多了，让我们再等等。零下十多摄氏度，我们等了将近半个点儿，真的是给冻成狗了，比赛完之后，我的手指头还是僵的。虽说下了雪，但我还是喜欢人造雪。刚下的雪贼软不说，一脚下去就能陷进去，更让人无语的是好多草都露在外面，有的地方连地面都露出来了。碰上草就给你来一骤停，碰上地面就打滑，比个赛跟扫雷似的，踩上雷就能炸，我让草给绊得摔了好几跤，幸好那个雪是软的。

晚上返回学校之后，爸爸还来学校接我了呢，早上是妈妈送的，太暖了吧！

2月2日　星期六

早上起床之后，自己找了点儿早饭吃，补完了前两天的日记，之后就开始写作业了！放了这么长时间的假之后，老师又都开始布置作业了，还都不少。地理课看了个视频，还要再补笔记回答问题。上课时有的地方我没跟上，好歹我从网上找到了那个视频，但这个版本没有字幕，好在最后也是差不多跟上了。上午还写完了数学作业。数学课都没讲完，那些题都很是让人无语，一点儿技术含量都没有，都是些要画图啊什么的，贼浪费时间。之后还把我书包里一堆看起来不需要了的文件资料都收拾出来了，反正第二学期结束了，之后用不用得着再说吧，要不天天背着太沉了。

吃了午饭后，背了背单词，之后我朋友来接我去参加汉语沉浸式教学的初中——英华学校春节晚会。之前爸爸跟我说，妹妹之前参加的春节晚会都无聊得很，一群孩子搁那唱半天中文歌，他们家长一句也听不懂。还好英华学校准备得比较好，主持人所讲内容大部分都是中文说一遍，再英文说一遍，但我听两遍真的是挺无聊的。孩子们唱歌时，身后的大屏幕上会打出来中文和英文歌词，对于不会中文的家长来说很有帮助啊！节目的主题是"家"的含义，从"有吃有住"变成"大家互相关心、主动奉献"，也是给我们上了很好的一课啊。

之后去爸爸妈妈的朋友家吃饭。我因为去看演出了，所以去得比较晚。我去的时候，他们都已经吃完了，但给我留了饭呢。等我吃完饭，还有甜点呢！巧克力派！贼好吃，真是给我撑得不行。聊了会儿天之后，我们开始玩纸牌游戏，虽然我一把都没赢，但还是蛮有意思的。

2月3日　星期日

周末眼看只剩一天了，而作业还剩一堆。大清早7点我就起来了！写作业！哎哟，我都佩服我自己。

先是做完了法语关于动物的调查，还要做一个电子版的展示。我看了一个关于猪的视频，发现猪真的是神奇！科学家用电子游戏来测试猪、狗和大猩猩的智商，发现猪比狗和大猩猩的接受能力都高。而且猪还可以改变头盖骨的形状。家猪的头盖骨是向下凹的，而野猪的是平的，家猪如果逃跑了，这项技能能让它们迅速适应野外生活，真的是不看不知道，一看吓一跳。

之后跟妈妈出去遛狗，真是庆幸我没滑倒，之前好几次都是我一滑倒，结果把妈妈拽倒了……人行道上滑溜溜的，我们只能上草地走，有的地方积雪还真是挺厚。天气其实没那么冷，走了不一会儿就一身汗，最后不戴手套手都是热的。

下午开始重读那本英语书……这次是要做笔记的。真是服了自己，好不容易读完了，却忘了做笔记，80多页一下午读完真是要我命啦，但明天还有考试，没笔记可咋活。略读找重点吧，在把我逼疯之前总算是看完了，其实蛮有用的，还把书给复习了一遍。

晚上电视播出美国一个重要的橄榄球比赛，叫"超级碗"，想不通为什么起这么个名儿，哈哈哈。

2月4日　星期一

今天是除夕！早晨6：00春晚开播，我5：50起了床，刷牙洗脸之后，缩在被窝里看着春晚，开始跟朋友聊天。YouTube真是一个神奇的软件，竟然能直播中国的春晚！跟朋友打电话聊着天，好一通笑，一会儿却还要去上学……

工程设计课学质量、重力和密度，做了几个题之后，又回归到了电脑画图上。我们在用5个小块拼一个正方形，而我上次因为电脑没打开，在另一个电脑上做的，本来它是应该跟着我的账户走的，但它就是……老师也没拿U盘，跟我说先做之前的另一个项目吧，结果，我发现我做了一半，一部分也在另外一个电脑上……

化学课老师布置的任务我周末就做完了，哦耶！

今天总算是开始真正做木工了。老师先让我们看视频和图片，了解锯木头的仪器并完成测试，之后便把我们分成小组，带着我们开始锯木头。

老师召集第一组的时候，我跟我朋友还在看关于仪器的视频，就这么去操作也忒危险点儿。我们还是等第二组吧，正好我们俩都测试完了，老师开始叫第二组。我们每人锯了一个25英寸的木板，以后做一个小盒子用。那机器的声音真是震耳欲聋，真心疼那些坐在机器旁边的同学……

英语课考试！没想到是在平板上考试，大部分关于人物的问题还比较好找，但到了关于事件的，特别是一些小细节的，看着我笔记写的那一大堆英语我就不想找，其实是找不到……这个时候就要靠记忆力了，昨天又看了一遍书还是管用的。估计我是最后一个答完的，老师一直在等我。之后老师把我们分了小组，每人选一个书的主题然后进行小组讨论，我们小组看来人都不错，讨论得还蛮好。

法语课老师说我展示的内容太多了，留几个要点就行……白费那么大劲儿了。但其中的法语内容都是我复制粘贴下来的，找要点还真是有些费劲。

今天滑雪没训练！放学回家之后好好地补了一觉，一睁眼17点了，但总算是清醒过来了，希望晚上还能睡得着……晚上滑雪队有个集资活动，召集我们自愿去饭店吃饭，花销的一部分会被捐到滑雪队。爸爸妈妈都喜欢那家店，对滑雪队也是很支持。去了之后，妈妈跟两个人聊天，他们说已经等了半个点了，而菜还没好，最后给他俩气得退钱走人了。我们滑雪队的战斗力真是不一般啊，我们菜上得挺快，蛮好吃的！

2月5日　星期二

今天法语旅行，去动物园！早上6∶30我还去了射箭社团训练。一开始我举弓都举不住，拉那个弦还磨得手疼。教练一点一点教我动作，这一早上全是围着我转啊，哈哈，真是蛮重视我的。第一箭连靶子都没射上，但教练给我一点一点纠正动作，渐渐地离靶心越来越近，这一早上训练下来，胳膊也是酸得不行。

第一节课还没上完呢，去法语旅行的就被叫了下去。高中部的法语老师一个劲儿劝我别拿书包了，我没好意思跟他说我书包里全是零食……我们早上集合的故事也算是个传奇了。我们的法语老师负责初中部，高中部一个管科技的老师负责我们的集合，不认识我们的名儿不说，那些学生吵吵的，他点名我们根本听不见，最后他开始穿梭于人群中一个一个问名字……真是有点心疼他。集合好了之后又等啊等，大巴到了之后，说我们的大巴在远一点的地方停，我们都走出去好几十米了，结果又全给我们带回去了，跟我们说要去初中部。穿过整个走廊和食堂，好一通绕才找到了我们的法语老师，又点了一遍名儿，总算是上了大巴。

动物园大部分是室内的，他们做了40个展览，我们会拿到一个"护照"，每去一个展览，他们会给盖一个印章，至少得去20个。我们一行五六个人开始在各个展览之间穿梭集印章。他们会先讲解一通，之后跟我们互动，做游戏或者问问题之类的。不管是什么互动，我们都是一脸懵听不懂。做游戏时，他们好一通讲游戏规则，但我们根本不知道是要干什么；问问题的更不用说了，换个答案猜。但我还是积极参与啦！玩游戏听不懂规则只能用英语再问一遍咯，我还得了小奖品呢！还有好几个选答题的游戏，我根本没听懂，但我蒙对答案啦，哈哈哈。

集齐印章之后，我们去吃了午饭。我真庆幸早晨起来煮了速冻饺子作为早饭，这地方简直是宰人，一根香蕉1.7美元，人民币10多块钱啊，那队还排得老长老长，连个坐的地方都没有，好不容易才找到一个桌子。

吃完饭之后，我们去看了老虎！半路上还有熊、豪猪什么的。外头贼冷下着雪不说，地上结了冰还滑溜溜的，但还是抵挡不住我们出去玩的脚步，拍了不少照片呢。

这雪来势汹汹，学校提前半个点儿放学了，滑雪训练也取消咯！

2月6日　星期三

地理课依旧是做关于资源的小册子，这已经是老师给我们的第三节课了，而且周五才交，也不知道老师咋想的，给我们这么多时间。

昨天化学课，同学们每人得到一个离子，然后跟别的同学组合成化合物。我们这几个昨天都不在的，今天要从头开始做，一个一个去问别的同学的离子，再跟他们进行组合。还好内容不是很多，老师给了我们两节课的时间，但一节课就可以完成。

木工课要看视频和图片自学，但好多题在学习资料里都没有，平板上的考试可以做好多次，最后取的是最好的成绩。然后我们一群人就开始猜答案，但一道题错了就要把整个考试再做一遍，还是大家一起研究答案来得快。

英语课老师给了我们一节课的时间读书，但今天要读将近50页。这可真是要我命了。读书的同时我还要边查单词边做笔记，照这速度一节课下来，连10页都没读上，今天晚上可有的干了。

最后一节课，个人项目开会，这是最后一次会议了，有一个女生已经完成了呢，真是厉害了。上次老师想查我们日志，结果只有我写了，给她气得不行，这次直接连查都没查，哈哈哈。

放学之后没有滑雪训练！回家读书给我读到生无可恋，还是剩了一章没读完。

2月7日　星期四

大清早，早早起床，脑子一片糨糊，但我射箭练习有了很大进步！有的时候突然就找着感觉了，连着好几箭都能射在最小的圈里，老师也把我好一通夸！

地理课又是看视频做笔记，真不知道老师从哪儿找这么些视频，一开始还没开字幕，我跟老师提议后，老师给开的，开心！

明天工程设计课老师就要查不同的小块儿组成正方体的那个作业，而我还没给它们拼起来，最尴尬的是我把那些部件存在了另一个电脑上。我用别人的电脑转到我的电脑上之后发现打不开，试了好几遍才发现问题所在：我用的2018年的版本做的，而我现在的电脑是2016年的版本，这就尴尬了，我又不能在上课时去霸占别人的电脑，那还是明天早晨早点儿来做吧。

化学课老师布置的任务一会儿就完成了，之后我们那一桌全在读英语课要求读的书，哈哈，看来都没读完啊。

木工课，我们小组可以上手操作了！要把上次锯好的木板弄成一个纯正的长方体。先是要把一个底面和一个侧面打平，当然也是机器操作啦，哈哈，之后再放到另一个机器里，就把剩下的那些面都弄平了，虽然噪声很大，但是蛮神奇的！

英语课写关于那本书中的文章分析，给了一段文章，然后问你这段文章讲了什么，有什么作用等等。老师给每人发了一张纸，正面8个不同的题目，反面4个，正反面各有一个用荧光笔标记的，就是我们要写的。正面的那个写完之后跟小组人讨论，把纸翻过去，我才发现我要写的第二个正是我没读完的最后一章，这下可毁了。更尴尬的是我问遍了周围的人，没有一个读完了的，连一个给我讲讲大意的都没有，只能趁着还没开始写的间隙扫读了一遍，感觉写得还可以吧，一言不合就开蒙……

法语课，昨天他们学的关于购物买衣服的内容，我昨天回家之后补完了笔记，今天才发现他们还没讲那么多……之后老师给了我们4个网购的网站，让我们用200美元买最多数量的衣服，包括衬衫、裤子和鞋。我脑子里立马把老师的要求转换成了数学题，一定数量的钱，买最多数量的东西，还必须要包括这三种不同的物品。那肯定是去最便宜的店，买这三样中最便宜的啦，然后我就一直往上加数量。老师溜达到我这儿，看我已经做完了很惊讶，知道我怎么做的之后她笑得不行，我一脸懵，估计是我数学意识太强了……她的原意是让我们买不同的衣服，但也没跟我们说啊……

本来放学之后滑雪队有一个给12年级学生的欢送会，结果因为下雪，提前半个点儿放学，欢送会也没开成，更别提什么训练了。

由于下雪，明天又不上学了，晚上跟家人一起看电影《终结者》。真是看出来放假了，他们连着看了两集，一直看到十一点多，唉，真能熬。

2月8日　星期五

今天放假，早上洗了个澡，上午去了同学家玩。本来她跟我说11：00去，她有一个论文要今天交，她要在家先写完作业，但妈妈11：00有事儿没法送我，我就10：30去了。我也带了作业，我们俩一块学习超和谐！有个人陪着效率就是高，我把我地理要做的小册子做完了不说，连英语书要读的内容都读完了。她一直忙活到13：00才写完，虽然我有点绝望，但在一起学习的氛围确实是挺好的。之后她妈妈给我们做了意大利面吃，超级棒！

吃完饭，休息了一会儿之后，我俩去了附近的一个健身房，分小房间有大镜子的那种，我俩开始练舞蹈。先是她教了我一支舞的一部分，最有名的那一段，我学得也快，哈哈。之后我又教了她一支我会的舞，这连着两个半小时跳下来给我俩累够呛，真是锻炼身体了。

最好笑的是，有一个女生，本来也说要跟我们一起，先是说11点来找我们，之后说她妈工作没法送她，改到了16：00，但直到我17：30走时也没见着她的影儿，这种人真是可怕。

晚上爸爸妈妈的朋友一家来我家吃饭，涮火锅，他们带来了涮火锅的电锅。我们准备了羊肉、牛肉、蔬菜、虾丸、鱼丸、面条等等，但其实依旧不是中国的味儿啊。他们全程用个小漏勺捞，有时一捞还捞上来些锅底料，汤锅总觉得味道怪怪的，而且连个芝麻酱都没有，这算什么火锅……唉，行吧，怎么说也算是个中餐。

2月9日　星期六

早上起得还蛮早的，上午把地理课的导学案做完了，其中有一道题真给我弄懵了，有一个单词的意思我理解反了，然后整个题都错了，还是求助爸爸才解决啦！

中午跟爸爸的父母一起吃饭，依旧是中餐，耶！这次去了明尼苏达大学里面的一个中餐馆，哎哟，看菜单就看得我垂涎三尺，什么东坡扣肉、北京炸酱面、软炸里脊、黑椒牛柳……每一页都有我想吃的！最后我狠下心缩到了两个，所有人点完之后还是摆了满满一大桌子，超好吃哦！中国人开的餐厅就是有中国味儿！

下午跟同学和她的弟弟去滑雪，坐在一个滑雪板上往山坡下滑的那种。幸好我穿得多，还戴了围脖、帽子和手套，把自己捂得严严实实的，让我无懈可击，把我的朋友和她弟弟冻得够呛，但还是一个劲儿地说不冷，不冷。滑雪确实是蛮好玩的，找对了坐在滑雪板上的方法，往下滑的速度还蛮快。有一次，我跟我朋友一起往下滑，结果我俩滑到一条滑道上，我跟在她后面，感觉都是我推着她往下走，给我俩笑到不行。

晚上爸爸妈妈出去吃饭了，妹妹去她朋友家开生日party，晚上就住那儿了，家里就我一个人，热了个比萨吃。学校有话剧演出，我就去看话剧啦！话剧分几个不同的故事单位，大部分是关于学校生活的，我感觉这次理解起来容易多了，上次看话剧看得我糊里糊涂的。话剧超好玩的，点个赞哦，演员们排练也是辛苦了。

2月10日　星期日

今天我总算是逮着机会看春晚了，虽然有点晚了，但电脑上看重播的好处就是如果有不想看的就可以快进！

13点也不饿，14点才吃午饭。之后全家就出去扫雪。雪足有十多厘米厚，上次堆得已经很高了，只能接着往上堆了。雪太软了捏不成雪球，我们直接铲雪开始打雪仗，哎哟，进了我一脖子的雪不说，回屋之后帽子上都往下滴水。

全家又要去滑雪玩，我昨天才去的呀，但又不好拒绝，跟着去呗，反正也是玩儿。今天没昨天那么冷，但雪也忒厚了，有的地方都能没过我的靴子。我们牵着狗一起去的，狗看着我们往下滑给它焦虑得嗷嗷的，我都牵不住它了，直接把我拉倒在雪地里……

2月11日　星期一

早早地去了电脑室，完成我存成2018年版的正方体拼图。5个奇形怪状小块，要拼成一个正方体，看似不难，但我真的是觉得我的智商受到了挑战。每次刚开始的时候，都觉得拼得可对了，可最后一块或两块总是拼不上，一直到快上课了，也没忙活出来，只能作罢。

工程设计课照着视频做，做到一半发现不大对劲，问老师，老师说网上有的不标准，最好找Seth Ponder的……

木工课又有新的视频要看，我这次的测试竟然一次性全做对了，开心！之后我又是第一组去操作的，这次准确切出了木板的宽度。机器有一定的危险，老师先是看着我们每个人都练了一遍才真正让我们动手操作，但其实也蛮简单的。

英语课要考试！老师在网站上发的预选主题我周末忘了看，化学课完成任务之后经同学提醒才想起来，还好不晚，我觉得我准备得也挺充分的。要选两个题目，我把每个空儿都写得满满当当的，一直到下课才交。

数学课我们去大礼堂看了一个关于黑人文化的演出，由于前两天的大雪，他们只排练了一次，有点生硬，但总体来说还是蛮不错的。

2月12日　星期二

早晨醒来看见地上积了厚厚的一层雪，昨天晚上作业就写到挺晚，今天早晨早早起来洗了澡。之后还要去射箭训练，结果啊，去了之后才发现活动室锁着门，教练估计是去扫雪了吧，上次训练的时候也是下大雪，他跟我们说，他早上3点就起来扫雪，也真是不容易啊。给我困得在桌子上趴着眯了一会儿，还真睡过去了。

地理课校车晚点了不说，老师也不在，这样我们又多了一节自己做作业的时间。我们有个论文下周一要交，要写1200多字，现在看来凑字数是一个国际性难题啊。

化学课，老师给我们发了一沓纸，用来记录实验数据的表格，有好几个不同的实验。我们7个人一组，第一项做的是用电子显微镜观察不同的物质。那电子显微镜真是高级，可以跟电脑和投影仪连接，形状酷似手枪，用枪口对准要观察的物质，它自己就会聚焦。有的物质的形状很好辨认，但有的真是一头雾水，连个轮廓都找不到。老师告诉我们，这东西也不是那么准，就凑合凑合看吧。

木工课，我们小组又继续把上次切好的大木板切成了4小块，分别作为一个盒子的4个侧壁。之后我就开始读英语书啦。

英语课，小组讨论过昨天读的内容之后，老师给我们时间接着往下读，而我趴桌子上就睡着了……

数学课本以为老师会给我们一整节课做小组项目的，结果一上来就是考试，虽然不计入成绩，但我还是要好好做呀，做完发现剩的时间真是不多了。这次要求自己出题，之后解题，还要做一个电子的展示。我们光是出题就花了不少时间，应用题的情景怎么出怎么别扭，到最后用了一个鸟抓虫子的事例觉得还比较正常，原本我想放学之后留下做，结果我们组的另两个女生放学之后都有事，得了，明天再做吧。

爸爸的朋友给了他免费的州际冰球比赛的票，唉，还有40多页的书要读，但又不好意思说我不去。虽然我们输了，但比赛还真是挺有意思的，中场休息的活动也被组织者安排得很精彩。

回家之后发现书是读不完了，明天再说吧，睡觉！

2月13日　星期三

地理课，老师问三大化石能源是什么？煤和石油，同学们是知道的，最后一个天然气见他们没有一个知道的，还是我举手说的。老师先让我们上网查关于天然气的资料，然后看了一个关于天然气的小视频，这次视频没开字幕，但我发现我差不多跟上了，啊哈！

工程设计课继续完成小汽车的零部件，我做完了要求完成的部分，又开始往下多做了一个零件，眼看就要做完了，却下课了。

第三、第四节课去参加了自愿的全美数学竞赛，好正式的啊，答题卡上的信息好一通填涂，还有地址要填。开始答题发现难度还行，越往后越难，而且最大的障碍是读不懂题，最后能做出来一大半吧。最让我摸不到头绪的是答对一道给6分，空着给1.5分，错了不给分，就是不想让你蒙呗。虽说一道题5个选项，但只要能蒙对一道就抵4道，最后我还是把不会的全都给蒙上了。看天意了，哈哈哈。

英语课上，老师跟我们说，她知道书难读，也有些无聊，但也要坚持下去。然后！她就给我们发了习题……估计她知道好多人都读不完吧。之前没有习题，只是课上小组讨论，就算是读不完的话其实也没什么事儿，这下可好。

数学课继续做小组项目，我又把我们组的题整理了一下并写了解题步骤，之后一个同学画图、写原题，另一个同学把我们做的海报带回家抄上步骤并录视频进行讲解。原本计划放学之后我们仨一起做的，但她俩都有事，带海报回家的那个女生原来说四点钟左右回学校，让我帮着她一起做，但她也没回来，那就只能她自己做咯。

今天晚上总算是没事了，回家之后眯了一觉，就开始在英语书中挣扎。读完了今天的，补完了昨天的，还补写了前两天的日记，等到睡觉时又是不早了。

2月14日　星期四

今天是情人节！早上妈妈给了我一盒巧克力呢！开心死啦！

地理课老师又不在，我们又多了一节写论文的时间，但班里也是吵吵得够呛。

工程设计课老师让我们做了一个电脑画图信息栏的底板，有姓名、日期、课程等等。老师给我们的那个视频上教的和我们要做的不是完全一样，幸好我聪明，没按照他教的做，但他的方法还是值得借鉴的。

化学课老师先是给我们读了她写给我们的情书，情人节嘛，哈哈。虽说奇怪得很，逗得我们哈哈大笑，但也是蛮不错的。之后我们也给老师写了……要用10个化学词语，但多用可以多得分。如果录一个诗朗诵的视频还可以再加10分。虽说看似有点难度，但我用中文上网一搜，网上一大堆，看来理科生撩妹的文化盛行啊，哈哈。我把中文翻译成英文，管它押韵不押韵呢，就这样吧，我又没有那么高的水平。

数学课总算是开始学新内容了。情景导入的时候，我还举手回答了老师的一个问题呢！

法语课做爱心锁，虽然我们这个版本有点低，老师发给我们一张印着一个锁的图案的彩纸，我们在上面抄一首情诗，进行装饰之后，把锁剪下来就算完成了。找的诗太长了还抄不下，好不容易找了个短一点的，一搜题目英文解释也出来了，啊哈！装扮的时候，发现我选的紫色彩纸真的是很难配色，有的色涂上之后跟没涂一样……

今天放学之后，我有个学校艺术节的海选。填名单的时候，我填了个"舞蹈或钢琴？"（我也不知道他们有没有钢琴啊），结果那位老师为了我还专门把钢琴搬来了。本来我把舞蹈音乐都剪辑好了，放学之后还练了好一会儿，但钢琴都搬来了，那我就弹弹吧。太久没练，第一首刚起步就忘了谱，还好我带了谱子，虽然尴尬得要命，但还是从头开始，有了谱子就是不一样，底气都足了。弹完第一首之后，老师问我，曲子叫什么名儿？我才发现我不知道它的英文名儿，但我知道另一首的！于是我跟老师说了另一首的名字，之后又把那一首弹了弹。弹完之后，老师问我更喜欢哪一首。然后就叫了下一组。可惜了我的舞蹈还没展示啊，哈哈。

2月15日　星期五

总算是周五了，一周熬到头儿了！

地理课老师给我们过了几张幻灯片，之后发了一张可以小组合作或者独立完成的漫画题，大意讲的是美国政府补贴给农业的钱大部分都被大企业赚了去，而农民却得不到多少。漫画中政府在一条河的上游，给河上的船里放钱，往下游走是大公司，最后是农民，而船里只剩了一张钞票。我跟我朋友一起做，一开始研究了老半天也没看得懂这图是什么意思，毁就毁在那船的头是朝着上游的，弄得像船往上游走一样。我通过大坝的高低层判断出船应该是往下游走，但依旧没看懂。下了课之后去问老师才弄明白，唉，我俩真是傻到一块儿去了。

化学课继续做实验，上次做实验的时候我不在，实验数据只能照着小组同学的抄上咯，我们组真是神奇了，一个女生胳膊骨折了没法写字，另一个写字我能看得懂的女生去参加滑雪的州赛这两天都不在，另一个男生写的字草到我看不懂，还有一个女生今天也不在，嗯，剩下的那个写的是工整，但写的字也忒小了，抄得我直怀疑人生……

中午汉堡里的鸡肉比平时的都高级，好嘛，那个队排的。本来我去得就有点晚，还没等排到我鸡肉就没了，下一锅得再等15分钟，15分钟之后都上课了……我去买了一包装好的三明治和花生饼干，刚坐下广播里开始响铃——到点儿要走了……然而我们一桌还是淡定地坐在那儿继续吃。

数学课老师不在，但她把每个小组出的题都汇总起来，让我们从里面挑除了自己组以外的5道题来做。当然是先从最简单的开始啦，正好出那道题的同学就坐在我旁边，对答案也方便得多。第二道也成功对到了答案，做第三道时发现有点怪怪的，那个小组把题给解错了，唉，还是靠自己吧，他们做的答案靠不住啊，还有的原题出得乱七八糟，读都读不懂，老师也不提前检查一遍……

法语课突击考试，虽然不是大考，但还是有点小紧张，考前突击复习还是有点用的，第一页是法译英，第二页是给英文句子写法语，老师真的超善良，第二页的重点单词全在第一页上，可以两面照着抄啦！考试的时候所有人都在那刷刷刷地来回翻。

晚上跟同学去看了明尼苏达大学女子冰球比赛。她是挪威来的交换生，所以我们有很多话题可聊，带我俩去的是她在这边的地区联系人。我第一次知道地区联系人还要负责带交换生出去玩的，我咋就没这待遇？一路上我了解了她的交换生项目，也了解了挪威的教育，她的英语真的不错，我俩聊天没啥障碍。以前跟别的交换生聊天时的尴尬就是都有口音，然后互相听不懂……

2月16日　星期六

早上七点多钟自然醒，干脆就起来了，要不再一觉睡过去又得到大中午。

作业先从数学下手，比较简单嘛，哈哈。上午跟妈妈和妹妹一起去超市买东西，买了整整三大包。

从超市回来之后，我又帮着收拾东西、做饭。吃完饭，妈妈本来应该待在家等着来送饼干的，但她给忘了，拉着我跟爸爸出去遛狗。这一路上我跟爸爸打雪仗玩得那叫一个开心。

写完了数学课本上的作业，还有周五的那五道题没完成。找了一道看得懂的做了，然后找我好朋友一起做，好对答案嘛，哈哈，结果跟她一对答案，发现她也做错了，准确来说题都没出对，这给我整的，我还是多做一道吧，保险。我已经能想象得到老师批这些题时的绝望表情，估计她得把所有的题全都再做一遍啊，哈哈哈。

滑雪季结束了，教练发了一个各种评选的调查问卷让我们填，到时候还要发奖的呢！我发现这一季度训练下来，自己认识了很多人，但滑雪队的人实在是太多了，往上填名时我都要照着人员名单一个一个找，要不不知道选谁，要不就是对其他队员不了解，再不就是知道这个人但不知道叫什么名儿……有些直接给空过去了，但好歹填完了。

晚上爸爸妈妈不在家，又是我跟妹妹自己吃饭咯。她开始准备做饭，我过去问用不用我帮忙，她真就甩手走人看电视去了……行吧，那就我做吧，省着每次我还得收拾她的烂摊子。米饭里放上肉肠开火煮，估计是火开得太大了，本来以为要20分钟的，结果10多分钟就煳锅了……一煮饭就煳锅，现在真成了我的噩梦了……还好发现得早，可以补救一下。闻着有煳味但吃着还行，浇上酱之后也闻不见了。我让妹妹先从顶上舀吧，我吃底下的，最后那层糊了的只能倒了……

哎哟，这顿饭全靠着肉肠和那酱提味了啊，哈哈哈。

2月17日　星期日

早上一觉又睡过头了，起来之后收拾收拾，中午还要跟同学出去呢。妹妹上午要去超市给爸爸买做生日蛋糕用的椰子粉，我跟同学正好约在旁边的咖啡厅，妈妈就把我一块儿送了去，但提前了将近一个小时，那我就在咖啡厅写作业呗。最尴尬的是我同学来了之后没看见我，她就先去超市逛了一圈。我背对着门写作业更不可能看见她了，我以为她迟到了呢，15分钟之后给她发短信，我俩才碰上，这真是让我哭笑不得。我俩先去吃了午饭，又去超市逛了逛，之后就去她家写作业。我俩就坐在她卧室的地板上写，之后坐不住了。她家正好有钢琴，我也能练一练啦，哈哈。

吃完晚饭之后，爸爸妈妈突然决定去看电影，一开始妹妹还不想去，爸爸妈妈好不容易才给她拉出门了，结果看完之后，她又是最兴奋的那个。每次都是看之前闹腾说不想看，看完之后又喜欢得不得了，我也真是服了。这电影讲的是关于一个著名乐队的故事，本来我也不是很了解，所以没觉得有多好，感觉故事情节都在情理之中，而且没有字幕就罢了，他们的语音听得我一头雾水，好多时候都听不懂。

2月18日　星期一

今天是总统日，放假，而且还是爸爸的生日哦。

平时过生日，妈妈都会早早地把礼物放到餐桌上，而今天餐桌上却空空如也。我好一通纠结，最后还是开口问妈妈不放礼物吗？她才恍然大悟，赶紧从楼上把礼物拿下来了，唉，她这记性，看起来我以后得多提醒着点儿了，还好爸爸起床晚，没耽误。

爸爸的手机壳裂了一条缝不说，还掉了一个角儿，我就给爸爸买了一个新的手机壳作为生日礼物。还没拆呢，爸爸就摸出来了，还拿着他的手机往上好一个比画，像个小孩子似的，哈哈哈。妈妈给了爸爸一本书，而妹妹给爸爸做的生日蛋糕就是生日礼物咯。

中午爸爸去买的三明治，里头的青椒真是有点辣，妹妹干脆就不吃了，我还以为就我觉得辣，后来发现爸爸也给辣得一脸汗，哈哈哈，我还没被辣到那个程度呢，但这一顿饭也是下去了两杯水啊。

吃完饭后，我莫名勤快了，收拾完碗筷之后，把书房和我卧室的地毯都用吸尘器清理了，还把我房间简单收拾了一下，哦耶！

下午继续写地理课的论文，关于地球资源的，我选的主题是电池使用和污染，要求字数1200—1500，凑字数又成了一大问题啊。就算老师给了我们提纲，但其中的好多问题都问得奇奇怪怪，但总算是编完了，1400多个单词呢！

晚上跟爸爸的父母在一家德国餐馆吃了饭，给爸爸庆祝生日。我和妹妹点的全是肉，唉，我俩谁也没吃完，其实只有爸爸吃完了他的那盘。啊，我那个真是一点儿也不好吃，那肉还贼腻，之前我都是对肉"来者不拒"的，但这次我是真的吃不下去了。

2月19日　星期二

原本想早早起来复习英语考试的，结果突然想起来今天有射箭训练……真是痛苦啊，哈哈。

地理课老师给我们布置了一个活动，有的人做自然资源，有的人做美国不同的州，之后做资源的人要去给不同州的人推荐这种资源。这样来看做资源的人就要准备展示了，而选州的人却不用。太多人想选州，而老师最后只能用抽签的方法来决定，老师也是很无奈。我跟我的搭档做资源，抽到了地热能，其实还蛮好的，虽然用这种资源的地方不多，但起码是清洁能源啊，优点还是蛮多的。

工程设计课要把上次画好的底板保存为模板，日期本来是会自动变化的，但我发现复制粘贴之后日期就不变了，看来还得用第一次画的那个啊，我又好一通倒腾才保存好。老师让我们打印画好的工程图，但我用的是个笔记本，还连不上打印机，也真是无语了。

化学课我们小组继续完成之前的实验，十几种液体互相混合，看有没有实验现象，还有燃烧不同的物质观察火焰颜色。

英语课考试，20个人物连线，里头还有好多的医生啊什么的，幸好我复习了人物，要不一错就是成双成对地错。选择题有几道不是很确定，之后的小论文可以用笔记和书进行参考，老师提前把提纲给我们了，我也提前都写好了，考试的时候又完善了一下，这次考试我总算在下课之前答完了，哈哈，我不是最后一个交卷的了！

之前数学老师把我们出的题汇总起来让我们做，这节课要进行小组展示，但如果已经做了解题的视频并进行了讲解，就不需要展示了，我们小组就是做了视频展示的。现在展示的小组单词写得小不说，还一点儿都不工整，老师频频打断他们，并给他们找错，我困得趴桌子上就睡过去了，一道题做完，同学鼓掌才把我惊醒……

放学之后去参加了田径的会议，给我们每人发了一张纸条，上面有我们学校田径的网站，有训练日程和比赛安排啊什么的，再就是反复强调规则，总觉得什么重要的事项没说。

吃完饭后，妈妈接到了因为下雪而明天不上学的消息，我跟妹妹开心到蹦高，立马开始找电影看。

2月20日　星期三

早上起得不早，起床发现妈妈不在家，再一看狗也没了，哈哈，妈妈是遛狗去了。

开始奋斗个人项目的论文，要求单词量1500—3500，但我只要能得4/32就能过，凑合着编够单词量得了。大纲上的问题真是给我看蒙了，感觉问的全是些无法回答的问题……还要写目录、日志和参考资料，而这些还不算在单词量里……给论文添加页码真是难住我了，一开始往页脚上添加，但每页的就都变成一样的了，最后好不容易找着了添加页码的方法。

下午出去扫雪，差点儿给我累虚脱了。之前雪已经堆得贼高了，这下得往更高的地方堆了，光是往上扔都要命。没铲几下就胳膊疼，还一身汗，但是得继续干啊，我一个人扫完了大半个后院，也是蛮有成就感的。

2月21日　星期四

早上到了学校，结果教练去扫雪了，又没有训练。今天我要参加一个学校组织的志愿者活动会缺席几节课，那正好去找老师问问上课会干什么吧。

英语老师来得比较早，我就先去找英语老师吧。英语课下周要进行一个关于我们读的那本书的演讲，今天课上要自己上网查资料。我拿到老师发的大纲之后，觉得一头雾水，主题是任选一个跟书中内容有关的话题，而老师给的例子全是些医学话题，像疫苗推广、器官买卖、基因检测等等，要自己确立一个论点，并通过演讲说服大家。这种话题能确立个什么论点啊，我又进一步跟老师讨论，老师给我举例说像"在病人身上做实验是违法的"，好吧，虽然有点怪怪的，但也是有点思路了。

之后又去找化学老师，课上我们要写一个实验报告，老师给我讲了讲之后觉得简单多了，把好多内容应该怎么写都差不多告诉我了。

第二节课还没下课，我们参加志愿者活动的同学就被叫下楼，去的人还真不少，三辆巴士呢。这次活动是给一些吃不起饭的孩子和他们的家庭打包食物，周五让孩子带回家去，保障他们周末的饮食。到了之后，我们先看了一个介绍片，一个学校的校长在一个周五午餐时发现有孩子偷偷装吃的，调查发现这些孩子周末吃不饱的事儿，之后就成立了这个项目保障孩子的饮食。工作人员先是给我们介绍了流水线，告诉我们怎么打包、食品的位置，给我们安排好岗位之后，我们就开始干活了！我被安排在了装罐装西红柿的位置。除了流水线之外，还需要有人进行补给、封袋、装箱、装车。刚一开始进程比较慢，大家对于流程都不是很熟悉，给我们上货的同学不紧不慢地边聊天边干活。随着大家手速越来越快，上货的同学忙得不可开交，到最后给一个男生逼得黑豆和大米的箱子摞了两层一起搬。系袋子的那组最慢，到最后袋子堵得都挪不动，还得我们帮她们系。运送带上的箱子排得满满当当……还有一次，工作人员跟我们说先停一停，等着打包的箱子太多了，哈哈哈，我们这工作效率还是可以的。我们工作了不到两个小时，打包了2970箱，很有成就感呢，但我这腰也是累得不行，本来昨天扫雪已经酸了，今天流水线的台子太矮，我还得弯着腰干活……

　　在大巴上吃了午饭，到学校后立马回了教室。数学课老师给我们讲一种类型题的解题步骤，最后一步是"试试别的方法，不要放弃"，这也算一步？！我也真是笑了，更好笑的在后头呢。做题的时候，老师问坐在第一排的一个男生他做到第几步了？那个男生说第六步。嗯？哪来的第六步？老师也是很疑惑，问他，而他的答案很干脆：放弃！哈哈哈，我们当时笑成了一片。之后老师在黑板上讲完了例题，问我们有没有问题，一个男生开始提问，他说"那一步是怎么得到的"，老师就问他是哪一步，然后他就开始了魔性提问"那一步，底下的那一步，等等，我好像做出来了……不对，唉，你怎么得到的这一步……"全程自言自语，还说的贼快，连老师插话的机会都没有，说到最后老师也不知道他说的是哪一步。等到他最终停下来了，老师开玩笑问用不用把你送到医务室……哈哈，老师真是太幽默了。

　　放学之后，我去了舞蹈社团，我们只有一个小时的时间，负责的同学只教了一个大家最为熟知的舞蹈片段。最佩服的是两个男生，真是改编高手，虽然说把个舞蹈改的没几个动作跟原来一样，但是超好看诶，俩人配合还贼默契。

　　之后去了图书馆打印了我的个人项目论文，还有我今天抽空写完了化学报告，结账的时候，图书馆管理员还把钱给算错了，一块以内加法啊，这数学真是厉害了。

　　本来是要上交滑雪器材的，由于雪休就延到了下周三，我又可以滑雪了！下午又去了高尔夫球场滑雪，滑道已经给压实了，还蛮不错的，还看到了好多滑雪队的队员呢！扎心的是我上了滑道之后想回到起点可就难了，第一次直接错过了，时间不早了我得回去啊，但又滑不完第二圈，只能抄小道往起点的方向滑，在茫茫的一片雪地之中真的是很绝望啊，最后总算是找回去了。

晚上去看了我们学校男生的篮球比赛，他们的三分投篮真的准。我们赢了，哦耶！

2月22日　星期五

地理课上我跟搭档已经完成了要展示的PPT，今天我们又查了其他资源的缺点，在劝说别的州使用我们的资源的时候会用到，两人合作很快就完成了，之后我继续查资料。

木工课要做木板的拼接，也就是盒子的侧壁。我选了一个最难的，没想到难做不说，操作时还木屑飞溅……看第一个男生做，看得我胆战心惊，那木屑飞得满身都是，戴的真的是个"面具"啊，从头顶护到下巴。我开始犹豫，我们一共有三种方法可选，另两种都比这个简单得多，但另两种在之后的工程中都会用到，也就是说这是我唯一一次尝试这种方法的机会了，放手一搏吧！我雄赳赳气昂昂"上战场"的时候，朋友还在我身后喊"我爱你！"哈哈哈，希望我能活下来。那木屑往身上飞不说，还往袖子里钻，我正好穿了一件加绒卫衣，木屑全粘绒绒上了……操作倒不是很难，有的时候做得不是很完美还可以重来一遍。眼看着要下课了，我还剩一些要做，我可不想周一再经历一遍了，还是一鼓作气做完吧。到了清理身上木屑的时候可真是有意思了。先是给了我一个往里吸气的大管子，但有一些还是吸不掉，之后又用一个往外喷气的喷漆阀才清理干净，连我头发上全都是木屑啊，真要命。

英语课我拿着我完成的调查去找老师咨询我的论据成不成立，结果老师才看了个论点就说我的论点范围太广，得了，我又得重新找论点，重来一遍。我发现之前我论点广是我有意而为，要不太难找论据。真正缩小范围之后，我发现有点懵，要找三条理由不说，还要我们附上网页链接，也就是说要找专业性的、网上的资料。我最后决定做"用囚犯做医学实验是违法的"，拿法律说话也才只占一条啊，真让人头疼。

数学课上有个学生因为吸毒出现了不良反应，把老师和同学都吓得不轻。这整节课数学老师里里外外地跑，接了好几个电话，最后只好找了另一个数学老师，其实是我的工程设计课老师来给我们代课。

放学之后坚持去滑雪！这次用的时间比昨天少了10多分钟呢，也算是进步了。高尔夫球场只有中心滑道部分的雪给压实了，而靠近我们学校的部分还是厚厚的积雪。从我们学校到滑道路远不说，还是个下坡。去的时候还好说，回来的时候真是绝望。一步一步挪，太慢了；滑雪，没滑几下胳膊就酸了，而且雪太厚，一旦抬不起滑雪板来那就能一头摔在那儿，我循着别人的轨迹好不容易才爬上了坡。

晚上，全家一起去看音乐剧，其实是20：00开始，但不知道谁看错了，以为是19：00。到了那儿发现门还关着，再一看票才发现是20：00，这真是太有意思了。我们决定去附近的酒吧或者饭店坐坐，连去了两家都告诉我们满了，总算是在第三家找了个地方坐下了，地方不够大，爸爸还跟我们分开坐的。先是点了喝的，之后爸爸还给我们都要了甜点呢，好暖哦。

音乐剧除了座位太挤之外都挺好的，我差不多都听懂了，虽然他们唱歌的时候有点懵，但也不影响理解。

2月23日　星期六

上午跟妈妈出去遛狗了，完成了地理和数学作业，下午妹妹去同学家玩，爸爸妈妈带我去了一家大排档，楼上是酒吧，楼下是各种吃的。逛游了一会儿，买了喝的和肉肠，好不容易才在楼上找了个座位，后来妈妈又去买了甜甜圈吃，本来我也不饿，这下可是给我撑着了。我们桌上正好有一副扑克牌，我教给爸爸妈妈我们玩扑克的方法，他们真的是活在跟我们完全不同的扑克世界啊，在他们心目中，两个大王都是没有大小区分的……但我们玩得还是蛮愉快的！爸爸在这儿买了烧烤，就是晚饭咯！

回家之后，跟爸爸妈妈一起看电视节目。之前我们4个人是一起看的，结果妹妹又自己往下看，等到我们再想看的时候，我们仨已经跟不上她的速度了，正好她不在，我们仨开始赶进度了。虽然故事有点扯，但超好看，跟个侦探片似的，各种意想不到的小细节。

2月24日　星期日

上午妈妈送妹妹去教堂唱歌，回来之后，她一个人在外头扫雪，我还是出去帮忙吧，那么厚的雪真是不好铲。套上外套换了鞋就出了门，手套也没戴，我真是火力旺，扫完雪之后，手还是暖和的。外面真的是风雪交加，本来雪就挺厚，好不容易把雪堆成一堆，来阵大风又吹得满天飞。我跟妈妈扫完了后院和门前的楼梯，人行道上的雪交给爸爸用扫雪机收拾咯。

上午完成了英语演讲的论据。老师说让我具体到某一个国家，那我就做中国吧，但查法律条文真是麻烦啊，还得翻译成英文，但我在网上找到了已经翻译好的，哦耶！

下午约了朋友一起去溜冰，这俩人真是让我折服，一个迟到了20分钟，一个迟到了40分钟，她们家长有事送得晚了，我又能说啥？关键就是只能用平板跟她们聊天，手机上都没存她俩的号码，我在这边还找不着人，最后还是发短信给妈妈，让她用我的平板帮着沟通。她俩滑冰滑得都挺好，我们一点儿也没休息滑了一个半小时，我腿早就开始酸了，但又不好意思说，只能跟着她们继续一圈一圈滑，也是锻炼身体了。

晚上回家之后，看了一个朋友推荐的电影，跟我说这个电影超催泪，好嘛，我真的是哭得稀里哗啦的。电影讲的是一个有皮肤病不能晒太阳的女孩，在18岁毕业后交了男朋友，却又不想告诉他自己有病的事，一次两人出去玩到日出，女孩暴露在了阳光下，虽然只是短短几分钟，但女孩已经开始出现衰亡征兆。一开始只是觉得这个女孩不幸，而泪点全在后面。她爸爸内心独白难以接受她生命垂危的事实，从小到大自己付出了这么多，白天狠心地把女孩锁在屋里，就算女孩苦苦哀求也不让她出去玩，而所有的努力最后还是毁于一旦。她男朋友知道她生命垂危之后不离不弃，陪她度过了生命中最美好的时光。

电影就要结束了，我还在哭得擤鼻涕的时候，妈妈叫我吃饭。吃完饭，匆匆忙忙所有人都开始收拾行装准备出门，我才知道我们要出去看电影……没有一个人提前告诉我。哦天，我这幸好是写完作业了，要不晚上留的这点儿写作业时间就全泡汤了。电影是不错，影院也不错，但给我困的，差点儿没睡过去。

2月25日　星期一

地理课，老师上周五上课时被学生扒出来电脑屏幕上放着成人视频，虽说不知道是他真的在那看还是被学生陷害，总之他被停职了，今天来了个助教，对于课程安排也不是很知道，本来我们今天应该要展示关于资源的幻灯片，但他给了我们一节课完成导学案。我之前都做完了，这节课就写写别的作业咯。

工程设计课老师让我们小组合作想办法，用最多两张A4纸做一个装爆米花的容器，要大人小孩皆宜，还必须要能装得下两杯（计量单位）的爆米花。我们小组一共4个人，两男两女，那两个男生都属于内向沉默型的，几乎全是我跟另一个女生在讨论。最后我们想出了一个比较好的设计，但没时间做了，临下课我去拿了两张A4纸，回家做吧。

木工课我们在盒子内侧壁的底部给切出一道缝，等回来要把盒子底嵌在里面。每天一小步一小步地做，真期待最后的成品啊。

数学课老师讲了整整一节课作业，我也真是服气，另一个老师的课已经比我们快一整个单元了……

法语课老师让我们用一个软件录制视频，就是上一次我怎么玩都玩不转的一个软件，她教了我们怎么用之后，我总算是不用苦苦挣扎了。但这个软件漏洞不少啊，每个人物不能超过30秒，总长度还有限制，最后我只能用一个制作电影的软件把录的两部分视频再连接起来。

晚上在家做爆米花桶，我真的是脑洞大开。先是用纸叠了一个垃圾盒，在叠的过程中又改造了一下，让它容积变大。之后上面的盖子有一半是固定的，另一半是可以滑动的。我想到纸盒两边固定两个细的纸筒，再把滑动那部分的盖子的边缘绕上去，可是这纸筒怎么固定真是难倒我了，又不能拿胶带直接把它粘在纸盒顶面上，要不盖子就滑不动了。最后还是爸爸给我出谋划策，解决了我的难题。大功告成的时候真的好有成就感！

2月26日　星期二

地理课来了另一个地理老师给我们布置任务，上课没讲什么，考试却什么都考。她这人也怪得很，我们正在学关于垃圾的内容，她却在另一个班上课说"我最爱大便和小便"……无语。

工程设计课，我们试了一下纸盒的容积，哇，两杯（计量单位）爆米花放进去之后竟然还有空余，看来我这改造得不错啊。之后看到要求上说要对孩子有吸引性，要色彩斑斓，画画这个任务我可是不接，交给另一个男生了。他真的是画得超级棒！画了个卡通人物，还画了个装在爆米花桶里的小狗，真的要把我萌死了！我们组是第一个上去展示的，我觉得我们组做得最好诶！

数学课老师让我们抽扑克牌进行小组分配，两人一组一起完成复习习题。跟我一组的男生就坐在我前面，离得近是近，但他就不是个好好学习的，我真的是一道题一道题教他啊。真是浪费我不少时间，但是不管他又不好，毕竟明天就要考试，他能多会一个要点就能多得点儿分。

放学之后出去滑雪咯，发现还有好多我们滑雪队的，明天就要上交滑雪器材了，看来大家都是赶着最后一天再出来玩一把。

法语课的任务是两个同学进行网上对话，通过轮流上传视频来完成。我跟另一个女生一组，上课没完成，我跟她约好晚上做，但我真的是被她打败了。先是我给她发短信她不回，我等了好久，最后等到我要吃饭了，我发短信给她说我要吃饭了等会儿再做吧，她立马给我回短信了……之后每次我传完视频她都要等好久才往上发，发短信找她也不回，我还得不断刷新页面时刻盯着她回没回复。不到两分钟的视频，我俩一直拖到九点多才完成。

2月27日　星期三

昨天工程设计课老师给我们发了复习题，看样子我又是唯一一个昨天晚上完成的，课上我没事干了，就开始继续准备英语的演讲。

化学课一进教室，发现教室后面4张实验桌上各贴了一张标示纸，我就觉得大事不妙，一开始我以为是要做实验，但其实是扫二维码，在网页上做题，更要命……第一项34个题，一次性全对。第二项50个，错一个都觉得不甘心就要从头来，第二遍总算是全对了。第三项和第四项回家做吧，虽然明天上课还有一节课的时间，但还有一个附加项目呢。

木工课我们打磨了盒子的内侧壁，这真是个体力活。刚开始做的时候在上面标记的"上、内、外"等等，打磨的时候真是要命了。我总觉得那铅是渗透到盒子里头了，怎么磨也磨不出去，胳膊和手累得不行。

数学课考试，一共5道题，我花了不到10分钟就做完了，大部分人用了一整节课，还有一堆下了课之后抱怨"太难了"的，我还能说啥？

法语课老师不在，让我们做一个购物网站，其实就是想练习关于衣服的词汇。昨天老师还跟我们说，让我们做得像网站一点儿，但就我们这水平，也就是挂个图片，加个名字，写个价钱，再编几个形容词而已啊。

放学之后要交租的滑雪器材了。先是去教练的教室上交了滑雪外套，每个人在给教练的感恩板上签了名。整个教室排队排得满满的，而且还排到了走廊上，哈哈哈，这就是滑雪队的气势！之后要去打扫滑雪棚、上交其他器材。滑雪棚门口雪堆得老厚，好不容易铲出一条路，但却是个单行线。从滑雪棚里交完器材出来的人只能在厚厚的积雪上爬出去，那雪能直接没到你膝盖……还有两个男生从滑雪棚往教学楼里搬装着我们滑雪靴的车，虽然是辆车，但在那么厚的雪里根本推不动，他俩抬着车晃晃悠悠地往回走，真是辛苦了……

2月28日　星期四

射箭教练又给我们买甜甜圈吃，一天的好心情从甜甜圈开始！

工程设计课考试，一点儿也不难，做完之后我开始超前往下做汽车的零部件，超期待最后的成品哦！

化学课我开始做附加的项目，没想到啊，竟然是在限定时间内在一堆答案中找正确答案的题。网页上给你一堆答案，一个一个题问你，要去找唯一一个正确的。一上来就给我看蒙了，这眼花缭乱的上哪儿找去……更扎心的是它还给我们设"坑"，正确拼法是"nona"，它有一个干扰答案是"nano"，我两次都在这儿栽了跟头。

木工课，我把盒子的侧壁拼起来咯！我们用一个仪器把4块木板给挤到一起，挤啊挤，发现我劲儿不够，挤不进去了，只能找老师咯，其他同学也是找老师帮的忙，哈哈，看来我也不是唯一一个啊。

英语课上老师让两人一组读了读演讲稿，定时进行练习，并让同伴提意见。我本来以为我的演讲稿很短，结果却超时了，现在又得往下减。

数学课的时候我去了个中文课堂，那位中文老师邀请我去给他们的学生上堂课，讲讲中国的初高中学校生活。学生提前想了一些问题问我，他们对中国真的是兴趣十足啊。

法语课老师给我们练听力，却是听一首歌。本来就听不懂，这下更好玩了。那歌儿真是魔性，老师给我们放了七八遍，那旋律在我脑海里挥之不去……但开心的是我把所有空都填出来了，虽然有的是蒙的啊，哈哈。

下午妹妹要去教堂唱歌，我正好闲着没事便也跟了去。教合唱的老师对我很照顾，其他人对我这个交换生的身份很感兴趣，唱唱歌也是陶冶情操了，哈哈，歌中还有拉丁文，一个朋友开玩笑说我现在会说四国语言了，哈哈哈。

晚上去了一个钢琴音乐会，在一个教堂里。弹得是不错，但是我听不懂，还给我困得不行。你说一首曲子五六分钟我还能接受，它倒好，整场音乐会一共3首，一首20多分钟，这可真不是我能欣赏得了的，用胳膊撑着头昏昏欲睡，钢琴曲催眠很管用……

3月1日　星期五

今天市里所有老师开会，学生就放假啦！上午本来跟同学约好去打保龄球的，但中午下大雪不好开车，活动就取消了。好吧，正好妈妈跟妹妹要出去逛街，我就跟了去。妹妹要买靴子，我们就去了一家鞋类专卖店。她在那试靴子，我兴致大发开始试高跟鞋，有的鞋跟高得我穿上都不会走路了，但有另一双跟那个差不多高的却舒服得多，神奇。就算不买也是可以浪一浪的嘛。

回家吃了饭之后，下午去同学家练钢琴。她家钢琴真是挺旧的，但起码也是架钢琴，有的练已经不错了，我感觉我已经没什么问题了，彩排前再练练保持一下手感就好啦。

回家之后我开始练舞蹈。4月份有一个Culture Day的表演，就是不同文化的展示，我准备唱一首中文歌，但是现在要交视频，光唱歌的话太单调了些，于是我决定加个舞蹈。虽然我不能边唱边跳，但可以把歌和舞蹈分开录啊。真是巧了，网上有一个中国风格的舞蹈，还比较适合我。

晚上爸爸妈妈出去吃饭，妹妹做的饭，她这次总算是没大作，要不我再给她收拾残局真的要气死了。

爸爸妈妈不回来妹妹就不睡觉，十一点半我是得睡了，刚洗漱完，爸爸妈妈回来了，我和妹妹就又聊了一会儿。爸爸上楼之后看见我们都醒着，一脸无奈地说"怎么这都半夜了还没一个睡觉的！"好吧，那我睡咯。

3月2日　星期六

上午接着练舞蹈，发现昨天好不容易记下来的那点儿东西差不多全忘了。一转眼就到了中午，妹妹给我们做的饭，虽然是半成品，热一下就行了，但也是蛮好吃的。

下午被妈妈和妹妹拉着玩游戏，一个怪怪的"种豆子"挣钱的游戏，我学得还是挺快的，但输得也是挺惨啊，妹妹赢了我不惊讶，但妈妈也把我给赢了，我这水平真的是有待提高啊。

下午跟爸爸妈妈的朋友一家去酒吧里吃饭，其实是去看足球比赛的。朋友家有钢琴，正好我需要练习，我就在他们家多待了一会儿，练了练琴才去吃的饭。酒吧里不仅播放的足球比赛，还有篮球比赛，但足球是这一赛季的开场比赛，所以还是足球球迷居多，进球的时候也是一阵阵欢呼。

晚上回家之后时间还早，就准备一起看个电影。爸爸挑了一个，妹妹不想看，一顿吱喝之后甩脸就走人了。这小脾气是咋宠的呢，嗯，之后妈妈就把她叫回来让她挑电影，好嘛，她挑了一个，看了开头都能猜到结尾，我这下看着电影补日记可真的是能好好写日记了，后来连她自己都不看了，开始捧着个平板玩儿，我真是醉了。

3月3日　星期日

早上起床之后开始奋斗数学作业。周四的数学课我不在，就只能看课本和老师发在平板上的笔记自学了，看得我稀里糊涂的，那么一大堆题真是做得我脑仁疼，最后总算是做完了。

上午又练习了舞蹈，其中有往地上跪的动作，在地毯上垫塑料垫子跪得膝盖疼，不垫呢地毯又太涩，但我也练得差不多了，就这样吧。

中午我做即食的汤喝，易拉罐装的，我开的时候一使劲儿泼了我一身，桌子也是没逃得过厄运。唉，幸亏我下午有计划洗衣服，正好咯。

下午接着写英语作业。英语课我们要从四本书中选一本读，老师让我们上网查关于四本书的内容简介和相关背景资料，并写下最想读的三本书和它们的大意、作者简介和吸引你的地方等等。我本来就有选择困难症，这下可好，想来想去还是从短的下手吧，我可不想再每天40页地读了。虽然是从短的里头下手，但大部分信息都是从英语网站找的，从一大篇一大篇文章里面找信息可是费了劲儿，到最后还是开始搜罗中文网站上的信息。

之后开始背演讲稿，四分半钟，感觉挺长的，但因为是我自己写的发言稿，我看了无数遍，因此没花多长时间就背下来了，尽管不是特别熟练，但还有时间哦。

3月4日　星期一

地理课老师发给我们每人一篇关于"公地悲剧"的文章，大意就是对于自然资源的合理开发和利用，老师说是"小文章"，哦，天，A4纸满满两页多啊，不过还好，题目都是文中的原句。

工程设计课学了对于建筑等的构造分析，例如颜色、线条、平衡等，之后让我们去学校里给自己觉得有趣的东西拍照，并做一个分析这些元素的PPT。出去溜达溜达赏赏景儿倒是挺好玩的，但到了真正要分析的时候可就不好玩儿了……

化学课全班玩答题游戏，我第一次得了第一名，是唯一一个一道题都没错的；第二次错了一道，但最后差点儿就追进了前五名，也是很不错了，一道题分数高的能值1000分呢。

木工课我要开始一个大工程——打磨我的盒子了。之前由于一块侧壁的一个角掉了一块，我把那部分转到了底下，它原来是在顶上的，没想到盒子拼起来之后这个顶面不在一个水平面上啊……那我只能用一个带刀片的工具把顶面多出来的部分一点一点打磨平。可以说这是最简单的操作了，连个机器都不用，但却是最费体力的，我没磨几下手指头就没劲儿了。上上下下一共八个部分得打磨呢，最后真是给我累到绝望。

英语课我们进行了MCA考试，是明尼苏达州的一个测评考试，按理说我是不用参加的，但老师把注册号和密码都发给我了，我还能说啥？打开之后才发现全是阅读题。本来读英语就要命，这下可好，一篇接一篇，还都贼长，对于这儿的学生来说不难，但对我还是有难度啊。好多题还问你这个单词什么意思，对美国同学来说这就是送分题啊，我却只能根据上下文猜。一共61道题，做不完明天还有时间。

法语课又是要求两个人录视频上传，但这次是录两个人的对话，只录一个视频就行。两两一组，我们桌3个人，老师给我们分组的时候，问我们谁想跟别人组合，我们仨没一个动的，最后老师把我分派出去……法语课上，他们全在那聊天看手机，也就我们这桌的在正经学习。我跟另一个女生一组录完视频之后，本来应该给其他组的视频做评论，但我跟那女生评论了两个之后她就不干了，也开始看手机，跟我说行了就这样吧，说实在的，她能跟我录完视频我已经烧高香了，那我还能要求啥别的呢？

3月5日　星期二

早上去射箭，教练还特意给我带了护垫，这样我就不会再把胳膊抽得全是淤青了……其实我戴上护垫之后，发现我也不大往胳膊上抽了，也可能是打在护垫上我感觉不到吧。

地理课老师让我们上网查地图，之后画了一幅明尼苏达州一些比较大的河流、湖泊和城市的地图。好不容易曲曲折折描摹出了明尼苏达州的外形，接下来就要开始标注地点了。网上查不到一张包含所有这些内容的地图，要不就是在密密麻麻的标注中我找不到，有的就需要一个一个地点地查，查好之后，我往地图上标注的时候还有误差，有的时候先标注了城市又去找河流，本来城市是挨着河流的，结果在我的地图上却分了家。

木工课我开始打磨盒子底，有一个棱边上碰掉了一块，上一次是老师帮我打磨好了，这次我还是自己来吧，好嘛，第一次下手心里没数啊，一磨就磨掉了一大块，这可咋办，那我只能把整个棱边都打磨圆滑了，打磨了一条棱之后，其他四个棱也得磨啊，这下工作量可就大了，关键是还得极其仔细，下手重了就又毁了，反反复复地花了一整节课的时间。

英语课继续是MCA考试，读得我头昏眼花的，还觉得我这节课是可以做完的，结果还剩了15道题。

法语课我们又要迎来一次大考了，还是口语考试。我们正在学关于购物的词汇，我们作为商家，要做一个有不同商品的PPT，老师当顾客，到我们的店铺与我们对话并购物。今天就开始准备PPT了，要准备上衣、裤子、鞋、外套、短裤和饰品，这也是个挺大的工程了，关键是做的这个PPT还不算在评分标准里，但你不做又不行……

放学之后去了朋友家练钢琴，弹了一会儿之后，开始读英语课要读的短篇小说，昨天已经完成了一半，今天要全部读完。讲的是一家人和孩子的奶奶要出去度假，奶奶想去田纳西州，而这家人想去佛罗里达州，奶奶看新闻说有一伙杀人犯逃往到佛罗里达州，所以不想去那里，但她最终妥协了。路上她想去一个她年轻时待过的老房子，给孩子们讲故事时说那座房子里有密道，孩子们叫嚷着让爸爸开车带他们去。后来奶奶却突然想起来她记错了房子的位置，半路上发生了车祸，车翻进了沟里。这时他们正巧碰上了那伙杀人犯，奶奶一个劲儿地跟领头的说"你是个好人，我知道你不杀女人"，最终全家还是被杀害了。看得我糊里糊涂的，跟同学讨论也没讨论出个什么结果，回头还有考试的啊，希望不要考太深的题。

3月6日　星期三

地理课助教给我们布置的读网页完成习题。那网站将近100页，一共25道题，虽然说每道题都给了所在网页的页码，但最让我哭笑不得的是有的页码是错的，一上来就给我们弄懵了，最后还是我告诉老师的。这些题的答案还老长，一节课过去，我连一半都没写完，这老师真是要命了。

化学课明天要考试，今天老师给了一节课自由复习。全班没几个复习的，都在聊天写作业，我正好把地理课剩的内容写完了。化学课有的资料都落在家里，反正考试也不难，晚上回家再复习吧。

木工课把昨天磨的圆角又修了修，用砂纸打磨之后圆滑多了。之后在朋友的帮助下用激光把名字刻在了盒子底下，我还刻上了学校和年份。我本想在上面打上我的名字，但是在电脑上还打不出来汉语，里面就只有一堆汉字你可以从里头找，那么几千个汉字我上哪儿找去……

英语课继续做MCA考试，估计我又是最后一个交卷的，交卷的时候，负责考试的老师一脸欣喜，夸我真棒，把我都给弄懵了。英语还发了一张关于我们刚读的小说的习题，我也没剩多长时间做了，又得晚上做咯。

数学课老师讲得太慢，我就写作业。数学作业里有一道题我不会，问老师，不出我所料，老师说她也得想想，还反问我这道题可咋做，好吧……

法语课上老师跟我说我的口语考试明天考。What？！我PPT都还没做完呢。考试应该是在周五的，但周五我有个学校组织的活动，去大学参观，预计第七节课后半节课是可以回来的，但老师非让我明天就考，我问她课后行不行，她说她都有事，我无语了。

下午放学之后才艺展示彩排，今天只是个小彩排，每个人就表演一小段，试试音响什么的，我钢琴弹了一半就被老师叫停了，其中还有一处我一紧张手指头就绞了，还好我给圆过去了，要再不停，那就尴尬了。

我的节目是第三个，结束之后撒腿走人，回家写作业啊。先是做完了法语的PPT，我还在其中添加了链接，将"裤子、上衣、鞋"等不同项目链接到各自的幻灯片里，这样就更有购物网站的感觉啦！开始练习发现难住我的不是关于购物的词汇，而是介绍价钱时用到的数字。30欧元以内我还玩得转，再大的就一脸懵了，虽然我的商品价格都超级便宜，几乎都在30欧元以下，但考试要求给出总价格，这可就不在我的控制范围内了，上百都是简简单单。我这又从之前的笔记里扒拉，没有发音的又得上网查，终于大功告成，合上笔记的那一瞬间，脑子里全是飞舞着的法文。

之后还要复习化学，应付考试，这个不难，但英语那篇小说可是要了命。有一道习题问故事中的主要冲突是什么？我上网查了查关于这个故事的资料，发现它所表达的主题跟我想的完全不一样，那么深的主题我怎么能想得到？本来以为是杀人犯因为"无缘无故"（他自己说不知道原因）被关进监狱，放出来之后，愤世嫉俗开始杀人，没想到还要延伸到信仰的问题。杀人犯有着自己的目标和强大的信仰，而故事中的奶奶，面对杀人犯前脚说自己是个"女士"，说他肯定不会杀一个"女士"，后脚就置自己的信仰于不顾，好一通夸他，还说他是她的"孩子"，其实在无形中默认了她与杀人犯一样罪行重重，他们其实是一类人。作者的脑回路跟我完全不在一条线上，还好我上网查了资料，要不然照着我的思路回答，这一整张题都得跑偏了。

3月7日　星期四

早上去练射箭，发现我的水平提高了不少啊，全都能射进8环里面了。教练在我们练习的时候跟我说本来还想帮你的，现在看来你掌握得不错啊。哈哈，开心！

地理课又是一大堆任务。老师给了我们五个网站，说里面都是些很短的、关于明尼苏达州渔业的文章，让我们读完之后选三个网站概述大意，每一个至少要写五句话。打开第一个网站就给我看蒙了，那么小的字，文章还那么长，我这读完不得半个小时也得20分钟，拉倒吧，我还是换别的读吧。找了最短的三篇文章读，到下课却也只完成了一篇，哦，天，真是崩溃。

工程设计课要对一个玩具汽车进行功能分析，上来就要画小汽车的3D图。车身还好说，差不多是个长方体，轮胎可真是要了命。本来就不好画，汽车的左前侧朝向我，画轮胎还是带角度的，最后凑合凑合就那样吧，能看懂就行了。

化学课的考试内容虽然不难，15分钟就做完了，但是之后检查了一遍，还真发现了错误。

木工课要切盖子，又得拿一块木头把之前做盒子侧壁时操作过的步骤再来一遍，之后还要把盖子底部的边缘切去一部分，让它能"卡"在盒子上。下面，问题来了，我之前因为四块侧壁组合之后高度不一样只打磨了交接的部分，现在发现顶部还是不平，好吧，那我接着打磨吧，真是体会到做木工活儿的不容易了。

英语课考试，满分哦！

法语课考试还算顺利，对话中我问老师要多大码的鞋，她说41，哦，又是数字，我又差点儿没听懂，最后还好是圆过去了。当时确实蒙在了原地，但我只需要说"给你，这是41码的鞋"，把她说的数字再重复一遍就好啦，哈哈，短暂记忆我还是可以的。

放学之后第二次彩排，这次可是从头到尾了。主持人对于节目的介绍都可有意思了，全是以笑话的形式呈现，活泼自由。节目结束之后，我又看了其他人的节目，最喜欢看的还是舞蹈啊，哈哈。还有另一个弹钢琴的男生，我俩不是一个风格，他弹的就是那种乱七八糟错个音你根本听不出来的那种，但我不行啊，而且我一旦错了就很有可能接不上，彩排结束之后，我又留在剧场练了会儿琴。

下午妈妈准备带妹妹去教堂合唱团，问我去不去，咦，这周不是没有合唱么？上周老师跟我说她要出去旅游啊。我都准备穿鞋了，还是决定问一句吧，她俩这才反应过来。妈妈又给妹妹朋友的妈妈打电话说这周没有合唱，平时她跟妹妹都是拼车的。唉，看来还是我的记性最好啊。

3月8日　星期五

地理课要小组合作完成一个项目，我们5个人一组，每个人分到的任务还能少一点儿。我们要设计一个在明尼苏达州内的旅行，景点中必须包含某个湖或河流并钓鱼，我们前几天刚进行了关于河流、湖泊和钓鱼的内容的学习。而且这趟旅行只能带10样物品，还要做到对环境无害。但我们这是野炊，钓了鱼生火吧算是污染环境，不生火吧又没法吃，那我们去了就是钓上来鱼再给放回去喽？这倒也是个招儿……我负责列出来参考网页，这倒是不难。

之后我去了学校组织的去圣保罗学院的参观活动。这是个社区大学，只有两年，但很便宜，而且可以带着修完的学分去别的大学继续进行学习。我们被分成了几个不同的组，我们组去了工程课和运动科学课。工程课老师让我们拿被切成两半的海绵管做过山车，用玻璃球当乘客，之后还要对获利进行计算。其他组都是4个人，就我们组3个人，但我们脑洞大开，做出了最好玩的过山车，就是赚的钱不多……我们看两分钟内能通过多少乘客，再乘以票价，减去我们做项目需要支付的钱。由于我们的过山车太长了，别的组两分钟过了将近70个乘客，我们组的只过了不到40个，这一下就差出了不少，但是从做过山车集思广益进行创新的这个过程中还是收获了不少。

接着我们去了健身房，一个老师给我们讲解运动科学。我们滑雪教练也是我们学校的工程老师，跟着我们一起去的，他还认识这个老师，说他帮我们治愈了好多滑雪受伤的学生，哇，真是厉害了。他给我们介绍了一些简单知识之后给我们讲了一种叫"rock tape"的胶带，可以在运动后帮助放松肌肉。把胶带往身上贴也是有技巧的，之后他说我们可以往痛处贴一贴，但所有人都只是在那瞎玩啊，哈哈。

中午饭迟到了15分钟，好在是吃上了，是比萨，有牛肉的、香肠的、芝士的，真是让我大饱口福。还有水果和饼干，这顿午餐是免费提供的，学校真是破费了不少啊。

午餐过后，不出所料的是他们开始推荐他们的学校了，先是从暑假夏令营开始，再到他们做的在高中就可以学大学学分的项目，跟我半毛钱关系都没有，我还是写我的作业吧。之后找了三个学生代表来回答我们的问题，一开始冷冷清清一片寂静，但当工作人员说问问题的给解压球时，底下立马就热闹了起来，真是让我哭笑不得。

这一趟研学下来收获了不少！

放学之后我立马奔到了剧场练钢琴，今天晚上就要演出了呀。但剧场有排练话剧的，我也没有多长时间练习。回家之后睡了一觉，吃了点儿东西，打扮好之后，提前一个小时到了剧场，没想到还有比我去得早的，在那调试他的设备，电子琴、萨克斯还有其他我不认识的电子乐器，一层一层地往电脑里录音乐，我没练几下又不得不停了下来。我们早早地就在后台准备好，越等越紧张，我们在后台互相鼓励，有时还跟着音乐跳舞解压，有几个男生闹腾得不行，跳出了超魔性的舞蹈动作，把我们逗得想笑又不敢出声笑。

我的曲目是《梦中的婚礼》，虽然已经练了很久，但还是紧张得心跳加速。大幕缓缓拉开，灯光聚焦于耀眼的三角钢琴上，深吸一口气走上台，还没鞠躬呢，台下就一片欢呼，还听到好几个人大喊着我的名字，哈哈，我朋友还真是给力。平复了一下心情之后，缓缓压下第一个键，原本心中的紧张融进了倾泻而出的钢琴曲中。那一刻我沉浸在了音乐中，用音乐诉说着这个凄美浪漫的故事。台下静悄悄的一片，哈哈，是被我的音乐所震撼了吧。一曲终了，台下阵阵掌声和欢呼衬得我的笑容更加灿烂，我成功了！

中场休息前的最后一个演出是一个摇滚乐队演奏披头士的歌，唱歌的那个男孩拿着麦克风跳着唱，其实他唱的什么都听不见，光能听见吉他、萨克斯和架子鼓的声音，但这首歌太出名了，大部分人都会，有几个学生带头跑到了舞台前跟着蹦，这下可好，底下的学生全都蜂拥而上，在舞台前跟着欢呼。

这一晚上我朋友们见了我就夸我钢琴弹得好，甚至还有一些我不知道名字的同学也来祝贺我，我一个劲儿地说着"谢谢，谢谢"，脸上更是溢满了笑容。

这次艺术节让我也体会到了美国学生这种自由的风格。报幕时的主持大都以笑话的形式呈现，每一次的鼓掌欢呼，虽然有些震耳欲聋，但那种朝气和对表演者的认可也感染了我。这一晚上的经历真是难得、难忘！

3月9日　星期六

上午全家一起出去散步，满地都是雪，当然少不了打雪仗了。这次多了妹妹更是热闹，她不是扔雪球打我，而是抓一把雪往我身上砸，唉，行吧，她怎么开心怎么来……

回家之后又到了午饭点儿，但我也不饿啊，一直到了下午两点才找了点儿东西吃。之后只是想躺床上休息一会儿，结果又一觉儿睡了过去……

起来之后开始写数学作业，周五"翘课"的我又得自学了，大部分的题还好说，有一道题是完完全全地把我卡住了，我问一个数学比较好的同学，但她也不会，又问了另外一个，她是后来从网上搜到的答案，老长老长了，他们的数学题能达到这个难度也是不容易。

我在平板上一检查，才发现英语课上同学们完成了老师布置的一项任务，而我还没交呢。我又问同学那项任务得怎么做，虽然看老师发在网站上的要求看得我懵叨叨的，研究了老长时间，但其实很简单，五分钟都没用就完成了。

我们的时间又要改回夏时制了，今天晚上跟明天之间会少一个小时，本来想早早睡觉的，但等到真正睡觉的时候其实又不早了。

3月10日　星期日

早上起来洗了个澡，发现妈妈拉着妹妹要出去扫雪，虽然妈妈没叫我，但我吃了两口饭便跟了出去。不出我所料，到了后院之后，就见到躺在地上的雪铲和在雪里玩的妹妹，我又找不到另一把雪铲，就拿她的吧，反正她也不干活，她倒是很愉快地给我了。先去前院帮妈妈铲雪吧，我俩合作，不到15分钟就干完了。到了后院，妹妹躺雪里不动弹了，之后又是一场大戏，妈妈一个劲儿催，妹妹一个劲儿地拖时间，而我就在一旁静静看戏。妈妈都扫出一大片地了，妹妹连一溜都没推干净。

下午朋友带我去了明尼苏达州的科技馆，她妈妈在那儿工作，所以能给我们免费的票。里面真是大，五层楼，但去的大部分都是小孩子。里面分几个部分，运动、医学、人体、恐龙等等，好多都是可以亲手实践的，比看理论介绍有意思多了。之后我俩又去了一家糖果店，买了些爆米花、甜食和饮料，我还给家人买了些甜点。晚上吃饭之后，我把甜点拿上桌，妈妈告诉我，她跟爸爸从今天起30天内要调节饮食，支持原生态的食品，那甜食更是不用说了……我难得买一次甜点还没人吃了。

3月11日　星期一

晚上十一点睡觉，其实是我生物钟的十点啊，好不容易才睡着。早上起床真是要命了，虽说是六点半但感觉像是五点半，真是"老了"啊，一个小时的时差都倒不过来了。

地理课我们继续小组合作的任务，今天晚上就要传给老师，我们五个人忙活了一节课做得差不多了，晚上回家再润色润色就可以了。

工程设计课老师上节课布置的任务，只有我们五六个人完成了，老师只能再给其他同学一节课时间完成上节课的作业。我们完成了的就可以写别的作业了，但我还是选择睡觉……

化学课跟另外两个女生一起完成了她们上周五做的实验。实验是不难，但我们仨由于交流问题浪费了不少时间。我配置好了试剂，一个女生用仪器测溶液的导电性，她记录了个0026，另一个女生抄了个0.026，我离第二个女生近，也写了个0.026。但到了下一步计算的时候，我们就出现了分歧，查找原因才发现是小数点的问题。平时我们小组做实验，都会有人负责报出实验数据，虽然大家互相照着抄实验数据，但从来也没出过这样的情况啊。

木工课老师不在，而且是这一周都不在，就提前给我们在平板上布置了任务，周四之前交上就可以。所以不着急不着急，我还是先写我的化学实验报告吧，估计明天就得交，我还得在学校打印出来。

英语课我们开始演讲了！我排在第24位，还能再缓两天。我们班的同学大部分做得都是很不错的，时间都比较接近标准线，演讲也都很流畅。有一个男生没做准备，跟老师商量要往后延，老师说要不现在讲，要不零分，他还真就选了个零分……我一开始以为是要背演讲稿的，结果是可以读的，但我都背得差不多了啊。那我还是接着背吧，我要做颜色不一样的烟火，哈哈！

数学课老师也不在，也不知道今天咋了，我路过好多教室都看见是助教在代课。老师给我们布置了复习题，周三要考试。一共15道题，我都做完了，其他学生跟助教说他们卡在第4道题了，让助教给他们讲讲，好吧……难不成是我做得太快了？正好有时间跑到楼下图书馆把英语演讲稿和化学实验报告打印出来。

放学之后，今天是田径训练第一天！我们在食堂集合，他们把训练地点选在食堂我也是服了。去了之后总教练先是给我们讲规章制度啊什么的，还说到缺席5次就会被踢出田径队。田径队也的确不缺人，100多人呢。之后长跑运动员出去练跑步，剩下的人把食堂可折叠的桌子都给移开，留出一大片空地给我们训练。先是热身，各种意想不到的和尴尬的热身动作教练全用上了，倒是活动开了。之后按男女生分成了两组，女生先去走廊里进行腿部和腹部的力量训练，还有反复地短跑，真是苦了走廊，到最后都一股汗味儿。折磨完下肢之后，男女生互换，我们又到了食堂里进行臂力训练，每人一根弹力绳，各种拉各种抻。之后所有人又在食堂里进行腹肌训练，自然少不了往地上趴啊、躺啊什么的，那地估计一周都不用擦了，地上各种食物残渣真是恶心人……我今天还忘了带个运动T恤，谁能想到第一天训练强度就这么大，没给我热死，明天可是得长记性了。

晚上回到家之后累得不行，一身臭汗去洗了个澡。

我们地理小组特别和谐，在群组里进行沟通，一起做没完成的部分。今天要读一本新的英语小说了，四选一，我选的是《欲望号街车》，挺有名的一个剧本，但挺古老的，里头好多不是现代英语，看得有点懵懵叨叨的。

3月12日　星期二

地理课老师让两人合作或独立上网查资料完成文档中的问题和表格。两人合作工作量总是能少一点的嘛，我跟另一个女生一组，我们先从表格下手，我从网站上找数据，她负责往上填，两个人一起工作效率就是高，但我也有几次看岔了的，还好都及时改过来了。

工程设计课完成玩具车的结构分析。我跟邻座的同学互帮互助，倒是不难，但就是画图要命，哈哈哈，老师能看懂就行了。

化学课讲配平化学方程式，我在国内初三就学过了，在那听也是浪费时间，还是完成我地理课没完成的任务吧。

木工课上老师在白板上给布置了新的任务，但我昨天晚上就完成了，哦耶！任务内容是要求设计一个图案配上文字，然后打印到盒子上。我找了一个坐在月亮上的小仙女的图片，还在周围加了些星星和蝴蝶，配上了

"我是个美女"的文字，哈哈哈，我自己都笑了。全班几乎没有做木工课任务的，不是聊天就是看手机，也有几个写其他课程作业的。

英语课继续演讲，大部分话题是关于医学的不说，他们语速贼快，我根本听不懂几句，还是默默背我的演讲稿吧。但我也从他们的演讲中抓到了重点哦！引用资料或专家说的话的时候，前用quote（引用）后用end quote（引用结束），这我以前还真是不知道，中文演讲中哪有说加上引号的啊。

田径训练依旧是要命，浑身上下不仅是肌肉疼，连筋都疼。教练真是完美利用了教学楼啊，今天开始跑楼梯了，一个工作人员平时在走廊上站着巡视，她还给我们开着楼梯间的门，好暖哦。

刚出了校门发现下雨了，我柜子里倒是有伞，但是我柜子在3楼，就很扎心了，刚训练完让我爬3楼是不可能的，能爬回家都不错了，就淋着吧，反正也不大。毁就毁在我在雨中漫步了太长时间，最后真的是走不动了啊，还一地的冰，一步一步好不容易挪到了家，发现我的羽绒服都被淋透了，书包也湿了，还湿了一个笔记本，可回头想想，还是不后悔没上楼拿伞……

周四就要轮到我演讲了！晚上躺床上背演讲稿，背着背着又不出意外地睡着了，后来被妹妹那震天响的、自娱自乐的哼歌给吵吵醒了，也幸好把我吵醒了，要不我就那么睡，时间长了估计得感冒。

3月13日　星期三

经过爸爸妈妈的同意，我把送给寄宿家庭的书法又拿到学校进行艺术展示。今天早上我要把书法往学校拿，妈妈问用不用送我，妹妹倒是答应得挺迅速。我其实暗自开心啊，我不好意思开口让妈妈送我，但昨天下了雨，晚上再一降温，外面肯定一层冰。我昨天上学路上已经摔了两跤了，怪我太高重心不稳咯。我还真是没猜错，楼梯上全是冰，妹妹一出门在楼梯上就差点摔跤，幸亏是没"滑"下楼梯去，我跟妈妈互相搀着好不容易才颤颤巍巍地走了下去，这要是走着上学就得全程溜冰了。

地理课又是两人合作，我还是跟昨天的女生一组，昨天我就把任务全都完成了，今天她说课后她完成就好啦。本来我还觉得不好意思，后来发现今天我们用的软件是"Notability"，是一个用来记笔记的软件，里头的文件无法共享，我们还真不能两个人一起做，那就交给她咯。

工程设计课要把之前对玩具汽车做的分析都汇总成一个幻灯片，这就是我们这单元的"考试"了。我们只需要选汽车的一个零部件，但还要画一个零件的测量图。电脑屏幕上的图纸就那么大点儿，测量数据却一大堆，挤得密密麻麻的，还有好多弧边也要进行测量。幸亏我还留着当初在电脑上画这个零件用的测量图，又对照了一遍，发现还真是有很多漏了的。

数学课考试，加了附加题，有额外得分的哦！难度是会大一些，但还好吧，总算能帮我消磨一下时间了。做完之后检查了一遍，还真发现有错误呢。

法语课老师把我们分成几个小组，每个小组给了一堆写着法语单词的纸条，之后老师说英文，我们要在一大堆法语单词中找到相对应的法语，谁先抢着就算谁的。我们组的两个男生真是神一般的淡定，其他组为了争一张纸条叫得嗷嗷的，有一个组还把用塑料膜封压着的纸条给撕成了两半……真是佩服，他俩从一开始参与度就为零，好多时候老师说一个单词，我们仨都不知道，全都开始蒙，每人随便抽一张纸条拿手里，万一蒙上了呢！我还真就蒙对了两个，真是神了。我拿到了最多的纸条，还得了一根棒棒糖呢，哈哈哈。

今天田径训练强度不是很大，我们被分成了4组，每人都参与了短跑、立定跳远、投掷、跨栏，是想让我们把所有项目都试一遍吧？我突然发现跨栏也是需要助跑的啊，而我的短跑在这里面都可以垫底了……但立定跳远还好，跳了大概1.9米吧，在女生里也算是跳得远的了。

晚上回家又得溜冰。今天下午下雨，我放学的时候爬三楼去拿伞了，出了门却又不下了……一地的冰啊，没冰的地方地势低，就全是水，马路上都能汇成河了。这一路往家走真是挑战，远远看见一个小男孩在水里跑，真佩服这孩子的精力旺盛啊。

晚上在爸爸妈妈面前练习了一遍我的演讲，虽然有好多地方磕磕绊绊，但总体还OK，老师要求4分30秒，我这次计时是4分29秒35，完美！

3月14日　星期四

地理课今天是助教上的最后一节课，上课前她在教室里贴了十几张关于我们所学内容的小知识点，上课给了我们一张填空题，让我们去读不同的内容之后进行填空。教室里转悠不开，有的纸还被贴到了走廊上。我们都很快做完了，她当堂就给录入了成绩，这效率也是杠杠的。

工程设计课的项目我就剩一个测量图了，但那一堆测量弄得我很崩溃啊，挤得密密麻麻，好不容易才调整开。

化学课小组合作完成配平化学方程式的题，而我昨天晚上就做完了，有的题他们讨论也没得出答案，最后还是我出手给他们讲的。他们纠结的时候，我就继续做下一项任务，先是一个考试，我得了满分，之后是网站上做题，虽然一共15道题，但是有的真的是难，我试了几次都被卡在了前五道题，而且考题都是随机出的，碰上简单的算是幸运，碰上难的就凉凉啦，直到下课我还是没冲出前五道题。

木工课的任务不着急交，我总算把化学课的题做到了100分，哦耶！之后就开始准备英语演讲，今天会轮到我吧，我紧张得不行，等待比真正演讲还要煎熬啊。

英语这一节课我都心跳加速，一个劲儿地在脑子里背我的演讲稿。好嘛，紧张了整整一节课啊，最后没轮到我，我是明天第一个……真是醉了，我还是想今天演讲啊，讲完了就可以松一口气了！

数学课讲新的内容，但是贼简单，一听就懂的题，老师给了几道题让练习，同学花的时间这个长啊，给我等到绝望，最后还是看我英语课要读的书吧。

今天的田径训练把我们按项目分成了不同小组，我去练跨栏。先从最基本的开始，所有人排着队一个一个过，强度不大，可排队花费的时间很长，最后等得都开始发冷了，哈哈，今天这么轻松算是给我们发福利了。

晚上继续练演讲，之后发现我不能再练了，我越练越熟，说得就越来越快，时间再短了可是要扣分了……

3月15日　星期五

　　我们地理老师今天回来了，同学们都超级兴奋，还有在走廊上喊着跟他打招呼的，他真的是我们年级很好的地理老师了。这节课布置的作业也是不少啊，落了两周的课，现在要开始赶课了吧。

　　化学老师得了重感冒，可还是坚持着来了，在教室里穿着大棉袄，鼻音重得说话都听不清，真是心疼哦。还好这节不用她讲课，我们自己上网站完成昨天没完成的任务，我昨天晚上就完成了，今天课上把地理作业写完了。

　　木工课上又开始情景重现，一遍一遍背演讲稿，依旧是紧张得不行。

　　到了英语课，老师先是叨叨了一通之后叫到了我的名字，哦，天，这一刻终于来了。我站上台，老师却还没找好地方坐下，我表示尊重还是得等老师坐下吧，这个空当我往下扫视，我的朋友还给我竖大拇指加油，好暖哦，也给了我不少信心。开头先抛出一个问题吸引大家兴趣，可没说几句就突然忘词了。那一瞬间的寂静真是尴尬，我脑子里一片空白，眼睛像雷达一样在发言稿上搜索、定位、输入信息，啊哈，总算再一次复活了！一开始我谨记要压速度，第一段结束的时间比预计时间少了十来秒，我也没当回事，就开始真正投入演讲中，与大家做着眼神交流，配上手势，脑子里还背着演讲稿，也没精力时刻盯着计时器。第二段、第三段结束以后总算是有个小间歇了，这一看计时器真是把我吓了一跳，比预计的快了半分钟！就剩两段了，最多也就只能撑一分钟，时间太短了可是要扣分的啊！突然一紧张背的稿子全忘了，得了，干脆照着读吧，正好能顾得上放慢速度。可再怎么慢也不能让人家觉得我是在拖时间啊，我突然有一个大胆的想法：即兴演讲。这个时候读稿子的好处就是能边读着边在脑子里组织新的内容，倒数第二段结尾，我即兴往上加了几句，虽然也有卡壳，但是很完美地拖长了时间……最后完美收场，4分19秒，过了4分15秒就妥了，哦耶！结束之后，老师还夸我说只要努力也是能背下大部分的稿子的，我没好意思说我读稿子是为了拖延时间啊，哈哈，总之我对这次演讲还是挺满意的！

　　放学之后，我重考了英语的大考。其实也不是非得重考，之前得了一个A⁻，但补考目测考题形式会很简单，反正这学期就这一次大考可以重考了，不补白不补。果真是很简单，这是关于我们读的那本书的考试，原来考了好多小细节的问题，估计老师也是知道我们都忘得差不多了，这次给了我们三段文章，读文章回答问题，一点难度也没有，但还是花了我挺长时间，我倒数第二个交卷，反正不是最后一个呀，哈哈！

之后换好衣服去参加田径训练，到了食堂却发现他们都往外走，哦，天，今天的训练要去室外？！我可是穿着短袖短裤呢，这是要冻死我？得了，我还是回去拿长袖吧，朋友跟我说了说他们要去哪儿，但我还是听不懂，主要是对地形不熟啊，那我只得狂奔了，希望回来之后能赶上他们。一顿狂奔啊，回来之后上了大道上只能远远看见他们的背影。路上全是水洼，一边得盯着他们，一边还得看着脚底下。最终一抬头却发现他们都没影儿了，绝望了……好一通跑最后还是跟丢了。还好后面还有两个没赶上大部队的女生，我们在一起还能搭个伴儿，最后总算是找到了大部队。找到他们之后，我却后悔我赶上来了，今天的训练是跑步，还是跑上坡……第一趟我精力充沛啊，虽然之前已经跑得有点上气不接下气，但抗不住一趟一趟地跑啊，前两天训练腿筋还疼哪，这一跑又抻得慌，来来回回跑了能有十来趟，还真是有厉害的，次次都是冲刺的速度往上跑。

今天晚上妹妹的同学来我们家玩，晚上就住在我们家了。这一晚上都是好一通吵吵，还有，我也不知道她们是哪来的勇气，做出了一晚上不睡觉这个"伟大"的决定，大晚上开始喝咖啡，妹妹那种平时一点咖啡都不沾、晚上十点就睡觉的，我也不知道父母怎么会同意让她们通宵的。

3月16日　星期六

早上起床之后也不饿，干脆等中午饭一起吃吧。中午吃的是昨晚剩的比萨，我用微波炉加热也没全热开，里面还是硬邦邦的。

中午吃完饭之后，跟爸爸妈妈牵着狗一起去了瀑布公园。外面雪化了一堆水洼，幸好我穿了靴子。我们去看了冰冻瀑布，真的好美，冰还是淡蓝色的呢！

下午我出去跑步了，外面还是一堆的水洼，最后好不容易找了一条比较干的路，来回跑吧。

晚上爸爸妈妈带我和妹妹去了朋友家吃饭，他家还去了别的孩子和家长，都是妹妹的同学，我跟她们这个年纪的孩子也玩不到一起去，跟大人也聊不到一起去，这一晚上给我无聊的，但饭还是挺好吃的。后来妹妹朋友的哥哥来了，他正好跟我是同学，跟我一个英语课，但我俩也没什么话题……

我们早早就回家了，妹妹昨晚上熬了个通宵，今天一天都萎靡不振的，晚上她要早早睡觉咯。

3月17日　星期日

上午洗了衣服，之后去教堂合唱团。这次是在他们礼拜的时候唱，也是我第一次比较正式的"演出"了。一开始教父还有一些其他人好一番说啊，我也不是全都能听得懂，最后给我困的，又不能打瞌睡，我们坐在最前面的高台上，睡觉的话可是忒丢人了。妹妹倒是不怕，在座上真是坐不住了，她也是困得不行，直接用胳膊撑着开始打瞌睡……其实只有一首歌是我们合唱队唱，其他时候都是全体一起唱，但我们的表现还是很不错的。

下午在家继续读英语课要读的书，读着读着想休息一会儿，但躺床上又一觉睡过去了。再一睁眼六点半了，妹妹来叫我吃晚饭。

晚上看了个电影《狂暴巨兽》，2018年拍摄的，也算是比较新的电影了，虽然挺能扯的，但还真是挺好看的。

晚上睡不着了，得了，还是看会儿书吧，一直到十二点才睡。

3月18日　星期一

地理课，我们要展示之前小组合作的关于资源的幻灯片了。介绍资源的全都在走廊里等着，代表"州"的在教室里看有关资源的展示。我们是倒数第二组，好不容易轮到我们了，结果跟我们组的一个女生把平板往投影仪上插的时候不小心删了一页幻灯片……把地热能的定义给删了。还好，同学们应该都知道什么是地热能吧，好在她没把更重要的给删了，我真是哭笑不得啊，哈哈。

　　工程设计课学新内容了，又是一种新的画图方法。老师先是给了我们第一题的答案，当作例子了，其实挺简单的，一看就会了。我第二个图都画完了，老师还在讲第一个，突然，我觉得我穿越了……

　　化学老师重感冒，一个助教给我们代课。这个助教凶巴巴的，先是说他说话的时候不许我们说话，连吃东西出噪音也不行，给我们整到无语。

　　木工课老师总算是回来了，总算可以上手操作了！我发现盒子侧壁的外侧还是不平，感觉还是个弧线，得了，我接着往下削吧，真是要命了，这个活儿可是不好干啊。

　　数学课老师不在，给我们一节课自己写作业。这次的助教老师以前给我们上过好几次课，同学都跟她很熟，她也真是跟同学熟大劲儿了，一节课跟这个聊完天儿跟那个聊，关键是声音还挺大。教室里同学们好不容易都安静下去了，她又挑起一波话题，真是考验我意志力啊……

　　法语课我们被分成小组玩游戏，一共4个不同的游戏站，每一站都有问题要回答。最先完成的4个小组，老师可以舍掉每个组员最差的一次成绩。大家一听可是急眼了，第一次法语课玩游戏玩出了"竞争"的感觉。我们组另外两个同学法语都比我好，虽然是在法语一，但他俩以前都上过法语课，还有一个是从法语二转过来的。我们正在学动词接在不同人称之后不同的变形，结果一上来我们就被卡住了。我们先被分配到了第四站，判断句子对错。老师只是想考察我们对动词形式变化的掌握程度，结果这俩人把注意力转移到句子别的地方去了，学多了苦恼啊，关键是他们会的多不是问题，问题是学得不精啊……我们在那一站卡了将近20分钟，最后还是听我的建议根据动词的形式变化判断对错，唉，我的天，最后总算是过了这一关。剩下的那几站都很简单，一共花了不到10分钟就做完了，我们最后得了第三名，第一站被卡20分钟之后还能得这个成绩已经很不错了！

　　放学之后去田径训练，我热身的时候把脚扭了一下，我也真是服了自己。热身之后把我们分成了两组：第一组是臂力训练，第二组是腿部训练。结果直接就把我们拉到室外了……外面是不大冷，可明尼苏达州的3月份也不是吃素的，我们穿着短袖短裤就懵叨叨地被拉出去了，我们一直活动着还凑合，倒是把教练给冻得不行。

回家之后，洗了个澡，帮妈妈切了菜，之后开始攻克一道没做出来的数学题。我想了半天也没想出来，还是问同学吧，结果刚把题目发给同学我就找到解题思路了！哈哈哈！吃完饭之后，又被妹妹拉着看电影，行吧，今天作业也不多，正好看着电影补日记了。

3月19日　星期二

地理课两人一组"制定节水法律法规"，旱季时，非洲有的城市已经供不上水，政府更是要想办法解决问题。我们也是集思广益帮他们制定法律法规。老师还规定每组要写10条，等到真正要写的时候，才发现这活儿不好干啊。用水这方面想要监督到位很难啊，虽说可以通过水表控制每人每天的用水量，但这也只是一条啊。到最后给我们逼得把一些很难监督到位的办法，或者直接是"呼吁"，都给写上了。

化学课老师在平板上给我们布置了作业，但要到学年结束的时候再交，算是一个结业项目吧，给了十多种不同的选择，我选了"写线索猜元素"和"字母阵中找单词"。都不难，但都挺费时间的，关键是做了也没什么用，就是为了得分儿，做完之后不但要写自我评价还要互相写评价，每人还要写两个人的。我选的这两样网上都有现成的资源，先是找元素的线索题，有的线索真的是太难了，我们这10年级的水平肯定猜不出来，但大部分题的难度还可以。字母阵里找单词，说让我们自己设计一个字母阵并找出其中的单词，但做这个东西真的是费时间，周围选了这个项目的人全都上网找，能把单词找出来已经不错了，这完全就是来给我们开发智力的。

木工课我在盒子侧壁的四周镶嵌了一条颜色更深的木条，算是装饰吧。看着是真好做，但想要做到完美也真是不容易，一个不小心，接头的地方就会留下一条缝儿，而且木条已经被粘住了，得了就这样吧，也没办法再修补了。

英语课继续是演讲，总算是所有人都讲完了！最后一个人讲完的那一刻，所有人都松了一口气，虽然说每个人的演讲都有精彩之处，但好多人的话题是重复的不说，大部分还都是关于医学和医德的，真是没什么意思，我听得懵叨叨的。

法语课先是进行了一个复习的小游戏，我得了最高分呢！哦耶！老师真把玩的游戏当成复习了，游戏之后进行了一个小测验。我有两个动词的形式变化记反了，老师给出的相关联的正确的变化形式，没把我纠结死。学习知识还是得记牢啊。

田径练习跨栏，没轮到我的时候我自己跨着玩，这东西真的是个心理障碍啊，两三次跑到栏前不敢跨就又停了下来……最后在队友的鼓励下总算是一跃而过！教练说我蹦得太高了浪费时间，我们要练的就是贴着栏过，想想真是一大挑战！

3月20日　星期三

周一田径训练的时候，穿着短袖短裤被拉出去，熬过了昨天，但今天我是彻底感冒了，鼻子不通气不说，看平板时间长了头更是晕乎乎的。

早上起得有点晚，妈妈正好要去接一个朋友家的孩子上学，也就一起送我和妹妹了，把我弄得手忙脚乱的，但可以蹭车也是超级开心的。

地理课准备周五的考试，全班同学一起在平板上进行复习。我从开始到结束都算是比较稳定，会的能答对，不会的也没蒙对几个……到了最后一道题不会啊，蒙吧，结果错了。本来我在第三名的，这下掉到了第四名……前三名老师会给发糖吃，忒可惜了，但第四名也不错了。

化学课，我做完了学期项目，还找了一个同学帮我写了评价，还得再找一个，但他们都在忙着做英语的补考，这周就必须交。我又不好打扰人家，反正也不着急，但我也得给别人写评价，这是真的愁人……

木工课我想往盖子上印图画，但那机器印一个将近15分钟。我好不容易在电脑上把页边距什么的设置好了，传到共用电脑上，结果一直等到下课也没轮到我……

英语课老师给了我们一节课的时间来读书，哦耶！

法语课大考，但老师允许我们"作弊"，估计是昨天小测的成绩太差了吧，我们成绩不好的话对老师也是有影响的。老师给每人发了一张名片大小的小纸片，允许我们在这张纸上做笔记，而且把考试范围都告诉我们了。这就把难度系数降到了零啊，都有笔记，那还考什么，我肯定拿满分咯。

田径训练热身之后，要绕着小高尔夫球场跑一圈，我们被分成了四个队，每一队最后一个人要超到最前面，轮流往前超。这一圈下来距离是不短，但教练让我们慢跑。最绝望的是路边有的地方一堆水洼，湿了鞋不说，还一股臭味……我路过水洼的时候，小心翼翼地跑，水才没溅到自己身上，但从我边上超过去的同学一脚踩下去溅了我一腿的脏水……这天儿出来跑步真是要命啊。

晚上我把英语课要读的书看完了！周五要写关于这本书的小文章，也就是说我周四晚上必须把书看完，但我明天晚上还有合唱，只能今天晚上奋斗咯。

3月21日　星期四

地理课我们去图书馆进行"资源宣传"活动。我作为"资源"组，要向不同的州推销我的资源——地热能，劝说他们给我们投资。大家对地热能其实还真的不是很了解，风能、太阳能、水能等比较常见的倒是很吃香啊。大家都是介绍自己的好处，对于缺点都是一带而过，但是会谈到别的资源的缺点啊，哈哈。有的"州"在我说出我的资源之后，给我的第一句就是"我对地热能不感兴趣"，这个打击真是到位，但后来我发现好多人对于地热能根本就不了解。通过我对地热能优点的介绍，好多人开始向我倾斜，能拉到"投资"真的很有成就感。有一个朋友不是一般的调皮，在我介绍"地热能污染小"之后，他对我说："我想要污染大的，你有什么办法能加大污染么？"这不是纯找事儿么？但也是挺开心的。

化学课老师今天回来了！虽然嗓子还是沙哑的，但起码没那么虚了。我们今天做实验，做的都是国内初中学过的实验。我们做的实验现象不是很明显，但我知道结果呀！跟他们说了结论之后，他们有人质疑，问我是怎么知道的？

中午吃完饭，早早就到了木工教室，趁没人赶快先去印我的图片，要不还不知道得排到啥时候呢。我们打印的图片必须是黑白的，机器会对木头进行灼烧，烧到的部分就变成了深色，也就是图片中的黑色。还真的是挺好玩的，高科技啊，刻印之后效果棒棒哒！

法语课开始读一本书，讲的是一个小男孩想要养狗的故事。老师带着我们读完了第一章，虽然有生词但不是很难，好多都跟英文长得差不多，但读单词真的是要命，铺天盖地一大堆读音不确定的，还有的连读也需要技巧，还好老师给我们传了音频，回家之后可以听咯。

放学之后，我去木工教室又往盒子上印了一幅图，之后要去田径训练来不及送回去了，哈哈，还好有老师帮我保管盒子。

今天田径训练把我们拉到了田径场上，热身之后练习弯道的冲刺，一共要跑9趟，还没开始就已经绝望了……田径场中间是草地，每次跑完之后要从草地上回到起点，教练一本正经地跟我们说草地是干的，真的是睁眼说瞎话啊，那泥巴都软乎乎的不说，草地跟跑道边缘处还有积雪，踩着结实的地方算是走运，踩不好一脚下去那积水能没过脚，于是我的鞋再一次湿了……昨天被臭水浸了的鞋还没刷呢，今天又湿一双，我合脚的运动鞋也就这么两双啊……

合唱活动的时候，老师说这周六要来合唱，周六上午田径还有比赛啊，后来，老师说着说着我才知道合唱是下午的，周六安排得妥妥的了！

晚上妹妹有中文作业需要我帮忙，要录下她口语回答的问题。我一堆作业呢，但也不能拒绝她啊，一句一句教吧，还好她也不是什么也不会，比我想的要好很多。让我欣慰的是这次她总算没那么矫情，以前爸爸妈妈问我能不能帮她，她先不乐意了，说我俩没法沟通，不用我帮。这次虽然没有情景再现，但还是免不了偷懒。对于"会读""会说""听懂""看懂"这四个词她只会个"会说"，我要教她但她不想学，我又能怎么办呢？

感冒还没好呢，每天晚上都想早点睡觉，但没有一天能早睡的。今天被一道数学题给难住了，之后改英语作业，要从书里找原句，又花了不少时间。唉，还有一天就周末咯！

3月22日　星期五

地理课考试，还行吧，不算太简单，但我竟然在下课之前答完题了，而且时间还挺充裕的，不容易啊。

工程设计课老师让我们在电脑上组装3D汽车，本来我们应该自己做每个零件的，但眼看这学期就要结束了，时间不够了，老师直接把所有的零件都传给我们了，我们直接用就可以了，我一开始没听明白，还在那照着视频做一个超难的零件，看着都头疼。但发现老师上传的零件之后，觉得整片天空都晴朗了，哈哈，这下可是省事儿了！但没高兴多久，就发现组装也不好办啊，老师给我们传了教学视频，一共四个，第一个10多分钟，这也是够麻烦的，但还好能有个视频照着做。

第三节课10年级的学生全都到大礼堂去，顾问给我们讲关于下学年的选课。我就不该去，去了也跟我没关系，关键是校长说让我们把电子产品都收起来，弄得我用也不是，不用也不是，我总不能干坐在那儿浪费时间吧……最后戴上耳机开始听法语的音频，听听还是挺有用的。

木工课要往盒子上刷油漆，既起保护作用还能让木头闪闪发光。本来还觉得挺好玩的，渐渐地被油漆味儿熏得不行，手上还黏糊糊的，洗都洗不干净。唉，为了盒子能光鲜亮丽一点，只好忍着继续做。

英语课写了一篇小文章，对我们才读的书中的元素进行分析，还要跟之前我们读的那个小故事进行对比。我先写的小故事里的元素，还没分析完呢，有的人已经交卷了……唉，我的妈，神速啊，我得加速了。最后总算是在下课前写完了，对我来说不容易啊，哈哈。

法语课读书的第二章，要两个人一起读课文、翻译并录音，我跟另一个女生一组，我俩先听了几遍录音，之后一人读一页，很快就录完了，但上传视频可就麻烦了，将近10分钟了都没传上去，最后快下课了总算是传上去了，老师跟我开玩笑说，要不要给你删了重发一遍……

晚上去了一家韩国餐馆吃饭，明明是大家一起分享的那种大盘菜，但他们都单点，我也是很无语。我点了一盘肉肉，到最后一半都没吃完，还撑得不行。

3月23日　星期六

不到7点就起了床，里头穿上运动衣，外面又一层一层地往上套。上身短袖外面套一长袖，再加一卫衣，最后还有一外套，觉得自己跟套娃似的。吃了两片面包就奔学校去了，7点45分就集合也是挺要命的。我们今天要去明尼苏达大学的体育馆，能待在室内真的是谢天谢地。解散之后，我先跟朋友跑了一圈，算是热身了。跳高场地设置好之后，教练开始教我怎么跳背越式，以前跳高都是瞎跳，现在发现用哪条腿起跳都很难确定。好不容易把腿倒腾明白了，又要开始量步数，好不容易开始跳了，跑到杆儿前又突然停下了，总是觉得怪怪的，第一次跳背越式还是不习惯啊。女生从4英尺（约1.22米）开始往上升，教练看我是第一次跳，给我定了个3英尺10英寸（约1.17米），结果我连这都没跳过去，我觉得要是不背越式我准能跳过去呢……后来她们又继续往上升，那更是不关我事儿了，我就在一边坐着看她们跳，女生跳完之后男生跳，看别人跳高还是很享受的呢！女生最高跳了5英尺（约1.52米），有一男生居然跳过了6英尺8英寸（约2.03米），真的是开眼了。

最心酸的莫过于水杯里的水洒了一书包……我的水杯太小，我就拿了一个可以卡在自行车上的那种水杯，没有盖，一挤瓶身水就能从瓶口出来。本来我书包立在那儿好好的，后来不知道谁动了我的书包，给我挪了地方不说，还给放躺了。里头手机、书和鞋全都遭了殃，还好湿的不大。在那待了一上午给我无聊得不行，幸好我早上顺手把单词书塞进了包里，我可真是第一次一下子背了这么多单词啊，哈哈。

回来之后洗个澡，20分钟还眯了一觉儿，之后又要去教堂唱歌。这次我可是长心眼了，我坐着背单词总行吧，反正也听不懂他们在那唱什么。

晚上爸爸妈妈的朋友来我们家吃饭，做的牛排，他们带了烤土豆块和甜点。这一顿吃的是真撑，到了收拾的时候也是真绝望。晚饭后正好播州球队的篮球赛，大人全都去看球赛了，妈妈在厨房没收拾几下，其他人就在客厅里喊她，说比赛要开始了。得了，我收拾吧，把妈妈打发走之后，我开始大展身手了。一堆碗啊、锅啊，放那儿晾干都放不下了。前前后后我收拾了将近一个小时才清理完，唉，真是要命，但妈妈一个劲儿地跟我说谢谢的时候，我真的超有成就感，而且他们也一直在等着我去吃甜点，我也是很欣慰了。

3月24日　星期日

　　上午洗了澡，洗了衣服，之后我们一家跟朋友一家一起去了新建的足球场参观。里头真是大，草坪上还打着暖光帮助草生长，也是，明尼苏达州3月份也不是个长草的时候。之后我们又参观了运动员的休息室，里面沙发、电视、餐桌、浴室一应俱全，看着都觉得舒服得不行。我们下楼的时候，我眼睁睁看着朋友一家的两个人留在楼上，我想去叫他们，但一回头发现大部队没有一个等我的。得了，我还是先自保吧，那俩都是成年人，丢不了，但我在这儿要是丢了可就麻烦了。等到大部队终于想起来找那俩人的时候，我说那俩人在楼上，大部队不带停的，真是看出来了对于成年人都是"不管不顾"的啊。嘿，不久那俩人打来了电话，他俩找不到我们直接在楼上排队兑换纪念品了。我真是今天的"雷达"啊，我一直跟着妈妈，妈妈一会儿找不着妹妹，一会儿找不到爸爸，全靠我四处盯着。我发现我走几步就四处找我们的人，他们的行踪当然难不住我，我就这么爱操心，可咋办……

　　还没逛多久，妹妹就累得撑不住了，得了，回家吧，我下午还要去朋友的生日party呢。我们准备的这可是个惊喜派对，我们都先到了一个朋友家，有一人负责去把过生日的朋友接过来，但我们"惊喜"这部分是真做得不咋地啊，哈哈哈。去接人的那个女生本来打算让我们先藏好，等她们进来之后，我们从四面八方蹦出来。但门旁边全是落地大玻璃，从外面看里面看得一清二楚。我们原来在楼上，这下可好，下不去楼了啊，我们就全在楼梯上等着吧，我下到的位置太矮，她还没进门呢，就被她看到了……虽然我们没"吓"到她，但这也算个惊喜了呀！有一朋友给她买了冰激凌蛋糕，我们也跟着大饱口福。在家里聊了会儿天，我们便出了门，去市中心超市里买了小零食之后，就一起去了密西西比河边。我连外套都没穿，出门的时候还是大太阳照着，不知不觉之间渐渐冷了下来，我真的是"死里逃生"啊，还好没冻感冒。

　　晚上回家之后，洗的衣服有点儿多，洗衣机没甩干净，但这洗衣机没有单独的甩干功能，只能靠烘干机了。晚上我再去看的时候，发现有一件毛衣被烘成了"羊毛毡"……哦，天，真是绝望。这还是妈妈送我的圣诞礼物呢，我又不好意思跟她说，自己想办法吧。上网查说护发素跟水1∶3浸泡10分钟会有帮助，然而连个盆都找不到，他们平时从来不手洗衣服啊……我只能把脸盆堵死凑合着用了，护发素是用了不少，但好一个泡也不见它大多少啊，唉，拉倒吧，就当一回难得的人生经验了……

3月25日　星期一

今天我们要开始选课了，每节课上课时老师都会给学生时间在平板上选取下学年的课。地理课老师好一通叨叨，给我们介绍每种课，我好不容易撑住了没睡过去，老师还开玩笑跟我说你不选下学年的课么……

工程设计课上选完课之后继续在电脑上组装小汽车，汽车要先组装三大部分：车头、车身和车尾，之后再组装成汽车。我先从车头开始，要往车头上装轴承、轮子和轮胎。一开始觉得挺复杂，但熟练了之后发现其实原理都一样，越做越熟练。

化学课老师直接给了我们整整一节课选课……真是霸气。反正不关我的事儿，我还是背单词吧。

木工课我们要先把盒子用砂纸打磨，之后每15分钟刷上一层虫胶。我早早到了教室，先打磨了盒子，但还没来得刷虫胶，就打上课铃了，老师把我们都叫回了座位上，接下来又是听他讲选课的事儿。嗯，又少刷了一层……

英语课要开始写论文了，我们上周五写的片段是可以用在论文里的。老师把第一节课和第二节课同学写的文章批完了，但没批完我们的……真是扎心了，本来我还准备这节课用我之前写的片段呢。还好老师同意把我们的文章拍照后往平板上打字，但手机屏幕也忒小了，贼累眼睛。

数学课老师给了很长时间让同学选课，我正好看见法语老师把第三章的文章音频发到了平板上，啊哈，这下有事儿干了，法语录音真的是蛮好听的啊，哈哈。

法语课先是找同学读上周五读过的第二章，我之前听过录音的，还算是有底气，便举手要下了一个角色，我似乎是唯一一个自己举手的啊。复习之后，老师给我们读了第三章，哎，还是老师读得好听啊，哈哈。

　　下午田径训练，先是在负一楼的体育馆里做了热身活动，我穿了件短袖，加一件卫衣，外头还套件外套，因为我们要出去嘛，田径场上可冷了，但热身之后，我就把外套和卫衣都脱了。当我们准备要出去的时候，我的卫衣却不见了……这是谁拿错了么？我在整个体育馆里溜达了一圈也找不见衣服，难不成有人把我衣服给偷了？

3月26日　星期二

　　早上参加射箭训练的时候，我问教练体育馆里监控的事儿，训练之后，教练直接带着我去找了负责监控的老师，哈哈，这也太给力了。我其实认识那个老师，不是很熟，但是见面都会打个招呼，他让我第一节课去他办公室。本来第一节地理课老师要给我们看视频，我们还要做笔记，我这落了课还要自己补看视频，但都跟负责监控的老师说好了，不去又不好。等了他一会，他总算是忙完了，接下来就是破案时间了。往电脑屏幕前一坐，看着一堆的不同角度的监控录像，突然觉得自己变身大侦探啊，哇哈哈哈。趁着老师找角度的工夫，我摸过来老师桌子上一个打乱了的小魔方，给他露了一手，分分钟拼好了，他一个劲儿夸我聪明，哈哈，他还直接把小魔方送我了。

　　他找到了两个角度的监控，而我放衣服的地方正好是在两个监控的交界处，而且我们好多人站在一起听教练讲话的时候完全把我放衣服的地方挡死了，而教练讲话之后，我们要去田径场的时候，我就发现衣服不见了，这下可是有意思了。还是老师聪明，开始查出口。可我俩看了两遍也没见一个人拿着我的衣服出去，难不成我衣服的失踪案要成谜了吗？只能继续查体育馆里的录像。最后老师发现一个男生拿了我的衣服之后给了另一个男生并装到了他的包里，怪不得查不到呢。可笑就可笑在我还认识这俩男生，是我一个朋友和他哥哥。我想给他发短信时，才发现他已发短信说他错拿了我的衣服，唉，怪我昨晚没查收我的平板信息，白费我在这儿查了一节课的监控，但查监控也确实挺好玩的，体验了一把当侦探的感觉啊，哈哈。

　　化学课老师发了两张练习题，我已经算是速度快的了，做完了一张，另一张完成了一半。虽然不着急交，但我还是当作业完成咯。

　　木工课依旧是往盒子上涂虫胶，一节课48分钟，而我们要每15分钟往上加一层。吃完午饭后早早到教室先刷上一层，这样一节课就能刷四层。好多人都提前到教室来刷虫胶，以至于我们的时间点都差不多，每到了我要去刷虫胶的时候都特别挤，一共四个位置，还要排队。每15分钟一折腾，我想趴着睡会儿都睡不好。

　　英语课是继续写论文，虽说论文重要，但睡觉更重要……何况我今天早上还早起去参加射箭训练。还真是睡过去了，连打下课铃都没听见……

　　数学学向量，虽然是新内容，但一开始还挺简单的，但到了应用题就把我给整蒙了。本来看文字就费劲，这些题还连个图都不给，真是要命。

　　法语课先是复习了昨天读的内容，老师找没读过课文的同学来读，完美地把我排除了啊，哈哈。今天读第四章了，先找同学按顺序读，发音都不忍心听啊。后来老师抽签，抽到最后也没抽到我，可能是对我太放心了，故意的吧，哈哈。一页习题，虽然不是选择但也不难，有一些不认识的单词，但不影响理解，我们小组互帮互助很快就做完了。

　　今天的田径训练强度不大，明天有比赛，教练的注意力都在运动员身上呢。而我们跑了8个100米冲刺，之后做些力量训练就回家了。我们做腹部训练的时候都是躺在草地上，但那草还是湿的。湿了一屁股不说，而且牺牲了我才要回来的卫衣啊，后背蹭的全是泥。

3月27日　星期三

　　昨天地理课看了关于黑市交易的视频，今天继续看。视频中讲了假包、假药等等，之后还讲了意大利的黑手党和毒品，等等。在一些国家，领导人都贩卖毒品，哦，真的是可怕。

　　工程设计课我组装完汽车了！我举手叫老师来，给她展示我的小汽车的时候，她惊到合不拢嘴，问我"你这么快就做完了？"弄得我懵叨叨的，我也没觉得我做得快啊……

　　化学课老师又布置了新的任务，在教室的墙上贴了12张纸，每张纸上是一道题，我们要在教室里转悠着做题咯，大部分人都是拍了照片之后再做，站着还真是不好写字啊。但大部分人连上节课的两页题都没做完呢，我又走到别人的前面了。

英语课上写了一会儿论文，后半段睡了一觉，哈哈，课上大家都在写论文，静悄悄的环境很适合睡觉啊，哈哈哈哈，就是睡着了有点儿冷。

数学课老师开讲文字题了，得了，彻底给我整蒙了。之后发了一页复习题，让我们准备周五的考试，对于复习题上的文字题我也是很懵啊，还好老师今天放学之后会留在学校，放学之后再说吧。

法语课我跟老师说我想买本我们正在读的法语书，问她知不知道哪儿有卖的。因为亚马逊上没有。老师当初跟我们说把书弄丢了要付钱的时候，我脱口而出问老师多少钱？哈哈哈。老师问我是不是想拿走一本再付钱给学校？好吧，猜中了，但我现在不是来问你哪儿有卖的了么……最后说来说去我还是准备复印吧，学校还没有复印机。虽然平板上有软件，可以把书扫描成黑白的，但工作量是很大的。

放学之后，教室里人还真是不少，我跟数学老师讨论了那几道文字题，老师给我讲了第一道题后，剩下的我自己就能做出来了，但怪就怪在不同方法做出来的结果还不一样，我还是用老师那种方法做吧。

晚上真是忙活开了，地理小文章、英语论文、数学复习作业，妹妹还有中文作业要我帮忙。她有几道中文题，像"你都去过什么地方""你都会说什么语言"要用中文回答，题目还要求用上"除了……以外"，哎，还得教她写字。一开始她就只写词语，我给她写下示范她都懒得抄。我好说歹说她才擦了，用上了"除了……以外"。但对于"语言、地点"等不断变化的词她更是懒得写。对于一些她没学过的生词写英语就写英语吧，但是像"中文""英文"这样的词她可是学了，她上次的作业里有这些词语。我让她写中文她不干，还一个劲儿质问我"你为什么要在意这些细节""你为什么要让我在意这些细节"。最后我就成了她的橡皮，她不改，我只能帮她擦……

3月28日　星期四

地理课我们要两人合作"开一家公司"，设计一种新型产品并规划生产、售卖、运输等的投资、花销、盈利。老师的目的是让我们运用"工业区位最小成本论"，但我们的时间全都花在了设计新产品上……老师说让我们改进或新发明一样产品，但这哪是说创新就能创新出来的啊，关键是连个方向都不给。我跟"合作人"被卡在了选产品上，快下课之前，我们决定做一种不需要系的腰带，可以挂在裤腰的腰裆上。这可是我的主意啊，但上网一查发现已经有这种产品了，而且跟我同组的一个女生就用的是这种腰带……

工程设计课我完成任务了，本来想背单词，看见边上一个男生在做他的法语作业——制作一个故事板报，我突然想起来我也要做这个作业。我们昨天读的第五章，要按故事发展顺序画六幅图，并给每一幅图加上法语叙述。书里有插画，画什么不难想，但难的是画……一直觉得我画画技术挺差的，但画出来之后发现其实还不错啦。

化学课继续完成法语插画。我问化学小组的人有画画好的吗？他们异口同声地跟我说"没有！"还是靠自己吧……

昨天我已经把论文写得差不多了，今天英语课又把一些不确定的地方跟老师讨论了一下，大功告成咯！睡觉！今天我可是记得带外套了，哈哈哈。

数学课明天要考试啦，大家都着急了。老师让我们往黑板上写不会的题的时候一大堆上去写的，平时都没有动弹的啊。老师给我们讲题几乎讲了一节课，但她讲的那些都不是我要问的问题，我还是自己看课本复习吧。

法语课又是要两个人读文章并录像。我今天去把书打印出来了，我找了一个同伴之后，放了录音开始听，并开始往书上做笔记，但她毫不在意地在那看手机，我以为她有多厉害呢，到了录音的时候她完全就是在用英语读法语啊……今天老师还给了我们两页习题，都是关于动词在不同的人称之后不同的形式变化的。老师说都是书里的原句，但好多分明就不是，我还是直接上网查动词的形式变化吧。

昨天没有田径训练，今天让我们先出去跑跑恢复一下体能。说好的"小热身"，结果一跑就是3000米，我们学校在山顶上，跑下坡的时候倒是挺爽的，上坡跑回来的时候可是扎心了……回去之后做了力量训练。我去练了跳高。3英尺8英寸（约1.12米）总算是跳过去了，看着别人都跳得轻轻松松，但我却费了很大劲儿。试3英尺9英寸（约1.14米）的时候，明明身子都过去了，胳膊肘却把杆儿碰掉了，心疼我的胳膊肘……

3月29日　星期五

明天就放假啦！而且下周开始放春假！地理课我们俩又改了主意，准备做一个可以当作头绳用的手链，虽然说这个主意不是很新颖但很实用，这边好多披着头发的女生到了要运动的时候四处借头绳啊。这样平时手上戴一个那不就什么问题都解决了么？一节课下来，我们俩离完成任务还远着呢，只能放春假的时候做了。

工程设计课考试，昨晚上好一通复习呢，却得了个8/10。我们都做完之后，老师说有一道题没有一个同学答对的，她说那道题不是很清晰，就把那道题给舍了，这样我就9/10了，哈哈，这边的老师真是开明。但我还是错了一道啊，问老师，老师给我看答案之后，跟我说这道题出得不好，嗨！出得不好还考我们……

化学课也考试，但这个是真简单。我分分钟做完之后检查了一遍，没有问题，第一个交卷！

木工课今天是做盒子的最后一天了，我要往盒子上加铰链，这样盒子盖就可以开合了。先要用橡皮筋把盒子盖结结实实地压到盒子上，之后开始测量，决定铰链的位置，用铅笔描画出螺丝孔的位置之后就要用机器开始打孔了。一开始我还不敢用那机器，也不知道要往下钻多深，老师给我指点了一下，我越做越熟练。但到了往上固定铰链和螺丝的时候，发现有两个螺丝孔钻偏了，我只能把那两个螺丝孔放大……最后好歹把螺丝固定住了。老师给我的作品打了100分呢！开心！

本来英语课老师说这节课是让我们玩的，她还说给我们带蛋糕。结果没有蛋糕就算了，还给我们布置了任务，这完全就是为了消耗时间而做任务啊。给我们看了读过的小故事和书的不同封面，让我们赏析封面的颜色、故事要素、情感等等，虽然说看不同的封面也是挺有意思的，但我想借机午休的美梦碎了一地……

数学课考试，对我来说不是很难，毕竟我把老师给的复习题都研究透了，做完之后检查了一遍，直到快下课才交卷。大部分同学一看就是没做完，都不挪窝……

田径训练强度不大，跑了几个冲刺，做了力量训练，之后我想试跳远，但脚踝疼，还是算了吧。

爸爸妈妈跟我说准备在本学年结束的那个周六给我办个party，让我邀请朋友来参加，这下我可有得忙了，挨个发消息，还要跟他们要邮箱，以便妈妈能给他们群发邀请函。我还专门给列了一个表格，事儿不大，但条理还是得有的嘛。

3月30日　星期六

早上起床之后，把屋子收拾了一下，妹妹让妈妈帮她做饼干，香蕉、面粉和花生酱，不知道她们怎么整的，有一股怪怪的苦味……

上午跟爸爸妈妈一起出去遛狗。外头出人意料的冷，高尔夫球场上空空旷旷，狂风肆虐，没逛游多久爸爸就说他耳朵冻得慌，回家咯！其实我也冻得够呛，就是没好意思说。

中午爸爸出去给我们买了三明治当午饭，狼吞虎咽吃完之后，我们去了一家酒吧看足球比赛。之前爸爸妈妈跟我说去看比赛的时候也没跟我说是去酒吧啊，要不就是我没听见。但中午那个点儿，在昏昏暗暗的酒吧里，真是差点儿没给我困死。想睡觉吧，旁边全都是热血沸腾的球迷，我睡觉总觉得对人家不尊重，趁着中场休息，我总算是借着机会眯了一会儿。唯一能把我唤醒的就是柠檬汁了，哈哈，还是食物有吸引力啊。

下午回家之后，我总算是能睡觉了！一觉儿睡到了晚饭的点儿。晚饭之后，收拾完锅碗瓢盆，家人又拉着我看电视，是现在很火的一个连续剧，有点小恐怖但还是蛮有意思的。我想要补日记又没补多少。

3月31日　星期日

上午8∶00要到教堂准备唱歌。7∶40我收拾好下了楼，妈妈看见我才想起来上午有合唱，去叫妹妹起床。妹妹不乐意地吭吭唧唧，但我们总算准时到了，正好8∶00啊。

感觉这次仪式特别快，我歌词都没唱几个就结束了……好多时候我们合唱团的那些人都把歌词背下来了，没有一个照着歌词唱的，但我背不下来啊，又不好意思去翻找歌词，得了，在里头跟着混吧……

早晨没来得及吃早饭，这一上午虽说不怎么饿但还是有点儿虚。回家之后，妈妈给我做了一个三明治，之后便开始了写日记大业，午饭之后总算是补完了，哦耶！

下午爸爸妈妈想带我跟妹妹出去遛狗，问过我之后便去叫妹妹，就为了这事儿都能引起一场大战。我收拾好下楼等着了，妈妈还在楼上和妹妹纠缠，在楼下都能听见妹妹的喊声，我跟爸爸在楼下无奈地苦笑……爸爸跟妈妈说要不算了吧，不叫她了。妈妈斩钉截铁地说："不能让她赢了！"哈哈哈。最后总算是把妹妹拽出来了，我们开着车带着狗去河边"探险"，去了好几个地方，还去看了大坝。站在十几米高的大桥上都能感觉到从大坝飞泻而下的水幕溅上来的水雾，很壮观的呢。

4月1日　星期一

迷迷糊糊地早上9：00才起床，原本跟妹妹说好我陪她去攀岩的，上午9：00或10：00出发，这下给我急的，以为我晚了。但看妹妹还没起床呢，我就去洗了个澡。9：56她起床了，跟我说："我猜我们10：00是出不去了。"吃过饭之后，爸爸妈妈出去遛狗，回来之后带我和妹妹去了攀岩的地方。在室内，虽然攀岩墙不高，但是竟然没有保护索……哎，我的天，我去试了试脚下的垫子，还没有我跳高的垫子软……这都是些什么操作，也太危险了吧。本来我也没想爬，我就看着妹妹爬吧。她爬了能有20分钟吧就不干了，开始四处逛悠，还拉着我四处跑，真是觉得我不该跟她来……她先是去了健身房，门口立一个大牌子上面写着"十六岁以下禁止入内"，我告诉她之后，她一脸不屑地跟我说"I don't care"。我是管不了她，自己看着闹腾吧……里面没有什么危险的器械，但她从来不会用正确方法操作那些器械，给我看得心惊胆战的。其中一个器械有一个可以上下移动的平台，高处有两个手柄，要领是跪在平台上，抓住手柄，将人体向上拉，进行臂力练习。妹妹倒好，把这器械当蹦极玩，脚一蹬，飞上去，然后再掉下来……只有你想不到，没有她玩不出来的花样儿。在一个器械上好一通爬，先是磕了腿，要爬出来的时候又碰了头，唉，看她这活儿真是不能干，太操心了。

在健身房里闹腾累了又拉着我跑到了更衣室。有个洗澡间，洗澡间外面有个更衣隔间，更衣间里有个小沙发，是挺软的，她就躺在上面跟我说她要睡觉，唉，睡就睡吧，我刚拿出书来还没看几个单词，她就把更衣间外面的隔帘给拽下来了，还带着上面的横杆一起……我当时那个绝望啊，一个劲儿地在心里祈祷妈妈赶快来接她吧，我要被她逼疯了！还好那个横杆只是卡在两堵墙中间，我帮着她给安上了。

修好之后正好进来人了，她转身跑出了更衣室，又去了健身房。这次开始玩哑铃、瑜伽球等小东西。她先是拿了一个海绵圆筒，是帮助拉伸放松的，她躺在地上，玩儿了之后直接给扔回去了……自此之后，我就跟在后面给她收拾东西。不知道她把个什么纸片撕得一片一片的，扔在地上转头就不管了。真把我当她保姆了？我把她叫回去让她自己收拾，哎哟，我真差点儿被她气死！

最后爸爸来接我们了，她一看爸爸在外头停下了车赶快从健身房跑回去攀岩……唉，离解放不远了！

晚上我邀请朋友来家里吃饭，四点钟我跟妈妈把她接过来。我给她讲我这一下午都经历了些什么，结果给她笑得不行，好歹有个人诉苦啊。后来我俩玩游戏，每个人有4个棋子可以走，如果对方的棋子停在了你所在的那一格儿，你的棋子就要被踢回起点。我们俩第一轮都很友好，能不把对方踢回去就不踢，最后还是她赢了，我就差一点点啊。之后我俩换了个游戏，依旧是可以把对方踢回去的，但是棋子都要正好落在终点上，要不就要再来一圈。我俩最后都只剩一个棋子，一圈一圈地走，走到最后我俩都放弃了……这个游戏估计是玩不完了。

晚饭吃的千层面、沙拉和蒜茸面包，超好吃！把同学送回家之后，我就开始打包东西，明天要出去旅游咯！还是去Duluth，但这次是去不同的景点，而且我们还在山里租了个小房子，去体验大自然咯！

4月2日　星期二

　　早上8：00起了床，吃完早饭后又把剩下的洗漱用品等收拾了一下。原本说好10：00左右出发的，但妈妈把家里碗筷什么的好一通收拾，之后又上去收拾他们的洗漱用品，而爸爸则把我们的行李都搬到了车上。都准备出发了，妹妹又有事儿。她手机没电了，路上非要看手机，就要用车后座的充电口。而我们的行李把充电口给挡死了，她就要重新倒腾行李，爸爸妈妈一开始不同意，但后来让她给闹的，爸爸又去后座给她倒腾行李。好不容易倒腾完了，10：30才出发。

　　路上走到一半，她手机又充不上电了，她又开始扒拉行李，爸爸妈妈说她，她也不听。我还是听我的音乐吧，不听他们吵吵。她好一通试也不好使，最后总算是放弃了，开始看书，谢天谢地，总算是清静了。

　　中午我们到了Duluth，在之前去过的一家餐馆吃了饭。午饭后我们去了水族馆。不是很大，就两层，我有点小失望，连个鲨鱼都没有。说它是个水族馆，其实里面是Duluth周边的代表性动物，靠着苏必利尔湖，大部分都是海洋生物，便成了个"水族馆"。我们看了工作人员喂水獭还有电鱼放电，两只水獭闹腾着抢食儿吃真是挺有意思的，一只水獭还直接把卷心菜给顶到水里了。电鱼更有意思，鱼缸外头连着灯泡，电鱼一发电灯泡就亮。那条电鱼一米多长，还胖乎乎的，长得有点吓人，呆呆的。平时它不咋发电，工作人员来喂它的时候外头的彩灯排着亮，好几次放出的电都快要达到了巅峰值，第一次看喂电鱼啊。还有一个关于臭鼬的小演出，工作人员说臭鼬视力不好，觅食主要靠嗅觉。还把食物藏在布底下让它找。臭鼬视力是真的不好啊，食物都已经被它拱出来了可它就是看不见，还在继续拱那个布，呆萌呆萌的。工作人员还让我们摸臭鼬，它的臭腺已经被摘除，不用担心它放臭气。还有可以摸鱼的水池，给妹妹兴奋得不行。

　　之后我们去了一家酒吧，爸爸妈妈要小酌一杯。妹妹不乐意去，自己跟狗待在车里。狗在后备厢里，狗那口臭真的能熏死人，我这一天好不容易活下来了，也不知道她怎么待得住。酒吧里面有卡牌游戏，还有乒乓球桌，爸爸又出去把妹妹叫来……爸爸妈妈边喝着饮品边和我们玩游戏。玩法是掷骰子走棋子，落到不同颜色的格子上，有一摞问题纸牌，对方要提问纸卡上对应颜色的问题，答对了己方就能继续走，答不对就换对方走。我跟妈妈一帮儿，爸爸跟妹妹一起。爸爸知道的比较多，他俩答对的问题也比较多，但我这个掷骰子能手每次走的步数多，最后我跟妈妈竟然赢了。有一次妹妹还想作弊，扔了个"1"，趁着爸爸妈妈说话都没看她，她拿起骰子又想继续扔，让我一句"那是个1"给喊住了，唉……

　　玩完一局之后，我们去打乒乓球，哈哈，这可是我拿手的！妹妹水平不咋样，我每次都尽量把球发高陪着她玩。后来爸爸妈妈加入我们开始双打。爸爸跟妹妹一帮儿，爸爸水平还不错，还能发旋球，而我跟妈妈就主要靠我了。爸爸扣球真狠啊，打在身上蛮疼啊，而且我这边正好对着窗，被外面的太阳晃得看不清，他扣杀的球我一次都没给打回去过。后来妹妹不想打了，想早点去我们在山里租的营房。但爸爸妈妈的饮品还没喝完，打乒乓球也正打得尽兴呢，她为了让爸爸妈妈早点儿喝完早点走，在乒乓球台边举着俩人的杯子，每打一个球就来给他们灌着喝，爸爸妈妈一遍一遍地跟她说"不用了"，爸爸妈妈真是有耐心……

　　我们终于到达了营地！这次不用住房车了，我们有房子咯！房子里面布置得好温馨啊。一进门是客厅，有一个木茶几、大沙发和一个火炉。进门左手边还有个衣柜，右手边有衣服挂钩。客厅四周全是大窗户，周围的美景尽收眼底，虽然说这边雪都还没化，也没啥好看的，但自然风光还是赏心悦目啊。墙面上安了个电视呢，电视上方有一张熊皮，满满的自然气息啊！客厅跟厨房、餐厅都是在一起的，客厅往里是个大理石吧台，旁边是餐桌。虽然没有专门的厨房，但厨房设施可是一应俱全，电磁炉、烤箱、微波炉、冰箱、水池、洗碗机一样不差，锅碗瓢盆都给备齐了，还有毛巾、餐巾纸、爆米花盒和咖啡机，真的是跟在家一样啊。一楼还有卫生间、一间锁了门的屋和两间大卧室，都是双人床。还有二楼呢！楼上的布置比较简单，只有四张床。妹妹一进门就奔向一楼的双人床，一间卧室是父母的毋庸置疑，在我看见楼上还有床之前，我还以为我要跟妹妹睡一个床呢……一开始爸爸还说让她去楼上睡，但妹妹反驳说妈妈让她在楼下睡了。我在哪儿睡都一样，爸爸妈妈离妹妹近点儿也好照顾她，我一个人占着楼上四张床的感觉也是挺爽的。我把楼上的床和床头柜来了个乾坤大挪移，因为只有一个床头柜，是在窗边，但我肯定不能睡在窗边啊，那窗户一看就漏风，我选了一个远离窗户的床，接下来就要搬床头柜了。还要找电源插头，把台灯给插上。大功告成的那一刻觉得自己真是个人才！

晚上吃昨天晚上剩的千层面，还是超好吃！饭后看了个电影，一部老电影，讲的是在加州唐人街发生的关于妖魔的故事，他们都觉得这是个好电影，爸爸妈妈还看了不止一遍，我却觉得无聊得很，可能是因为没有字幕我也跟不上吧。

之后洗了头，卫生间里竟然还准备了吹风机，那个功率真的是要命，小风悠闲地吹着，我吹头发花了平时两倍的时间。快吹完了我才发现把按钮向下拨是大功率，哦，天。小功率就小功率吧，噪音小，妈妈都睡觉了，别吵到她。

楼上是真暖和，爸爸在壁炉里生了火，暖气全都跑楼上了。但睡到后半夜估计是火灭了，还真是有点冷啊，醒了好几次。最让我哭笑不得的是楼梯间的灯一夜没关。顶棚上有一个灯一直照着螺旋状的楼梯间，我睡觉之前看爸爸坐在客厅沙发上借着这个灯光看手机，我就没关这个灯。灯光之下我好不容易睡着了，结果爸爸也没关那灯，估计他是以为我故意留的灯，毕竟妹妹是没有台灯就害怕得睡不着……每次我醒过来都被那灯光烦得不行，可是又懒得起来去关灯，这灯就这么一直开到了天亮，我睡醒了才给关了。

4月3日　星期三

早饭还真是不错，妈妈做的烤肠、羊角面包，还给我们准备了橘子。吃完饭之后，我们就待在房子里看电影，看来午饭之前是不准备出去了。电影我没从头开始看，我一直都迷茫得很。总算熬到了电影结束，我们开始玩游戏——"抓勺子"，4个人，3个勺子，每人4张牌，第一个人从扑克牌堆里摸牌，如果需要这张牌就留着，传下去另一张手里不需要的牌；而如果不需要这张牌就直接往下传，目的是拿到4张数字一样的牌。接下来就开始"勺子"的部分了，只要集齐了4张，就可以抢勺子，而最好还是能不被别人发现，第一个人抢了之后剩下的人就可以开始抢了，4个人3个勺子，总有一人抢不到。爸爸老喜欢做假动作，假装去抢勺子。有几次他是假装的，但真有别人集齐了4张牌开始抢勺子，他却以为我们是被他骗了，我们都抢完了他还没反应过来，哈哈哈，把自己给骗进去了。

吃了午饭之后，我们终于出发咯！先去了Glensheen，是个大户人家的庄园，1905年建的，房子和庭院都大得很，真是见识了，我只是在里面走走就转晕了。虽然房子经过好几次修缮，但大部分还是保持原样，那个时候能把房子建到这么豪华真的是很不容易了，而且房子位于苏必利尔湖边，庭院里还有一条小溪，窗外景色超级棒，绝对是个拍照胜地。

由于他们之前已经来过这个地方了，这次爸爸就没跟我们一起来，他带着狗遛弯去了。他开着车在周围溜达，还真发现了些好地方。我们从Glensheen出来之后先是去了湖边的沙滩，还有一个小桥，景色都超美。之后我们要找饭店吃饭啦，但时间还早，爸爸妈妈便找了个酒吧打发时间。这儿的饮品都是超浓缩型的，杯子本来就不大，还只给一小口。我跟妹妹在无酒精菜单中徘徊，一共就5个选项，但那些成分都让人看不懂，最后服务员直接给我们接了一小点儿让我们尝尝。第一次是橘子味儿的，妹妹觉得还可以，但我真是受不了那个味儿。我又挑了一个黑醋栗和奶油的，哇，这个是真好喝，人间美味啊。制作还很简单，就需要黑醋栗汁、奶油和苏打水，搅一搅就完成了，我还没等喝呢，妹妹已经把她那杯一口气喝完了。

在酒吧里逛游够了，我们去路对面的餐厅吃饭，是一家蛮有名的连锁店。食物超大盘，给我撑得不行，刚在酒吧里吃了点儿零食，接着就来吃晚饭，饭前还给上了一盘沙拉，我这个吃货也承受不了啊。最尴尬的是服务员还把我的饮料给上错了，算了，我还是别找事儿了。妹妹点的是我想喝的那个，服务员给我上的和她那个味儿其实差不了多少，反正都不是很好喝……

吃完饭之后，我们要往回赶了，将近一个点儿的车程呢。进了山里看不见几辆车，更别说人了，却看到成群结队的鹿横穿公路，我们停下来给它们让路，倒把狗急得不行，我们每次一停车它就一个劲儿地叫，以为我们到目的地了。

晚上妹妹非要看电影，我跟爸爸妈妈玩游戏。先是玩纸牌"权力的游戏"，这可是需要策略的，一上来我就连着赢了两轮，我真棒！玩了几轮之后，我们又开始玩扑克牌，他们真的是能把扑克牌玩出花样来，好几种不同的游戏，我学得挺快，最后还赢了呢！

4月4日　星期四

早上起床之后开始收拾东西啦，今天就回去了，而爸爸中午还要在城镇里开会，从我们这儿开车出去也得一个小时。我们剩的食物不多了，虽说我们4个人肯定是够了，但我还是吃我昨天晚上的剩饭吧，昨天晚上只有我一个人把剩的食物打包了，发扬不浪费的优良传统啊，哈哈哈。我把剩的鸡肉面倒到碗里，准备放进微波炉里加热。我设置了计时器，之后点了"开始"，却发现微波炉不但一点儿噪音都没有，而且碗在里面也不转。我第一次设置了2分钟，到时间之后，我却发现碗一点儿都不热。第二次我设置了5分钟，还是不好使。爸爸过来帮我，跟我说你根本就没把微波炉打开……哦，天，我这智商没救了。这微波炉跟家里的不一样，怪我咯……爸爸帮我设置好了之后总算是开始加热了。加热到一半，爸爸跟我说让我把碗里的面条搅一搅，我把微波炉暂停，搅完了之后发现我又启动不了微波炉了，又得叫爸爸来。之前妈妈给我把面条从冰箱里拿出来之后就去洗澡了，她出来之后见我还在加热面条，哭笑不得，唉，给我尴尬的。

出发总算是没晚点，还提前了呢，毕竟爸爸要去开会，可晚不得。我们时间充裕，还去咖啡店喝了杯咖啡。咖啡店里还真是坐得挺满，还有个工作人员在玻璃门外好一个拍店里头，估计是为了做宣传广告吧。我要了一个最小杯，可还是喝不了，最后都给妈妈了，妈妈喝了那么多咖啡，后来好一通上厕所，哈哈。

爸爸开会的时候，妈妈开车带我和妹妹去了一个广场，里面有些给小孩子玩的秋千啊什么的，但外头真是太冷了，我跟妈妈带着狗在外面遛了一圈就跑回车上坐着，妹妹在广场上玩了一会儿也被冻回来了。她想用手机看视频，但她手机电池不行了，她就跟妈妈说想要买个新手机。妈妈不同意，说得等她再大一些。一场大战爆发在即，妹妹开始哭，还好一通喊，最后摔门而去。妈妈下车去追，最后妹妹跑去了停车场边上的一个长椅上坐着，再一转头又跑没有了。后来妈妈出去上厕所的时候还是把她找回来了。妈妈默默妥协，把她的手机给了妹妹玩，妹妹总算是消停了……

中午，我们又到了第一天中午吃过饭的饭店，他们的饭确实是好吃。我早上吃得挺多，这一上午没干什么，我也不饿，我点了一个比较便宜的，我以为分量会比较少，结果上来之后又是超大一盘，火鸡、面包、酱和土豆泥，哦，天，我真是绝望了。虽然我嘴上说着吃不了，但最后还是全都给吃了，嗯，我就是这么长胖的……

回家之后刚把东西收拾好，妈妈告诉我马上会有合唱，我跟妹妹又急急忙忙收拾东西去合唱。回来之后妈妈做了比萨，我一点儿也不饿，啥都没吃，妹妹也只吃了一块，晚上我们吃了点儿爆米花。

4月5日　星期五

今天一天全用来补觉了，早上起得晚，中午又一觉睡过去了，我怎么觉得越睡越困呢……

晚饭爸爸出去买的炸鸡块，一大桶，我们4个人一顿吃下来就剩了一块了，哇，天天吃大餐我真是有点撑着了。

晚饭之后一家人出去看了个电影，漫威的《惊奇队长》，故事情节是倒叙的，构思超棒。我们去的电影院，椅子是可以放躺的，我真庆幸没睡着，妈妈坐在我旁边，真的是睡过去了，哈哈。

4月6日　星期六

早早起了床，一上午都在做我个人项目的幻灯片，直到快中午时总算做完了，先不说文件太大没法用邮箱传，就是把幻灯片上传到云端硬盘上也花了好长时间。

见妈妈要出去遛狗我也跟了出去，外面天气还真是不错，遛狗都不用戴手套了。但昨晚刚下过雨，地上全是水洼，鞋都弄湿了。

中午想睡一会儿，闹钟响了之后又眯了10分钟，回笼觉真香啊。

晚上要去看足球比赛。新建了一个足球场，虽然还没投入使用，但球场里有个酒吧，里面有电视直播比赛。我们跟朋友一家一起在酒吧里吃饭、看比赛。我本来也不是球迷，老仰着脖子看电视看得我脖子疼，还好我带了单词书，我还是背我的单词吧。妹妹更是坐不住了，出去溜达，捡回来一大堆钉子、螺丝啊什么的，爸爸说她是捡垃圾的，也是很贴切了……餐馆外面是个步行广场，我就出去跑了跑步。两个妈妈看我们三个孩子太无聊了，就先把我们给带回来了，走的时候我们的球队2：0领先呢！

晚上做了地理作业，我们组要做头绳，需要确定工厂的地点和公司总部，那肯定是怎么省钱怎么来啊，这就涉及原材料、运输等问题，在网上做调查也是花了不少时间，最后总算完成了。在查资料的过程中我也学到了不少知识。

4月7日　星期日

今天早上我是全家第一个起床的！洗了头，把自己打扮好之后就要去教堂唱歌咯！外面天气是真好，妹妹都穿上短裙了，还穿个高跟鞋，在教堂里地砖上一走还带回音的。礼拜结束之后，指挥合唱的老师说她丈夫夸我们唱得好，她丈夫可是个音乐家，能得到他的表扬可是不容易啊。

妹妹回家换了衣服之后，爸爸妈妈带我们去打保龄球咯！这是个慈善募捐活动，离得还真是不近。总算是到了，推开门发现里面热闹得很，而从外面根本看不出来。一进去嘈叨叨的，感觉到处都是人，我紧紧地跟着爸爸妈妈，生怕走丢了。安排好了球道，一转眼就到我了，唉，我不会打啊……动作看着不难，但一些小技巧却很难学得到，爸爸简单教了我一下，想要把球扔得走直线还真是不容易啊。妈妈很厉害啊，第一局一直遥遥领先，而我位居第二名，超过爸爸了诶！看来我这个新手还是学得很快的啊，哈哈哈。

第一局结束之后，妹妹就不想玩了。剩下我们仨，我成垫底的了，爸爸是越玩越好，最后把妈妈都给超了。有的球瓶是彩色的，当排在最前面的球瓶是彩色的，又能打一个全中的话，就能得一美元。妈妈水平高，没多久就赢了一美元，后来给我玩游戏机了。有一次轮到我，正好最前面的球瓶是彩色的，爸爸在我身后喊"一美元在向你招手！"还向后面的工作人员示意，让他们注意。我怎么可能打一个全中，只能无奈地跟爸爸说，"不可能！"但谁能想到啊，我这只球扔过去竟然真把所有的球瓶都打倒了！太神奇了！我真棒！我就这么得了一美元啊！正好还给妈妈了，哈哈。

到了抽奖时间咯！工作人员关了保龄球的球道，开始抽奖咯！我们买票，之后投到标有不同奖项的小桶里，工作人员从每个小桶里面抽小票发奖。爸爸买了将近20张，期望无限大，但最后只中了一张。这一张已经很值钱了，双人旅馆住宿，还有演出的票，这可是比买票的钱贵多了。

晚上做了工程设计课的作业，要求给我们拼完了的汽车加上三个新的部分。原来的小汽车真的是挺简陋的，我准备往上加反光镜、车门和后备厢的门。我们下周要往电脑的3D图上加零件了，现在我们要在工程笔记本上画出草图。本来画车就难，这次往上加的这些部分更是连个模型都没有，全靠想象力了。

4月8日　星期一

今天是春假之后的开学第一天！我不但没有起床困难症，而且早上5：30就醒了，醒了就睡不着了……唉，希望今天别犯困吧。

地理课我们有25分钟的工作时间，做关于商品的PPT，还要介绍公司总部和工厂的地点。我之前不知道工厂还可以建在别的国家，挑的地点全在美国，但美国的劳工费肯定贵啊，我们最后还是决定把工厂设在中国，这样的话好多信息都要重新查，这可又要花不少时间。我们查完信息之后再往PPT上加信息，只是想还觉得挺简单的，但真正做起来才发现一转眼就到时间了。如果今天进行展示的话还能加分，我们俩直到快下课的时候才做完，没排得上展示。

工程设计课上老师把我们分成了一些小组，讨论改进玩具车的想法。好嘛，我们组仨人，就我一个做了的。另一个男生出了个加上压风板的主意，另一个女生说她之前想出来了一个好主意，但是给忘了……唉，我们组讨论进行得真艰辛。最后他俩都同意采用我的意见，不用我的也没别的可用了啊。我提前完成了设计草图，这下正好，我开始在电脑上建零件时，老师还来问我们你们这组讨论怎么进行得这么快？我还能说啥？

化学课老师把我们春假前考的试卷发了下来，让我们把错的改正之后再重新交上。唉，看来我们这次是考砸了，老师不得不用这种方法来提高我们的成绩了啊。但是我考了个满分啊！这节课的任务又完成了！

木工课我们要开始做一个台灯，但只是简简单单的长方体的那种。这节课要自己查资料，明确设计方向。吊挂式或者摆台式，多高，想要什么花纹，等等，随心咯。

英语课又开始讲哈莱姆文艺复兴，开学的时候就是从这个开始讲的啊。这次的任务是我们每个人挑一个不同的哈莱姆文艺复兴时期的艺术家，做个PPT介绍他。老师列出了一张艺术家的单子，放在讲台上，每个人要去把自己的名字写在你想要选的艺术家旁边。老师一声令下，一堆人蜂拥跑上讲台……我才不和他们抢，反正我几乎没有一个认识的艺术家，选谁不都是一样。我这一列的三个人出奇地一致，全都静静地坐在座位上看他们抢。我在老师的推荐下选了一个，之后开始查资料了。最难的是老师要求我们对展示的信息量进行控制，这就要筛选信息了啊，看着好几大网页的英文真是头疼。对艺术家简单进行介绍之后，还要加上他的作品和他在哈莱姆文艺复兴中的重要地位，一共就让做四页幻灯片，每页上文字量还不能太多，倒是省了打字的事儿了。

田径训练真是要了命。我阴差阳错地跟在了中长跑队，先跑300米，休息10秒之后再跑100米。跑一次那不成问题，关键是我们要跑五次……春假第一天回来就这么个训练法，这不是整我们么？我真的是绝望了，我跑步都是垫底儿的。回家的时候觉得自己累得都走不成直线了，唉，我现在有一种要把田径换成羽毛球的冲动！

妈妈给我找了一个大纸箱子，我要用纸板做一个个人项目展示的信息版，要求写上项目名字，所属主题和我的名字。先从裁纸板开始，做之前觉得真简单，但想要把边裁成直线真是不容易，我很庆幸我没把椅子和桌子给割了……之后要往上粘A4纸，把纸粘成型之后发现纸板大了一个边儿，唉，继续裁纸板……途中妹妹进来，看见裁纸刀，拿起来就要往桌子上刻，吓我一身冷汗，赶快拦下来了。我说你这样就把桌子刻坏了，她还得意扬扬地对我说，"对啊！"

之后我要大展身手往上写艺术字了！我找好模板之后问妈妈她会不会写艺术字，妈妈无奈地笑笑，说不会。靠自己咯！这可是难不住我！以前的手抄报、黑板报可不是白做的！我在平板上截好图，继续把图片放大，找到合适大小之后再截图，一开始先是往纸上描画了个草稿，但地方不够用的啊，就只能不断调整字母大小，来来回回好几遍，最后总算是定稿了！写完了前两个单词之后要转第二行了，结果一不注意就给写到第三行去了……哦，苍天啊！机智的我把那个单词裁了去，又补上一块纸，虽然是有点瑕疵，但我绝对不要从头再来一遍了！之后小心翼翼，完美收工！

4月9日　星期二

早上好不容易起了床，赶去参加射箭训练，到了才发现训练取消了。昨天的广播我听到了关于射箭训练的内容，但我们班里吵得很，老师根本管不住，除了"射箭"这个词之外，有用的信息我啥都没听见……

地理课我的同伴不在，她昨天告诉我她今天会请假，我已经做好了自己进行展示的准备了，但老师还是蛮照顾我们这些落单了的，把我们排到了最后，看来我们要明天进行展示咯。

工程设计课上老师让我们对组里想出来的不同主意进行打分。评分标准有好几项，像是零件个数、难易程度、是否与汽车相配等等。我们组就我一个人想出了新的设计，这下有意思了，我们要开始往上凑创新办法了。本来以为我想出来的三个零件可以当作三个部分往上写的，但其实这算一个大的"零件"，看来是我之前给理解错了。创新还真是不好办，我们全都开始上网搜图片，还真是搜着一些好主意。一种是在车后连上个小拖车，还有一种是在车尾加上个吊臂，最后我们还脑洞大开地想出了个加上机翼、机头和机尾，把汽车改造成"飞车"的主意。我们也不知道靠不靠谱，但是只能拿这个来充数了……

木工课是继续上网查资料，这次要确定自己想用什么木材。老师这次真的是让我们放开了啊，但是各种决定都要靠自己了。我们可以选桦树、雪松或赤杨。我一眼就看好了雪松。之前做盒子我们用的是桦木，那这次我肯定要选点儿不一样的木材咯。雪松木材比较白，还是这里头最软的，好操作，之前打磨桦木盒子的时候真是差点儿没把我累死。

法语课我们读到倒数第二章了，老师让我们自己默读。说是默读，根本没几个认真读的，全在聊天。我们这两桌的女生静悄悄的，有一种与世隔绝的感觉啊，哈哈。其实我觉得自己读时，读得最明白，有不会的单词可以从书后的单词表里找，听老师读、同学读或者是听录音的时候为了能跟得上，不会的单词都是一掠而过，这次是第一次真正读懂了文章啊。

田径训练我先是去练了跳高，没跳几次我就跳不过去了，但教练得给其他人继续往上升跳高杆，得了，我还是去找点儿别的事儿干吧。除了跳高、跳远和跨栏的，其他人全都在跑步，我绝对不去跟他们跑了，昨天没把我累死，我去跳远还不行吗！正好我带了钉子鞋。等第一拨人跳完了，教练开始教我和另一个女生跳远。教练让她练立定跳远，让我练三级跳，嗯，好吧，反正我跳远就从来没跳得远过……三级跳真是不好练，动作贼别扭不说，我穿着钉子鞋脚后跟的鞋底超薄，落在脚后跟上震得贼疼。我也不想往脚后跟上落，但我控制不了自己啊……更可笑的是我总觉得我跳不进沙坑。教练都把起跳线给我往前移了，但我还是怕，最后连跳都不敢跳了，全是跑进沙坑的……我自己也很无奈啊。教练见状只得又把起跳线往前移，我总算是敢跳了，跳进沙坑后发现我根本没有跳不进沙坑的风险啊，教练又把起跳线给我移了回去，好吧，第一次练三级跳，跳成这样已经不错了。

4月10日　星期三

地理课总算是轮到我们展示了，我们俩合作得不错，就是我们的产品不是很吸引人……

化学课我们开始做实验了，而且是小组合作。我们6个人一小组，人多，每人可以少干点活儿，但是意见也是很难统一。我们要做的实验我在国内初中就学过了，对我来说是小菜一碟，虽然已经过去了这么长时间，但是实验步骤我还是没有忘。我们要验证化学反应前后反应物与生成物的质量是相等的，老师真是会选实验药品，给我们选的实验全都是有气体生成的。生成的气体要是飘出去，那前后的质量肯定就不相等了啊。我之前做时是分别把装着固体、液体的小试管和一个小气球都放到烧杯里，反应前进行称重。之后把固体放到气球里，把气球套到装液体的试管上，让固体落进液体中进行反应，反应后再进行称重。设计实验时看他们一脸迷茫，我便给他们讲了我的方法，他们恍然大悟，采取了用气球的方法，但另一个女生非要坚持单独测量固体和液体的质量。行吧，我也说不过她，随她去吧。她跟另一个男生负责称量，我也过去帮忙。放上烧杯之后，把秤清零，再称试管和溶液的质量，之后又单独称试管的质量，前者减后者得到溶液的质量。化学反应结束后我们要称重了！好嘛，这下把我们给弄懵了，他们也没好好记实验数据，不知道哪儿出了差错，实验前后的质量差得老大，到了快下课我们也没整明白，最后他们总算同意用我的方法，明天重新做。其实我很欣赏提出不同意见的那个女生，她能够把自己的想法加以实践去验证。这就是美国教育的好处，让你自己想办法实践，碰壁了再想别的办法。

木工课我们开始动手咯！先从台灯侧面的4个支架开始，切木板、打磨、把两面磨平行、再继续切……真是给老师忙得够呛，我们这一组6个人，有的时候他要3个机器同时顾着，但我们全都在下课之前完成了！

英语课要两人互相展示做的关于哈莱姆文艺复兴时期艺术家的PPT。第一轮我跟我左边的女生一组，我跟她算是半熟，但不是很喜欢她，之前就听她各种问老师刚回答完的问题，现在每天上课光看她抖腿就给我烦够呛。好嘛，她连幻灯片都没完成，一个劲儿跟我说对不起，第一个人展示都结束了她才提交上幻灯片。到第二个人了，她跟我说让我给她讲吧，我咋那么愿意给她讲呢，本来是要互讲，听的人是要记笔记的，我这光给她讲，我上哪记笔记去，到最后我俩完全就是在拿着对方的平板抄笔记，唉，真是服了她。

法语课上吵得我又没听清广播，又是只听见"射箭"这个有用的信息……唉，真愁人，也不知道射箭训练又是咋了，放学之后再去办公室问问吧。法语老师又要两人一组读文章，但WiFi却罢工了，老师上传的音频根本打不开，得了，这下连录音也不用听了，猜着读吧……读完文章之后，老师上传的习题我们也打不开，老师一开始投在白板上让我们拍照之后再做，但那画质真的是一言难尽，最后老师还是共享给了每个人。

我今天决定逃田径训练！我昨天跳远跳得脚疼腿疼，而且外面下雪我们也出不去。对，没错，下雪！4月份下雪！而且还不小。我去了亚洲文化社团，之前有老师给我发邮件说让我有时间的话周三放学之后去亚洲文化社跟负责的同学沟通一下文化节要表演的节目，而且还可以去练习。去的时候老师在给他们讲关于文化节的组织问题，之后同学就开始帮忙做装饰用的纸花。我真是懒得动弹，而且我也不会啊，但我又不好转身就走，还是留下来吧，上网查怎么做纸花，现学现卖。之后一个负责的女生来跟我谈了谈我的歌曲主题，她们好报幕啊。她这一问，我顿时大脑一片空白，脑海中的记忆若隐若现，我还是上网查查吧……

在雪花飘飘中往家走真是不好玩，没给我冻死……早上还看见一个男生穿着短袖短裤骑车上学，苍天保佑他……

晚上做完了我个人项目的信息展示板，爸爸妈妈都被我"写"的艺术字惊到了，虽然我是描的，但我也是很有才的！

4月11日　星期四

早上有射箭训练，好几遍闹钟之后总算是起了床。刚想从房间里出去，手机收到了一条短信，我寻思这大清早谁给我发短信，肯定是垃圾短信。理都没理就去卫生间洗漱了。我还坐在马桶上呢，妈妈就来敲卫生间门，这一下真是给我敲清醒了。我还以为她要急着上厕所呢，结果是来告诉我今天不上学了！开心死我了！可以补觉咯！这一觉又是几个点儿，起床之后觉得自己在做梦一样，能有这一天的休息真是太棒了。

今天这暴风雪真的是太可怕了，感觉那风要把房顶给掀了，楼上烟囱呼呼响，身边窗户嘎嘎响，最神奇的是下雪呢还打雷，把狗狗吓得从一楼一个高儿蹿到了楼上爸爸妈妈卧室去了，也是吓到我了，第一次见"雷阵雪"。

我今天有了空闲听法语录音了。前几章还挺熟练的，听录音就能理解；但后几章生词逐渐多了起来，好多听不明白了，又要翻书回去找，但听完之后还是觉得有很大提高的。

4月12日　星期五

昨天补够了觉，今天不困咯！早上走路去上学，穿着运动鞋，鞋都快要被雪埋了，还好没湿到袜子里。

地理课开始做关于煤矿的燃煤发电厂的地图。老师给了我们一张美国铁路运输线的地图，在平板上给我们传了美国的煤矿和发电厂的位置图，我们要把煤矿和发电厂的位置画到铁路地图上。大部分人都是用平板上的电子地图，我去拿了一份纸质的，我还准备用写艺术字那种临摹的方法，这样就不用纠结图形和位置了。产煤区的外形贼难画，我可不想在画图上纠结一节课。虽然把平板上的地图和我纸质的大小对上有点难，但下课前总算是把地图做完了。

工程设计课老师不在，助教给我们代课。我们继续小组合作，我的任务已经完成了，我就继续做地理作业。做完地图之后还有问题要回答，都是关于"最小成本理论"的，我们要分析煤矿和发电厂、铁路、城市大小的关系，也不知道是不是我把它想得太简单了，觉得一点难度都没有啊。

化学课继续做实验，一个男生坚持用他的方法做，测量每一部分的质量，唉，服了。他做了一遍之后又把自己做懵了，其他人推翻了他的理论，决定采用我的方法做。一开始我们用0.04克的镁和5毫升的稀硫酸进行反应，结果发现气球不够大，产生的气体太多了，但是压强还不够把气球吹起来，于是气就开始往外跑，拦都拦不住……还是减少药品量吧，我们把5毫升改成了3毫升，虽然产生的气体还是多，但我们在气球差不多满了的时候就赶快去称重，结束实验后，数据果然靠谱多了。

木工课我按照教学视频把两块长木条切成了4块高度适宜的短木条。我本来以为是用机器切，结果是用锯子自己切……哦，天，真是要命。那锯子怎么用怎么别扭，后来老师看见我锯木条的操作后跟我说，我往下压时用的劲儿太大了……唉，不往下压咋切啊，但最后总算是把木头给"切"开了，木工活儿也真是不好干啊。

英语课上英语老师一言不发，哦，今天是"沉默日"。4月19日是由美国的同性恋青少年支持组织GLSEN（同性恋、异性恋者教育网络）发起的年度全国"沉默日"（Day of Silence），号召中学、大学学生在当天以沉默方式，象征LGBT（同性恋者、双性恋者、跨性恋者）青少年因为遭受欺凌而被迫沉默，呼吁学生们以行动打破沉默、对抗校园欺凌和歧视。英语老师把要求全都投影到了屏幕上，我们又要继续两人一组互相分享做的关于艺术家的PPT。第一次跟我一组的女生也参加了今天的"沉默日"活动，我直接拿着她的平板开抄，她不能说话，但是还特别好心地给我指出每一页的重点。后来为了省事儿，我们直接四五个人一组，轮流分享，这样就不用次次找搭档了。

数学课考试，题不多也不难，老师今天就把卷子批出来了呢，我得了满分！交卷之后老师给我们一道分情况讨论的题，将我们引入下一章的学习。这题对我来说真是小菜一碟，但周围学生都愁眉苦脸，坐我后面的女生思路是错的，我给她讲了讲，希望能帮到她吧。

法语课老师给我们介绍了读书之后的终极任务。不是考试，谢天谢地，老师还大发善心地给了我们三个不同的选项：第一项是把书的最后三章拍成法语电影，电影中我们还不能看剧本读对话；第二项是把最后一章进行改写，两倍行距，3—6页；第三项是做一个整本书的故事板报，就是要画图，并给每幅图配上法语解释。唉唉唉，哪项都挺要命的啊，还不如考试呢……我最后还是选了第三项，省事儿……我去跟老师汇报的时候，老师劝我做第一项，跟同桌的另外两个女生一起。我才不，打死都不拍法语电影……看她一个劲儿地劝我，给我笑得不行，就跟老师唠了会儿嗑。好多同学上来汇报他们要做的项目，我这才发现对每个人，老师都劝，可尴尬就尴尬在没有一个选第一项拍电影的，我真是哭笑不得，我同桌的另外两个女生也都选了第三项，老师还跟我抱怨说她去年班里好多同学选拍电影呢……

放学之后我突然发现不知道田径队在哪儿集合了。我去找了趟老师，等我换好衣服之后发现更衣室里冷冷清清，走廊里也安安静静，哦，天。还好我找到了另一个女生，虽然她也是找不到大部队，到处乱撞，但起码我还有个伴儿。我先去看了一楼的体育馆，静悄悄的……再去食堂，没一个人影儿……那只有最后一个地点了——负一楼的体育馆。啊哈，果然大部队都在呢！我们今天要做一个体能测试，把我们分成了不同的小组，最后要取每一小组的平均成绩，唉，为了自己就算了，为了小组也得拼一把啊。我们小组6个人，4个男生2个女生。我们先从腿部力量测试开始。有个蹬板，可以选择不同的重量往上加，每人做10个。男生全都从最重的开始，给我看得一愣一愣的……唉，我做得太差那不是拉低了我们组的成绩么……咬咬牙，加了260磅，我还真给完成了！要知道平时我都是做120磅的，看来我很有潜力啊，哈哈哈。其中一个男生真是刷新了我对"强壮"的认识。其中有一项是墙上两列洞，两个手柄，一端可以插进洞里，另一端是让你握着的。而我们要握着手柄一个一个洞往上爬……我的成绩毫无悬念……但我们的组长做了40多个，做到最后所有人都停了，直愣愣地看着他做……真是太霸气了！他还在30秒内做了50个俯卧撑，嗯，还是绝对标准的。我在一边挣扎的时候，人家轻轻松松就给完成了，我们两个女生在一边唏嘘感叹，这也太强了吧！

4月13日　星期六

早上起床之后一开始只是觉得肩膀肌肉疼，等到下楼梯才发现浑身都疼……归功于昨天的体测了呀。

上午读完了佐拉·尼尔·赫斯顿的一部短篇小说。其实之前我读过，我们英语课现在在上我之前英语课上过的内容，换了数学课，只能委屈了英语课了。这篇短文只是让我们熟悉一下作者的写作方式，之后要读的书我认为是最难的，那完全就是方言啊。所幸我找到了之前读这篇小说时用的打印稿，上面做的各种标注真是帮到我不少。我这才发现我当时没读完最后一页，哈哈，干干净净一点儿标注都没有。这次读的时候觉得轻松多了。

读完小说之后，我开始上网下载我下周文化节表演要用的音乐。找音乐倒是好找，网上一大堆。听是都可以听，但下载就麻烦了，不是要钱就是要下载软件。我也试过录音，但"嗡嗡"的杂音真是要了命。我在手机、自己平板、学校平板上倒腾了一个多小时才把音乐下载成功。接下来要开始剪辑音乐了。我的表演既有唱的部分，又有跳的部分，唱跳合一起是不大行，气儿不够喘的，哈哈哈。剪音乐可是费了劲儿，中国的应用在这儿用不了，美国的应用我又下载不下来，最后给我逼得用了剪视频的软件剪音乐。唉，这么做完就成了个视频形式了，希望OK吧。

晚上爸爸妈妈和朋友去看足球比赛，而我和妹妹晚饭后要去学校看话剧。妹妹吃着零食看电视看得那个投入，唉，我做饭吧，虽然我每次自己做饭都能出差错，煳底都煳了好几次……晚饭做的芝士通心粉，先把面煮熟，之后再往里加各种配料。这次总算是没煳底！这么简单好像也煳不了底……最尴尬的来了！晚上我跟妹妹看完话剧回家之后，爸爸妈妈跟我说我忘了把电磁炉关死了……唉，我也不知道我当时在想什么，幸亏这不是煤气啊！

话剧，三个小时！想不到吧！简单来说就是把一堆童话故事都给串到一起了，还自编自创了好多。还是个歌剧，本来他们正常说话就难跟上，有的时候还听不清，这一唱起来更是玩完了。虽然有些人物之间的对话我没理解，但整个故事线我还是跟下来了，也是挺扯的……这是这学年的最后一次话剧了，更是12年级学长的最后一次演出了，话剧结束之后还给他们开了一个欢送仪式，好多人都哭成一团，真是有些小伤感。

4月14日　星期日

早上8点就要到教堂集合，我早早起床洗了头，最后时间好紧张，烤了两片面包，有一片还没来得及吃就出了门。这个周日是"棕枝全日"——复活节前的星期日，仪式当然更为隆重。一进教堂就发现铺着红色桌布的桌子上摆满了棕榈叶，每人都要拿一片。这次我们唱了好多之前都没练过的歌，这周四因为暴风雪，训练取消了，我们都没有练习。其他人都在合唱团待几年了，每年的"棕枝全日"他们都会唱这些歌。他们对这些歌比较熟悉，但我是一脸懵啊。老师在仪式开始之前告诉我歌的页数，让我先看看，说反正所有人一起唱，我要是跟不下来也没事儿。行吧，那我就跟着混吧……中间我们还多加了一个仪式，拿着棕榈叶在教堂里跟着举十字架的小妹妹走了一圈。我全程都很懵，别人干啥我就跟着干吧，熬到仪式结束的那一刻我总算是舒了一口气。

中午我跟妹妹到她朋友家，参加复活节party，我俩还提前去帮忙布置。复活节，当然少不了找彩蛋啦，说是"找"，倒不如说是"抢"。我们只是把彩蛋都放到草地上，到时候都不用费劲找，直接捡就行了。彩蛋都是批发的那种，塑料外壳，里面放的糖。唉，跟我幻想的大相径庭，这种捡彩蛋的活动是给3岁孩子准备的吧，我印象中的复活节彩蛋不都是要"找"的么……唉，总比没有强。到点之后活动开始，一声令下，一群人都从起跑线往前冲，我还是做一个淑女吧，哈哈哈。我篮子里都放满了，周围地上还有一堆彩蛋，得了，我不跟他们抢了。一转眼的工夫被他们抢完了，我看见一个三四岁的小弟弟捡彩蛋之前还把上面的雪一点一点抹掉，哈哈，真是太萌了，但就他这速度，真是抢不过我们这些中学生啊。我拿那么些彩蛋也没用，我把我的分给他一大堆，直到把他篮子装满了，他的妈妈一个劲儿地跟我说谢谢。接下来我们开始拆彩蛋，里头是糖，我就收下了；里头如果是玩具，我还是送给了那个小弟弟，我留着也没用。天上大太阳照着，可背阴地儿还是很冷，我只能全程站在太阳底下取暖，手还是冻得冰凉。party上有水果、肉肠、饼干和饮料等等，样式不多，但都超好吃。我正好没来得及吃午饭，又没有能跟我玩到一起的，我总觉得自己全程都在吃……

回家之后，我开始担心明天文化节的彩排了，我自己从来没系统地练过呢。抓紧时间吧，要不明天可要出丑咯……正好卧室里有个大镜子，我就在卧室里练吧。我想看看网上他们唱歌时候都配了什么动作，我也好学习一下，我总不能硬邦邦地站成一根杆吧。结果，要不就是边跳边唱（我可是学不来），要不就是有人配舞，要不就是双手抓话筒……唉，我还是靠自己吧……

晚上，我开始做法语的项目。要做故事板报，我先得把要画的图片都列出来啊。真庆幸我当时把书给复印了，现在有资料可借鉴了。忙活到晚上十点多，总算是统计完了前五章，完成一半咯！

上了床却不想睡觉，又背了几页单词，希望明天起床别忘了……

4月15日　星期一

昨晚上收拾了文化节要用的衣服，本来想今天带到学校的，结果早上却忘了……唉，我这记性啊，还好今天不用演出服。

地理课我们要跟顾问核对一下下学年要选的课。一开始只叫下去一半，但是好多人因为学校有活动不在，所以顾问那边直接打电话来把所有人都叫了下去。这下可好，全班就剩我一个人了……还好有张导学案打发时间。老师跟我聊天，说我越来越像美国学生了，唉，哈哈哈，我除了笑笑还能说啥？入乡随俗嘛，再说了我读书跟做导学案从来都是分开的……

化学课我们做完了实验之后还要小组合作做个展示。我们组的人都想做点儿好玩的，我们就选了做海报。不光要往上写字，我们还要往上画我们做的主要实验步骤。每一步一个框，这下量距离可是有意思了。一个女生执笔，嗯，就是之前跟我想法不同的那个，一上来就算错了距离，我们又去帮她。另一个男生强迫症比我还厉害，逼得我们把画歪了的线给重新画直。接下来画画的部分可是有意思了，一个女生的画把试管放到烧杯里，但试管的边却没靠上烧杯壁，这试管可是厉害了！能立住的！我半开玩笑地提出来之后，我们组的人笑作一团，他们说不要在意这些细节，好吧……

木工课我们进行了一个读尺的学前测试，虽说我们要读的是英寸，但我这么聪明，这可难不住我，更何况我在工程设计课上还学了。我得了满分，但我的朋友却只做对了一半，把她弄得很尴尬啊。

英语课上老师介绍了我们读的小说的作者：佐拉·尼尔·赫斯顿。其中比较好玩的一点是她写作好多用的是真名，地名尤为突出。她写的是在她家乡发生的事儿，好多还都不是好事儿。本来她没觉得她的文章写得好，却"不小心"火了，这下可好，她家乡的人可是很不爽啊，老师以此警示我们以后写作千万不能用真名，哈哈哈哈。

数学课我们把上周五做的分情况讨论的题进行了小组展示，我觉得我们小组做得是最好的！我们组还讲了两种不同的办法。有好多组都错得五花八门，这应该是他们学过了的内容啊……

法语课给了一整节课完成项目，我改选做第二项了——写结尾，这个工作量其实比画故事板报小啊，而且我的朋友给我找了一个法语五级的同学帮我，这下有底咯！现在就想想怎么把结尾编得有意思就好啦。我有点小头疼，趴桌子上迷迷糊糊快睡着的时候听见老师脚步声接近，嗯，她把我叫起来了，还跟我说她对我们已经很好了，对睡觉的初中生，她都是在他们耳边大喊一声"Bonjour!（你好）"把学生给吓起来，看来我这是侥幸逃过一劫啊。之后我跟老师聊天倒是把我聊清醒了。

放学之后，我去了文化节的彩排，不用去田径训练了。我被安排在了第一个，但我音乐还没传给负责的同学。好不容易把我的视频版音乐传了上去，又等了好久才轮到我。我们今天连个话筒架都没有，话筒还是个带线的，我这唱完歌还得把话筒放到地上，才能跳舞。给我弄得很无奈啊，好多地方都被放话筒耽误了节拍。老师答应明天给我找无线话筒和话筒架，希望明天能装备到位吧。我们开场还有个服装秀，展示同一种文化的人可以作为搭档。我这可咋办？我也想要个搭档，但在学校找中国人有点难啊……老师最后还真给我找着个女搭档，我还认识她，我之前都不知道她是中国人啊。

晚上头疼发酵，写了几道数学题，写完日记，洗澡，睡觉！

4月16日　星期二

今天头三节课所有10年级学生在体育馆里进行个人项目的展示。射箭结束之后我跟一个女生一起走，结果她要去打印个人项目的论文，还要我陪她……都到现在了才想起来打印，我一周前就打印好了。满心的不乐意但还是笑着陪她去……不出所料，去打印的不止她一个，一般来说打印都是在图书馆，我拉着她到了顾问办公室，那儿也有打印机，而且那儿的电脑比图书馆的快。没想到顾问办公室里也一堆人排队打印。第一节都上课了她才打印完，我们身后还有一堆排队的。还好我俩没晚多少，进了体育馆的时候里面乱作一团，所有人都在找自己的位置。我迅速找到我的位置。八点多第一拨学生来了，我的位置真的是无人问津……有点小伤心，但其实我周围的同学也都是在那儿干坐着等人来。渐渐地我发现周围10年级的学生座位上都空了，看来一个个无聊得都逛悠着去找朋友了。我想来想去还是决定留在座位上，毕竟这是我的第一职责啊，如果有人想要来看我的PPT，我的座位上却没有人，多不好啊！而我位置前的人神奇般的多了起来，大多数是我的朋友，但也有我朋友的家长和老师，还有几个9年级的学生。其实还是我的朋友对我的生活比较感兴趣啊，看着我做的PPT，传来阵阵惊叫和笑声。好多人都跟我说我的经历比他们都丰富，哈哈，多亏我有个超级棒的寄宿家庭啊。工程设计课老师之前说想看我的个人项目，但她从我位置前面走过的时候，我的平板前被围得水泄不通，我坐在桌子后面，她根本就没看到我，而我正在给同学展示，又不能叫她，下午她在走廊上看到我还问说怎么没看到我……

活动结束之后，我们拍了大合影，老师还给我们准备了饼干，还是好几种不同类型的，每一种都是一大箱子，我吃了四五块……学生都走完之后发现体育馆里真是惨不忍睹，由于照相，桌子椅子乱作一团，我正好下节课上木工课，并且已经完成了今天的任务了，就留下来帮忙收拾收拾吧。在美国学校都有专门的清洁人员给打扫，学生从来不用做卫生劳动的。我先帮着把桌子上的垃圾给收拾了，还不小心碰洒了一罐饮料……我以为那是个空瓶，结果给碰洒了……唉唉唉。桌椅都是可折叠的，桌子太复杂了，我还是帮着收拾椅子吧。有专门装椅子的货架，我跟两个老师一组，他俩一个负责折叠，一个负责装车，而我就负责在中间递，我们这效率杠杠的！

干了会儿活之后被老师"赶"回去上课了，但其实还不到上课时间啊。我就去找了中文教师，有位同学跟我说中文老师有古装，我看能不能借一套表演用。我只有一件旗袍，穿着旗袍跳舞难度忒大了，还不怎么好看。哦，她们还真有古装！而且跟我想象中的一模一样！长到拖地的，而且还有仙气满满的袖子！我借了三套，还有一件紫色的旗袍和一套绿色的上衣加裤子。跳舞的时候裤子总是比裙子要方便嘛。先回了木工课一趟，之后朋友就陪我去卫生间试衣服。旗袍一看就不是按我体形做的，两边的开衩开得太高了，可能是我太高了吧，而且我穿着还肥，只能把这件淘汰咯。绿色的套装太土了，不要……我第一眼就看好的那件我穿着正合适，完全符合我的体形啊！

法语课上我又改了主意，决定做故事板报。我之前统计了一下，整本书下来大概要60幅画，这也就是我之前放弃了这项的原因。但老师今天跟我们说10幅画就可以，我跟她说我统计出来60幅，把她快逼到绝望了，哈哈哈哈哈哈哈。10幅有点太少，我最终定稿20幅，老师对这还比较满意。

放学之后依旧是彩排，我今天拿到了新衣服，正好试试咯。这衣服一穿上真的是超！级！美！得到了好多人的夸奖呢！不出所料，最大的问题就是踩裙子……跪着想要起来的时候一脚踩裙子上可就毁了！在台上跳舞的时候差点儿没把我绊倒，还好这是彩排，我只能对着台下尴尬而不失礼貌地微笑……

晚上爸爸妈妈说想看我的个人项目展示，我做的是PPT啊，这哪用展示，让他们自己看就好了啊。妹妹也跟他们一起看，我没觉得我做的PPT有多好笑，但把他们逗得笑个不停，爸爸妈妈还说让我继续做，做完之后传给他们一份。

开始练舞蹈啦！把那些能踩裙子的动作全都改了，但有一个特别好看的我没舍得换掉，那就只能苦练怎样才能不踩裙子咯……这是个转圈之后跪到地上的动作，睡觉之前我才发现我跪的膝盖疼，唉，练了几十遍是有了吧，希望能有成效啊！

4月17日　星期三

早上在学校门口正好看到中文老师，我就跟她一起溜达去了她的教室。她跟我说有个地理老师想认识认识我，我当时心头一紧：哦，天，不会是那个被好多学生抱怨的老师吧？无奈，还真是被我猜中了……另一个中文老师听见我们的对话之后，说她是学校模拟联合国社团的负责人。唉，想想那地理老师要"召见"我，我就犯愁，一个同学给我出主意说让我跟她"正面刚"，直接拒绝她，唉唉唉，这也太无理了，关键是我这两天还忙文化节，哪有时间还去见她。求苍天保佑啊……

地理课上又有同学被叫下去讨论课程，我们又多了节自习。老师布置的任务我都完成了，我去跟老师要了明天的作业，明天文化节彩排一整天啊，我还是提前把课补了吧。

化学课我们继续做海报，我发现我真是理解不了她们的思维。我提出的小细节她们觉得不用在意，像画滴加液体那一步的时候要画上滴管等等；而她们的关注点全在装饰上，画了个秤画得连个指针都没有不说，还非要写上"我爱化学"，但空间很难安排，她们就画了擦、擦了画，反反复复好几遍。我们小组的人好几个有事儿的，今天就剩了我们仨，她俩做得不亦乐乎，唉，我还能说啥！

木工课上巴西的交换生来找我帮忙。唉，老师把所有的教学视频都传给我们了，他就是懒得看而已……浪费的是我的时间啊，但我又不能拒绝他，唉，早帮他做完早完事儿。他倒也是聪明，我教了他开头，剩下的步骤都是他自己完成的。今天才想起来明天要交化学实验报告了，木工课上想写却发现文件不见了……我们这次是小组合作做实验，所以就共享了一份报告，估计是谁把报告给删了吧。等回来再让组员给我传一份吧。

数学课上老师讲作业，我做我的化学报告，开心的是，我居然在英语课上成功要到了一份化学报告！

法语课上我把完成了的化学报告打印出来后交给了化学老师。化学课上同学都在自己完成作业，我跟老师要了一张大白纸，做法语的故事板报，哈哈，我也觉得我脸皮有点儿厚。

今天要彩排，中文老师也来了，在台下坐着看，哎哟，这可是给我不小压力啊，来了一个能听懂我唱歌的了！我发现在台上唱歌贼容易跑调，但唱中文歌的好处就是没人知道你唱了个啥，跑调他们也听不出来，能做到声音好听就OK了，我这跳完舞唱歌气息跟不上更容易跑调，但我下台之后，我的朋友还一个劲夸我，说我声音好听，哈哈哈，那我就不要拆穿自己了吧。

晚上早早睡觉咯！明天要彩排一天，要求7：30之前就要把妆化好，我早上还有射箭训练，晚上一直持续到将近八点，明天可是不容易过啊。

4月18日　星期四

早上起床还是头疼，去射箭训练的时候依旧是懵叨叨的，就没几个能射中靶心的，本来还想记成绩的，后来直接放弃了。但神奇的是射箭训练结束之后，我头疼渐渐好了，可能是忙彩排忙忘了。

我们今天两场演出，第六节课演一场，晚上六点还有一场。第六节课因为时间有限，有一些节目被撤掉了。我们先彩排了晚上的场次，第三节课结束之后，不在第六节课场次中的人就可以回去上课了，我可是要在这儿待上一整天啊。老师让我们开始彩排之前把妆都化好，但早上那么早，哪有几个化好妆了的……我是第二个上场的，连早饭都没来得及吃，赶紧换好衣服准备彩排。老师先念着名单让我们按演出顺序站好，看似简简单单的一件事，但真是费了劲儿。老师顺完第一遍之后，我刚想回去吃一口饭，没想到她又要顺第二遍，我赶紧又一个高儿跳了回去，唉……

本来还觉得有大把的空余时间，还能读读书啥的，先不说剧场里黑灯瞎火的什么都看不见，我也真是忙得不可开交。我们晚上的场次还有一个服装模特秀，我表演完了之后还要赶紧去换衣服。对于演出顺序懵叨叨的我只能默默地在后台候场，服装秀完了之后就准备好要谢幕了。

中午就给了我们不到半个小时吃饭，还要排队等，有的人连饭都没吃，一直在舞台上练习，我匆匆忙忙吃完饭赶紧跑了回去。我们接下来就要彩排第六节课的了，我是第一个……走完场之后开始化妆了。我也没啥化妆品，还是一"手残党"，全靠其他好心同学救助，打底、遮瑕、眼影、眼线、睫毛、高光"一套龙"服务，之后我又自己修了修眼线和睫毛，人生第一次画眼线一次成功啊，哈哈哈哈哈。

两场演出都进行得挺顺利。舞蹈是没什么问题，唱歌真是有点儿难为我了，那首歌本来就不好唱。但在美国唱中文歌的好处就是没人听得懂，甚至没人知道这首歌，不管怎么跑调，只要听着好听那就是好评。还有一个女生夸我声音好听呢，开心！最有成就感的就是我没踩着裙子摔倒！

晚上演出结束之后，更衣室里大家各种找东西，化妆品、手机、衣服等等。我这一天也是好一通找东西啊，先是以为我口红没了，但其实我给忘在家里了；之后又好一通找梳子，然而它只是被压在了包底下；在更衣室里好一通找外套，最后发现我给落在后台了；最可怕的是我在包里好一通找手机，一转头发现手机放在桌子上……扎心啊。还好把东西都给找齐了！

晚上回家洗了个澡之后开始做我的法语故事板报。昨天把大白纸放在法语教室里，结果今天去找的时候，发现我们的纸被高中部的法语老师给扔了……好在我还没做多少……从头开始吧。

4月19日　星期五

上午跟同学约好去打保龄球。妈妈把我送到了同学家，之后这位同学的妈妈开着七座的SUV送我们。

到了保龄球馆，却被工作人员告知滑道出了问题，暂时关闭，他也不知道什么时候能修好。唉，我们都来了，还是等着吧。这地方不仅有保龄球，还有各种游戏机和台球，我们6个人便分成了两组，开始PK台球。我对于台球不是很拿手，但也绝对是不差的，最起码我还打进了一个球呢，哈哈哈。

滑道总算是修好了，我本来信心满满，结果一个球瓶都没打倒……我水平哪有这么差！我渐渐找着感觉之后开始突飞猛进，最后还得了最高分呢，很不容易了！

我们的午饭包含在套餐里了，一个大比萨，还有些小零食。我们6个人，加一个家长，连一个比萨都没吃了……

保龄球结束之后，我们又回了那同学的家里，玩了会儿游戏。由于她还要去工作，我们只得散了。回家之后看妈妈在后院扫落叶。外面天儿也真是不错，我出去帮忙吧。栅栏边上种了些花花草草，但现在里头全是落叶，跟草坪之间还有一小栅栏。妈妈把所有的小栅栏都给拔了出来，我的任务便是拿耙子把里面的落叶都给清理出来，有的时候里面有新长出来的嫩芽，还不敢去"耙"它，只得戴着手套捡落叶，之后还要把落叶往大纸袋里装，效率最高的办法还是用手抓啊。这活虽说体力消耗不大，但也不轻松啊，第一次知道院子这么难收拾。

晚上爸爸回来之后在院子里烤了牛排，天儿这么好，我们可以在院子里吃饭咯！

吃完饭之后，妹妹拉我打羽毛球。她在学校的羽毛球队，之前还跟我说她还想再提高，得了，那我不得奉陪么。但令我万万没想到的是，她竟然连脚都不动一下，在草地上踩出来两个脚印，跟我说她长在土里了……就这么个打法她上哪提高去，更让我扎心的是凡是她够不着的球，都得我去捡，我这一晚上光给她捡球了。有时候我让她捡，只能默默看着她拿着拍子费力去够球，要不就是坐地上够，要不就是趴地上够，总之那脚就是不动。有看她给我上演慢动作的时间还不如我自己去捡球，真是被她打败了。

4月20日　星期六

　　早上起床之后，发现爸爸妈妈已经在前院忙活开了，现在又要扫前院的落叶了……唉，我又是那么自觉地出去帮忙了。我们把落叶和枯树枝收拾完之后在车库里堆了好几大袋子，爸爸要开车往回收站送，我被派去帮忙。吉普就是霸气，后备厢和后座被塞得满满当当，但那好几大袋子却都给装下了。到了回收站之后，我们一袋一袋往外清。我负责递袋子，爸爸负责倒，我俩配合得很默契啊。回来的路上，爸爸去了一家园艺店，买了草籽和可可豆壳。后院有一片地秃了，需要种草；而可可豆壳可以保持土壤湿度，还超好闻！回家之后，发现妈妈还在前院干活，唉，打理院子真是要命啊。

　　爸爸有事出去了，我又不能把妈妈一个人扔在外头，只得硬着头皮继续干。妈妈现在在除野草，野草的根真是疯狂，扎得深不说，块头还大。野草其实不难认，我看得还是挺准的，但也有几次把别的花花草草的根给挖出来的……尴尬。总算是除完了草，接下来妈妈又要往发了小芽的泥地上撒可可豆壳。苍天啊，大地啊，这活儿什么时候才能干完啊！我以后绝对不要院子！太扎心了！妈妈负责撒，我帮忙撑着袋子，负责把可可豆壳给铺匀。十二点多总算是干完了，我早上只吃了两块培根，撑到现在。中午爸爸买来了三明治，超好吃诶！

　　匆匆忙忙洗了个澡之后，下午三点左右爸爸妈妈的朋友和他们的孩子来了，大人都在后院聊天，而我们仨孩子开始染鸡蛋！明天是复活节嘛。有白色的蜡笔和不同颜色的染料，都是无毒无害可食用的。我染的鸡蛋都比较别出心裁，都是一个鸡蛋上染好几个颜色，还画了画。而妹妹就是把鸡蛋一个一个往染料里扔。一共24个鸡蛋，她自己就做了12个，我做了3个，把剩下的都让给另一个女生了。妈妈知道她抢了那么多之后气得不行，把她好一通数落。

染完鸡蛋之后，我在后院的吊床上半梦半醒地听着大人聊天。一听他们聊到我，我霎时就清醒了。朋友走后已经到了晚饭时间了。晚饭后妈妈总算是没继续出去打理庭院，谢天谢地……

4月21日　星期日

今天是复活节！大清早妹妹醒了之后就来叫我起床，把我弄醒了之后又去叫爸爸，哦，我们要在家里找复活节彩蛋！爸爸半夜时把我们昨天染的19个彩蛋藏在了一楼，他们还真是有情趣。一下楼就看见茶几上给我和妹妹一人准备了一篮子糖和一只巧克力兔子。哇，有糖就很开心啦！妹妹已经在客厅里观察了好久，刚开始找彩蛋她就收获了好几个，而我却还没清醒呢……她找到了6个之后妈妈让她停下来等我，哈哈哈，还真是照顾我，但我的脑回路不是他们藏鸡蛋的脑回路。我各种开柜子、找沙发底下，后来妹妹跟我说彩蛋都是放在表面……最后我找到了9个，妹妹找到了10个，我这也是体验了一把复活节啊！

中午有个家庭聚餐，给爸爸的继母庆祝生日。而她给我们孩子每人都准备了巧克力兔子，好暖的哦。我们去了一家希腊餐厅，还是自助，我完全被肉肉迷住了，香肠、培根、火腿，还有我叫不上名字的，好吃就行，管它呢。

吃完饭之后，回家的路上去了一对年轻的夫妇家拿我跟他们借的裙子。我们下下周有个舞会，虽然只有11年级和12年级的学生可以去，但如果是9年级和10年级的学生被邀请了的话也可以去。还有，交换生可以去！而且我还可以带一个朋友！虽说一般都是男生邀请女生，但也有不少组团的。我准备带一个10年级的女生，这可把她给激动坏了，10年级的学生可是没几个能去的啊！这对年轻的夫妻给了我一袋子裙子，还跟我说用完之后给捐了就行了，他们真的超和善。

拿到裙子之后，我去了要跟我一起参加舞会的女生家。她也没有裙子，正好我俩一起挑挑。谁知这些裙子大部分都是短款的，而去舞会的女生大都穿长的啊，而且长裙比短的更正式。这里面只有一件长的，但是太肥了。唉，大失所望。我俩只得等她父母回来之后带我们出去买裙子。她父母出去遛狗了，我俩等了一会儿也不见他俩回来，我们便在她家后院开始打排球，只是互相垫着玩。我还发现更多好玩的玩意儿，滑板、高跷、呼啦圈、弹簧杆，还有一种我叫不上名字的球，我每样都试了试，但外面实在是太热了，没动几下已经开始出汗，我俩又躲回屋里了。

总算等到她爸妈回来了，却意识到今天是复活节，好多商店都不开门。她找了一家二手裙子店，我们开车去了，但也没找到什么好看的裙子。唉，只能继续借裙子了，要想买个好裙子的话得好几百美元呢。

晚上七八点钟觉得不舒服想吐，一觉睡到九点多之后起来还是吐了，我唯一的猜测就是我中午吃多了，晚上又吃多了……吐完后就没事儿了，但又睡不着了。

4月22日　星期一

早上外面下着雨，妈妈送我跟妹妹去上学！超级开心，我还拿着从中文老师那儿借的衣服和我的法语故事板报，这下不用害怕被淋湿啦！

地理课我们开始讲卢旺达内战。我们先做了选词填空，对其进行了简介。老师上周三把这篇文章给我了，他原计划是上周四要做的。正好，这节课我能有时间完成第二张导学案，明天还要考试呢。

工程设计课明天就要进行项目展示了，我们组真的是好一通挣扎。我们组一个同学电脑上有2018年版的画图软件，而我们的都是2016年版的。他的3D图在我们电脑上都打不开，我们就只能用他的电脑组装零件。这活儿还是我来吧，我们组里我还是最相信我自己……另一个女生把她做好的零件传到了云端硬盘上，但我这边却打不开，还好她有U盘，解决了这一困难。到了快下课的时候，我总算是做完了，之后发现我们还要做一个分解图，哦，天，要了命了。下课铃响之后我只能收工，另一个女生告诉我她让那男生把他做的尺寸图传上去，催了他好几次他都没传，唉，是因为我占了他的电脑吗？

化学课开始讲怎么求化合物中每种元素的含量，我在国内初中都学过了，对我来说就是小菜一碟。

上周四我不在，今天木工课上我要开始赶进程了。我还没被落多远，好多人比我还慢。我们那个灯是正四棱柱，这节课我切了灯顶部和底部的框架，用了两个机器，还蛮好玩。

英语课老师不在，助教给我们发了一页题，要求两人一组讨论问题。朋友之间两两组队，等周围的人都找着同伴之后我才发现落单了。哦哈！我发现另一个女生也没有同伴，虽然我跟她不熟，但是上次我们俩一起完成任务的时候有过交流。我跟她对上眼之后，一个眼神她就心领神会。

放学之后依旧飘着小雨，但田径训练还是把我们都拉了出去。我穿着外套都冻得瑟瑟发抖，那些穿短袖短裤的更是冻得要蹦起来了，尤其穿短裤的女生腿都冻得通红通红的。我们这些不在明天参赛名单里的人组了一组，要跑9个100米和4个200米，唉，要命，我没跑完就自觉撤退了。

4月23日　星期二

地理课考试取消了。老师给我们放了一个关于卢旺达内战的电影《卢旺达饭店》。

工程设计课上我们都准备展示了，那个男生还是没传上尺寸图，一打开才发现他根本就没完成。光完成了"图"，却没有"尺寸"。哦，真是绝望了……老师说让我们有什么先展示什么吧，唉，要不还能咋办呢？

化学课继续讲根据化合物中各元素的含量确定化合物……

木工课老师要我们练习用机器在纸上刻印。他上传了教学视频，看着觉得视频挺长，过程挺复杂，但其实全是源于他的讲解耗费时间。先要上特定的网站找清晰度较高的矢量图。之后要调整颜色、大小、线条等，我真的是踩着下课铃刻印完的，我做了一朵花，效果超棒。

英语课要写文章分析，老师给每人一张纸，上面写着要求，包括要读的页码，重读之后对文章进行分析。我之前写过关于这本书的内容分析，虽然读的片段不一样，但我觉得这俩老师给出的要求都是一模一样的……

大部分人都比赛去了，今天没有训练！我闲着也是闲着，便溜达去了羽毛球训练场地。我早有了田径转羽毛球的想法，正好今天有机会了。她们下午四点有比赛，现在就是在打着玩，消磨时间。一个女生主动借给我她的羽毛球拍，我便和我朋友开始打着玩。她们的水平真是高得可怕，我在这儿就是一菜鸟。我一直打到三点也不见羽毛球教练，收拾收拾准备回家时，却在更衣室里看到了羽毛球的总教练。她之前是我的排球老师，听我说想加入羽毛球队，竟愉快地答应了，哦耶！

晚上妈妈不想做饭，那我们就出去吃咯！去了一家汉堡店，这家店真是有特色，墙上贴满了一美元的钞票。我一进门就给我看呆了，后来妈妈也是给我和妹妹一人一美元，我俩在钱上画画之后也把钞票贴到了墙上，有一种在店里写下"到此一游"的感觉，哈哈哈。

晚上妈妈开车带我去了另一个好心借给我裙子的人家看裙子。到了之后我发现门开着，但我在门口怎么喊"Hello"也没人理我。这是个什么操作？这要是进了贼他们都发觉不了啊。我绕到了后院，院子里有两只狗冲着我汪汪大叫，给我吓得又退回去了……里面总算是出来人了，看来还是狗叫好使啊……这家的女主人给我拿来了四套长裙，都超漂亮，而且一看就是符合我身材的，她也说，总算找着个瘦的能穿得进去的人了。她的儿子在我们学校，还跟我同级，但我真是不认识他……她还跟妈妈聊了会儿天，超和蔼的一个人。

4月24日　星期三

地理课继续看电影《卢旺达饭店》。大屠杀开始之后真是太可怕了，主角一家人好几次都面临被杀的风险，虽说最终都被巧妙化解，但搞得我们很紧张啊。第一次意识到生活在和平年代是多么幸福！

工程设计课我们开始讲大规模生产，老师给我们看了蜡笔生产过程的视频，一道一道的工序，真的是好好玩，从来就没想过蜡笔是怎么制作的。

英语课老师把我们按照姓氏首字母划分成了小组，对书中内容进行讨论。我们组组员都还不错，最起码是都读过书了。老师把问题投影在大屏幕上，我们都探讨完第三题了，老师让我们回答一下第一题的答案。全班讨论完之后，老师说开始讨论第二题，嗯……我们很无奈地面面相觑，虽然开启了尬聊模式，但起码不是令人尴尬的寂静……老师还在一旁听着，我们只能重复完了再重复，再不就是找几个不同的要点，但这也是让大家都参与到了讨论之中。

数学课考试，一共三道解方程组的题，也太小儿科了。老师给了我们一整节课的时间，还真是有人做了一节课……

放学之后我去了学校剧院，找话剧老师借礼服。之前艺术节的时候跟话剧老师混熟了，她见我来借礼服，很爽快地答应了，找了话剧社的一个女生，带我去服装室试衣服。那些礼服真是挑体形，但配我还真是挺合适。好看的那些我都能穿得上，最后选了一个粉色的抹胸裙，上身亮闪闪，裙摆长到拖地，太仙了吧！

之后去参加羽毛球训练！这可是我第一天训练。教练给了我一个拍子，热身之后其他人开始打比赛。我说是"会"打羽毛球，但其实就是打着玩的那种"会"，对于比赛和记分啥都不懂。教练今天就让我先在一旁看她们打。我也不知道我是适合单打还是双打，教练就让我先看双打。我来之前都没发现我水平有多菜，这已经是水平最低的一个队了，我绝对是垫底儿的……唉，长见识了。

4月25日　星期四

工程设计课上老师不在，我们可以用一整节课完成之前的PPT展示。我们的分解图和另一个男生的尺寸图没做完，分解图还是靠我吧，那个男生的尺寸图倒是做完了，可他那神奇的2018年版软件，尺寸图的字也太小了，根本看不清。我们怎么调也调不好，最后还是决定重做吧。我把这个任务交给了另一个女生，让她在自己的电脑上做，我还要用这个男生的电脑做分解图。一开始我把轮胎当作一个整体进行分解，做完之后询问他俩的意见，他们说最好还是全都分解了。行吧，要做那就给它做好了。我又把轮胎分解成了胎圈、胎体和轮轴。新版软件还真是挺难操作，老师发给我们教学视频是旧版的软件，我只能靠自己摸索了。第一遍做得有些失败，但第二遍总算是找对方法了。

化学课上做实验，加热氯酸钾产生氯化钾和氧气，计算氯酸钾中氯化钾和氧气的百分比。我们三个人配合得很好，分工明确。要加热12分钟，明天还要继续加热，这时间可真是不短啊。

木工课我们要用交叉半榫的方式对灯架进行连接，先在木条上做标记，画出要切去的部分，之后再用机器进行操作。我画完之后见有人要去操作我也跟着去学习一下，老师说如果一不小心给切错了，那就得把木条全都切短，从头再来。我切的时候却发现，切去的部分没有与我标注的完全吻合，老师已经给我们在机器上设置好了，切出来应该是一样的。

羽毛球要打比赛，双打的都配好对儿了，教练就把我分到了单打组。我打了两场，输了两场，21分制，我连10分都没得上，唉，感觉被对手打得团团转。第一天训练，情有可原……

晚上十点左右准备睡觉了，收拾书包的时候却突然想起还有一项英语作业没做，唉，这幸亏是发现了。要求读英语书中关于某一特定主题的特定片段，不仅要写理解，还要画画。

4月26日　星期五

工程设计课上老师先是让我们两人一组，互相对画的尺寸图进行点评，指出优点和缺点。上节课老师说到这节课要两人进行合作的时候，就有一个女生来找我说想和我搭档。唉，我是真不想和她一组，她经常脱课不说，上课还不听讲。她问我之后，我刚"嗯……"了一声，她就问我"你不想和我组搭档吗？"哦，天，我真是服了，得了，我还是跟她一组吧。之后我跟旁边的女生抱怨，她也是很了解那个女生啊，一脸无奈地表示很同情我。之后老师又把每两组给组成了一个四个人的大组，加入进来的俩男生根本就不正经干活，唉，看来我得靠自己了啊。

化学课一上课我们就继续对药品进行加热，等待容器冷却的时候我们进行了个考试，50个拉丁语、希腊语词根或词缀的意思。我们之前的笔记记了快160个，对他们来说可能不是很难，但真是愁死我了。我们还会有第二次机会进行考试，我大概浏览了一遍，竟然答对了42个，哇，太神奇了，我这蒙功也太强了。

英语课进行小组讨论，每人要给小组展示昨晚的作业。而且老师还要对这次讨论进行打分，我们讨论的时候老师就在一边溜达一边听，而且还在花名册上做记号，这一节课所有人都紧张兮兮的，有一种被逼着讨论的感觉……

最后一节课所有10年级学生到大礼堂举办个人项目的庆祝典礼，今年的参与人数可是破了纪录。我本来以为会像开party一样，没想到进了礼堂之后还是得先听老师给我们叨叨，列了好多条她们从我们的论文中看到的进步。其中说到"有的学生说通过这次活动他们爱上了写论文"，底下一个男生特别大声很不屑地"哈"了一声，所有人顿时笑开了锅。真是看出来我们为了凑字数什么都往上编啊，1500字的论文，还有人爱上写论文了？老师叨叨完之后要给我们发成绩了，这么多人可咋发啊？老师在大礼堂外摆了好几张桌子，把我们的成绩单按照姓氏的首字母排列，虽然挤成一团但是很快就找到了我的。我得了24/32，肯定是通过了，只需要4分就能过。我觉得个人项目的老师打分打得也太随性了，评分表上有4项不同的内容，她给我每项都打了6分，而且我去问了另一个女生，她跟我是同一个老师，她得的分跟我一模一样……最开心的是老师还给我们准备了饼干，嗯，没错，又是饼干，齁甜齁甜的。

今天下午有羽毛球比赛，跟另一个学校打。由于我刚来，还没在校队里排上名，教练就把我排到了最后，只是让我打着玩。比赛从15：15开始，过了一会儿爸爸妈妈和妹妹都来了，看我打比赛，但是还没轮到我啊。下午四点多总算轮到我了，我这不算正式比赛，只打一局，按30分记。比赛之前我在心里祈祷别打零分就行了，谁知道我竟然还赢了，30：12。真不是我水平有多高，只不过是遇上了一个比我还low的……

4月27日　星期六

上午去了一家给饥饿孩童提供食物的慈善机构——Feed My Starving Children做志愿者，帮助打包食物。爸爸的单位组团去，爸爸却生病了，虽说病得不是很严重，但是就不能去打包食物了。妈妈带着我跟妹妹开了半个小时的车才赶到。

我以前参加过学校组织的类似活动，本来以为会是一样的流程，但其实差别很大。上次是把成袋的食品往塑料袋里装，而这次是把散装食物打包放入一个食品袋。

这儿的管理还真是严，不仅要戴发套，而且项链、耳钉、戒指等一律不准戴。我们要把玉米粉、蔬菜片、黄豆粉和大米装到一个食品袋里，之后称重，必须是380g—400g，用大米来调节重量。合格了之后再封袋，最后装箱。我被分配到"撑袋子"的位置，桌子上有一个漏斗，左右两侧各站一个负责撑袋子的，桌子头上站2—4个往袋子里加食物的。那食品袋质量是真好，但想要快速搓开还真是需要技巧。一开始把食品袋往漏斗底下套真是费了劲了，渐渐地我越来越熟练，后来由于称重环节进度太慢，装了食物的食品袋又站不住，我只能右手抓着两三个准备称量的食品袋，左手单手往漏斗底下套袋子，我都佩服我自己啊，哈哈哈。

称重这活儿真是不好干，加食物的时候虽说应正好是满满一容器的量，但误差还是会很大。有一次我们装完食物之后却只有320g，负责称重的人直接拿起装米的小盒往里倒米，哈哈哈，我们看得哭笑不得。这时候要是还一勺一勺地加，不知道得压多少进度。

妹妹开始负责装箱，没多久就想跟我换位置。行啊，对我来说无所谓。但我开始装箱之后才发现这活儿真是累。大桌子上写着18个数字，先要把封好口、放在小篮子里的食品袋收集过来，每个数字上放两袋，放满一桌子之后开始装箱。而我一个人要接着三条流水线，放食品袋的篮子还在桌子对面，我只能弯着腰去够，打包的时候更是得弯着腰，没干多久就觉得腰疼。旁边一个小哥哥也知道这活儿累腰，问我腰怎么样。妈妈跟我说要不就跟旁边的人换换。不到18岁不让干封袋的活儿，而其他离得近的全都是些上了岁数的人，与其跟他们换还不如我受着呢，最起码我还年轻。

两个小时，我们这一大流水线装了44箱，是效率最高的了。我们所有人这一上午装了172箱，够102个孩子吃一年的，哇，这个时候真的觉得好有成就感，奉献总是令人快乐的。

下午朋友来我家里玩卡牌游戏。他们不仅带了游戏来，还带了吃的，当然，作为主人的我也准备了零食和饮料。我赢了好几次，他们还教我新的玩扑克的方法，我第一次知道扑克有这么多玩法。这一下午，我们的零食就没断过，我觉得晚饭可以省了。

晚上妈妈要去爸爸姐姐的生日party，由于爸爸生病了不能去，小孩子也不允许去，我们仨便留在家里了。妈妈走之前给我们烤了个比萨，我们仨人都没吃完一个，要知道我平时可是一个人都能吃半个的。

4月28日　星期日

今天上午没有教堂合唱，可以睡懒觉咯！

上午想在书房里写数学作业，妹妹坐在我旁边"写作业"，倒不如说是看视频，我都懒得让她戴耳机，我干脆拿着书去卧室写吧。爸爸妈妈有一个神奇的理论叫作"想让她学会自觉"，明知道她在书房里看着视频写作业也不把她拉出去，服了。

中午匆匆吃过午饭要去看职业足球比赛！这几天忽冷忽热，我穿了两件外套，里头是一线衣，一开始还可以，但招架不住在足球场上待好几个点儿。中间去上卫生间的时候觉得真暖和，我都不想出来了……前半场0：0，后半场我们队进了一球，赢咯！

这两个小时下来真是冻得够呛，回家赶紧洗了个热水澡暖暖身子。

晚上我们跟家人一起出去吃饭，为爸爸的姐姐庆祝生日。她已经60岁了，但看着连50岁都不到。一盘菜的分量真是大，我都觉得撑得慌。饭后妹妹又要甜点吃，我跟妈妈分享了一份，最后我好不容易才吃完了。慕斯巧克力蛋糕加冰激凌，淋上热乎乎的巧克力酱，味道真是不错。

4月29日　星期一

地理课老师让我们自己创造一个大陆，包括七个不同的国家，要用上我们刚学的对于国家形状的分类和不同地形的边境，像沙漠、山脉、河流等等。看起来挺复杂的，每一种都要用上，但其实出奇的简单。

工程设计课我们组的另一个女生不在，其实更省事儿了，我们三个人意见更好统一，而且都是以我为中心。我们今天完成了组装盒子的过程图，老师看过之后给我们提了一些修改意见。总算是搞定了，艰辛啊。

化学课我们要做实验，测量口香糖中糖的百分比。下面问题来了，我们要自己嚼口香糖，除去里面的糖分，而且每分钟都要称量嚼过的口香糖的质量，之后再继续嚼，直到前后两次的质量差不多了才能停。虽说是自己嚼的口香糖，但一次次往外吐又继续嚼真是有点儿恶心人，老师给我们的还是一个泡泡糖，嚼了两分钟就没味了，但质量还在继续下降，我感觉我像是在嚼橡胶，生无可恋……都快给我嚼出阴影了。采集数据之后还要画口香糖的质量变化数据图，我们要画的数据图平板上还画不了，只能等回来在电脑上画了。

木工课我们要开始组装灯了！拿着一块块小部件还真是有些兴奋，这可都是自己一步一步做出来的啊。但到了真正组装的时候却开始发蒙，好一通算才给拼对了，做个木工活儿还得靠空间想象力。

放学之后本来是有羽毛球比赛的，原定14∶20出发，但我们一直等到14∶45也不见大巴来，最后体育老师说他忘了给我们预定巴士了……醉了，这都可以？我却"收获"了一件羽毛球队的运动衣。我一开始没有羽毛球队的衣服，但去别的学校打比赛最好还是能分别出学校啊，我就穿了在学校打网球时穿的上衣。另一个女生看见了跟我说她正好多一件羽毛球队的衣服，就送给我穿了。我穿着虽然有点儿小但总比没有强，这儿的学生都太暖了！

4月30日　星期二

地理课老师发给我们四个网站链接，让我们读其中的两个，做笔记并写一下文章的简介。我做的第一件事儿就是把四个网站都打开，看哪两篇文章最短……

工程设计课我们要测试流水线了。我一开始设计的时间是两分钟做完一个盒子。我们要拆包装、测量小木板长度是否合格、打磨木板边缘、抹胶水、组装、测量盒子侧壁是否与底面垂直，最后要进行清理。这么简简单单的几步还能花多长时间？但我们第一次测试时问题百出，四个人配合不到位不说，有一个男生做完第一项任务干脆就忘了第二项任务。我们器材准备得也不充分，抹胶水抹到一半时又现派人去找卫生纸擦多出来的胶水。我们四个人一通忙活最后总算是组装好了一个盒子，花了……6分多钟！唉，我满心绝望，但最后出现了反转！我们组竟然是全班最快的！哈哈，我们高兴得不行！

化学课继续嚼口香糖，真是醉了……这节课我们要测量不同品牌的口香糖中糖的百分比，我发现还是口香糖味道持久啊，还没那么硬……

木工课我准备往灯顶上加一块木片，在上面刻个图案，这样开灯的时候顶棚上还能投影出来个图案。找图片可是费了劲，要找像素特别高的。老师发给我们几个网站，但想下载图片还要注册，最后总算弄好了，已经没时间刻印了，等明天吧。

数学课考试，解方程组，小意思。我交了卷之后，得到老师允许去了图书馆，在电脑上做完了化学的数据图。

法语课老师给我们放了一个描述房屋的视频，我们要根据视频回答问题。有一种看图说话的感觉，视频里说了些什么基本听不懂，完全是通过看图来猜。第一遍之后，老师问我们听出来几个答案，全场一片寂静。看到第五遍的时候，老师"被迫"给我们指出每个答案的位置，但有的时候就算她读了单词我们也不知道是啥……

今天是羽毛球的最后一次训练了，明后天各有一场比赛，之后我们小队的训练就结束了，但更高级别的两队会继续训练。练扣杀练得我胳膊格外疼，但我的扣杀还是一点儿杀伤力都没有，希望能有所提高吧，要不就完全是等着被扣死啊。

5月1日　星期三

地理课老师请了一个来自卢旺达的学生给我们讲卢旺达的历史和现状。我跟他认识，但不知道他是来自卢旺达的，而且还是国家派来学习的，感觉好高大上啊。

工程设计课我们要开始"大批量"生产盒子了，说是"大批量"，其实就是我们组4个人一共要做3个盒子。我们这次做得出人意料的快，只用了10分钟就完成了，我们的进步神速啊！但想摆正了盒子侧壁贼难，胶没干之前轻轻一碰侧壁就移位了，我们把它调整好之后连碰都不敢碰，只能等着胶干。

木工课我刻印好了灯顶部的小木板，好看是真好看，但那台机器是用灼烧的方法进行刻印，造成所有的边缘都是一层黑炭，一不小心就又抹到了别的木块上，想把它抹去却越抹面积越大，最后给我气得把所有的黑边全都给擦干净了。接下来就要抹胶了！我没看教学视频就上手做，难度大不说，我还少做了一步，最后又要返工，作为强迫症患者的我还纠结到不行。

英语课要进行一个评分讨论，老师把我们分成了两大组，每组又被分成了两小组，一个小组讨论另一个小组听。我真是不知道老师的评分是按照什么标准来的，是要质量呢，还是要数量，或者是两个都要？一开始我有点儿难以插上嘴，但后来我一看这哪行，我也得要成绩啊，于是我也开始趁间隙插话，希望我分数别太低啊！

数学课讲矩阵，虽然对我来说比较新，但老师讲基本知识就讲了一整节课，这些内容，我觉得在中国老师连讲都不会讲……最后差点儿给我听睡着了。

法语课我们去看了学校拉丁美洲文化社主办的节目。好多节目是上西班牙语课的学生跳的群舞，其他节目也都没有什么特色，大部分还是拉丁语，我哪听得懂？更可笑的是主持人还报错幕了，这都可以？！上课10多分钟演出才开始，又提前10多分钟结束了，这有点儿短啊。演出结束之后，一个亚洲文化社的女生跟我说还是我们上次表演得好，哈哈哈，我也这么觉得！

下午打羽毛球比赛，另一个学校来的人比我们少，而且水平都挺高。这次我输得挺彻底啊，被对方的扣杀压得抬不起头。

5月2日　星期四

地理课我们开始讲美国的"划分选区"，以此来理解民主党和共和党的政局。把一个州划分成更小的单位，以此为单位进行统计，最后看在整个州内哪一党胜出的地区多，哪一党就获胜。

工程设计课我们要计算成本和消耗，我们组的其他三个人没有一个干活的，不是聊天就是看手机。到了快下课的时候他们想起来照着我的抄了，无语。

木工课昨天固定好了灯的上半部分，今天要开始做下半部分了。但我还是决定先把灯的侧柱打磨一下。用机器制作的时候有几个面没打磨平，唉，现在只能人力打磨咯。固定灯下半部分的时候就简单多了，熟能生巧，而且还没有薄木板。

英语课开始读《追风筝的人》了，这节课先讲了作者生平。这本书我读过，但突然一提起来我却什么都不记得了，哎，我这记性……因为明天有舞会我第三节课下课就要离校，今天就先跟英语老师要了明天的作业，是一份关于阿富汗历史背景的学习，要自己上网站查，并做笔记。哦，对，故事发生在阿富汗，这隐隐约约唤起了我的一点记忆。老师给我们列出一栏"之前对阿富汗的了解"，嗯……基本为零啊。

法语课老师从平板上给我们传了一文件，打开一看，好几页的题，有点儿崩溃……要读文章，从里面找答案。更坑人的是有的问题还没有答案，我们只需要回答那些有答案的，但我们本来就看不大懂文章，这下更是难上加难。老师说大部分问题都是有答案的，好嘛，我们好一通找，最后找到绝望时才知道，其实好多问题都没有答案……这种题型，最好是再也别见到。

羽毛球训练结束了，放学之后可以high咯！明天还有舞会，贼兴奋。我跟妈妈借了条项链，我穿的抹胸裙，脖子前面太空了。妈妈还主动借给我一双高跟凉鞋，脚前掌也有增高，比我那双高跟鞋舒服多了。但她这双鞋是露脚趾的，脚指甲也得染咯？那今天晚上就做指甲吧，我让同学给我带了卸甲油和指甲油，但其中一瓶指甲油还拧不开……去问妹妹？她一抽屉的指甲油，什么指甲护理油样样不少，一个个给我讲哪个涂在最底层，哪个涂在最顶层，她还真是给力！接下来我就要开工了！听着音乐，这必将是一个放松的夜晚。我把指甲涂得一半黑一半红，据说这俩色显手白……第一次涂指甲油效果还不错。虽然我不经常染指甲但我这技术还是杠杠的，问题就是指甲油干得太慢了，最后给我逼得开始用吹风机吹，但时间已经不早了，妈妈和妹妹都要睡觉了，我只能去地下室吹。虽然过程艰辛，但做完之后我自己都佩服自己！

5月3日　星期五

早上早早起了床，闹钟一响就兴奋得一个高儿蹦起来了。先收拾收拾去舞会的东西，等下午放了学我回家拿了东西就去同学家化妆。早上没收拾完，又不能耽误上学，只能回来再说了。

参加舞会的同学第三节课之后就可以离校了，但需要家长写假条。一进校门就看见两位老师各拿着一个小篮子收假条，有种莫名的喜感，哈哈，也是辛苦他们了。

地理课老师先找同学展示了昨天做的划分选区的地图，我还上去展示了呢。讲了点儿笔记之后又给我们布置了另一个画图……真是愁人了，这么简单的东西有必要一遍一遍地做吗？但这次还要涂色、统计和问答题，课上是做不完了，又是作业咯。

工程设计课老师给我们发下来了期末考试的复习题，让我们先两人一组互帮互助开始做。算数什么不是问题，但对于各种定义我真的是懵了。本来那些词就不好记，意思还都差不多，这下全都给放到一起更是分不出来了。有些是上学期的内容，但在平板上已经找不到了，我们跟老师反映之后，老师忙得也没来得及传。我们只能上工程设计课的网站一个一个找，但上面有好多讲得都不是很详细。唉，这复习真是要了命。

化学课我们昨天考试了，今天多给一节课让那些没做完的同学完成。那考试我昨天就完成了，今天就做了别的作业。

第三节课之后我可以"逃课"啦！跟朋友在校门口聚齐之后先是回家拿东西，之后再一起去吃午饭。我们四个人中两个人有车，交通妥了。我们兵分两路，一个女生把我送回家拿东西，另外两个女生分别回家取东西。我到家之后匆匆忙忙收拾，各种东西只管往包里塞。跟妈妈交代好了我今天的行程之后就奔出了门，那个女生还在车里等我呢！我们四人回头都要去她家，所以她也不用拿什么，我俩就直接去了一家汉堡店等着另外两个人。我俩聊着聊着我才知道另外一个开车的女生还没驾照，嗯，庆幸我坐的不是她的车……她俩给我们发短信说快到了，但我俩已看见她们的车从餐馆门前飞驰而过……这是要上哪儿去？开过了？果不其然……她们不知道又开出去多远才掉头回来，我俩真是哭笑不得……

吃完饭之后要付钱了，她们都开始找零钱交小费，我才发现这似乎是我第一次交小费。平时跟家人出去吃饭都是爸爸妈妈用卡付，跟同学出去也大部分都是半自助式的，点完餐交了钱之后服务员就不管你了，小费什么的也是不存在的。我问她们小费一般多少钱，她们也不知道百分比，最后我们每人在桌子上放了一美元，我还没有零钱，还是另一个女生给我垫的。

之后我们到了同学家，开始化妆咯！她们先开始涂指甲油，我也顺便把我的补了补。涂出去的部分最难收拾，用卸甲油擦但又特别容易把指甲上的也给抹去，而正好又碰上我这个有强迫症的，纠结死我。一个女生自告奋勇要给我编头发，但她给我编的我真的不是很喜欢……但又不好直说，我只能以化妆为由从她手底下逃脱出来。她原本想给我编两条法式麻花辫，但我还是觉得一条好看。像我这种强迫症肯定要把头顶上的部分都给梳平，而她却跟我说要不就得扎得特别松，要不然就平不了……我咋就那么不信呢，我自己扎都能扎平了，唉，得了，我还是自己来吧。我以实际行动说服了她，有什么扎不平的？我只扎了一半，把底下留出来的头发烫了烫，还被她们夸我烫头发的技术好，过奖了过奖了，哈哈哈。

我没什么化妆品，蹭别人的咯，一个女生还特别好心，直接帮我化妆，给我打了底，搽了腮红、高光什么的。接下来画眼影、眼线这些小细节我还是自己来吧，虽然我是个手残党，自己画的虽然可能画毁了但也没有怨言，要是被别人画毁了那可就不好玩了。想画眼线却发现没有眼线笔，一个女生给我找了一个，但是个干的，唉。

有几位家长来给我们拍照，我告诉妈妈之后，她带着妹妹也来了，妹妹还带了两根眼线笔借我用，太暖了吧！

拍完照之后，一位家长开车把我们带到了一处风景特别美的桥上，我们继续拍照，哈哈哈。好不容易打扮得这么漂亮，拍照上瘾啊。我的裙子那么长，真是不好走路，还穿着高跟鞋，没摔倒了已是万幸。一共没走几步，但一些树叶什么的却在裙摆上安了家，我想扯还不敢使劲儿扯，扯坏了裙子可咋办，唉，让它们自生自灭吧。

我们去了一家挺高级的餐厅，牛排为主。我一想我这个饭量，那就来个整份的吧。谁知道餐前还有"免费"的烤面包和沙拉，我中午吃得挺多，而裙子又勒得挺紧，我沙拉还没吃完就觉得饱了……唉，这可咋办，那牛排可是将近30美元呢，这钱可不能浪费……见证我饭量的时候到了！嗯，没错，我又把一整个牛排给吃进去了！饭后还蹭了几口朋友的小蛋糕，她也是撑得吃不下了，把蛋糕传了一圈都没有人吃，这个时候那我不得帮帮忙嘛，哈哈哈。我不得不说，裙子的质量是真好，竟然没被我撑破。

其他人都一对一对走了，剩下我们落单的三个女生，我们还是自己打车吧。都快到了，我突然发现我没带票也没带ID，这可毁了！本来以为不得已就得让妈妈给我送了，但其他人安慰我说他们应该能把我放进去。到了之后发现我们校长也在门前迎接，呦呵，这阵势不小啊。一位老师见我面露难色，问我你带票了么？我尴尬地说没有；她又继续问你带ID了么？我回答没有……校长给我出主意说我可以从手机上链接到学校的系统，找到我的电子ID。电子时代，这科技不服不行。进去之后还真有一排老师坐在那查票的，嗯，我这要怎么混过去呢……老师看了跟我同行女生的票和ID，之后只是点名问我来了没有，看我来了就直接把我放进去了，根本就没查我。哇！这么轻易就进来了？那个女生是被我邀请的，她的票和电脑系统上有我的名字，怪不得老师没查我。按道理讲只有11年级和12年级的学生可以来，但每人可以邀请一人，被邀请的人不论几年级都可以。我作为交换生享受了一把特权，而且我还可以邀请一人。一般都是男生带女朋友来，但也有好多11年级、12年级的学生把他们的"邀请"名额给我们9年级、10年级学生的，而我也就带了我的朋友，她兴奋得不得了，现在看来还幸亏我邀请了她啊。

我们来早了，先是有一个走秀。说是走秀，其实随意得很，大部分都是情侣一起走，有时候上来一堆女生或男生一起走，让人觉得画风突变……更诡异的是他们的走秀六点半开始，而真正的舞会七点开始，所以现场没有什么学生，都是些老师和家长在看。气氛根本烘托不起来，现场冷冷清清，偶尔有人喊几嗓子，场面一度十分尴尬，可能就是为了给他们照相吧。情侣走秀搂搂抱抱的也就算了，还有直接在舞台中间亲上的。虽说平时在学校里就有好多搂搂抱抱亲亲的，但还是让我们看得很无奈啊。

舞会快八点才开始。

随着音乐响起，大家陆陆续续进了舞池。我不明白为什么所有人都想往DJ的方向挤，而且都想往中心挤。挤来挤去是觉得更热闹吗？这一晚上不是我踩别人的裙子，就是别人踩我的裙子，我只能一直一手抓着裙子，这一晚上胳膊都麻了。更可笑的是我跟一个女生的裙子还挂到了一起，我俩背对背站着无奈苦笑，她的朋友帮我们忙活了好久……

说是"跳舞"，倒还不如说蹦迪，就是一群人瞎蹦跶，跟着音乐一起吼。而那些歌我没几首听过的，也不知道歌词，看别人都跟着吼我真是有些尴尬。

穿着高跟鞋蹦跶了不到一个小时就不行了，回去坐着休息会儿吧，看见好多女生都已经把鞋脱了，桌子底下全是高跟鞋。还有女生带了拖鞋来换的，真是有先见之明啊。我又撑了一会儿，最终还是把鞋脱了。虽然脚掌还是疼，但总比穿着高跟鞋强。但千算万算没算到，我会被别人踩，而且还被踩了不止一次！所有人都在那蹦，被踩也算是挺正常了，但我可是光着脚啊，扎心！

这一晚上拍了不少照片，但现场那灯光真是让人绝望，拍出照片来人脸都是被染了色的。十一点舞会结束，我们本来还计划舞会之后跟同学party的，但都给我们累得不行，还是回家洗洗睡吧。

我邀请的那个女生让她爸爸来接我们，那个没有驾照的女生决定不跟我们一起走，自己一个人走了。晚上不知道什么时候下雨了，路上湿漉漉的，把我俩冻得不行。

回家之后洗了个热水澡，又整理了照片，快凌晨一点才睡，今天真的是玩high了。

5月4日　星期六

睡到快中午时才起来，早饭午饭并成一顿了。

下午我们要去看漫威的《复仇者联盟：终局之战》，这部电影三个多小时，外面晴空万里，而我们这一下午只能在黑乎乎的电影院里度过了。我对漫威了解不多，但对于这种超级英雄的电影我是来者不拒的。既然叫《终局之战》，我以为不但反派会输得彻底，也会有好多正派的人物牺牲呢，但结局让我有点儿惊讶。也可能是在学校受了别人假剧透的影响，我数学课一男生说"所有人都死了"……假剧透也是会"害人"的！

回家之后已经快到饭点儿了，爸爸妈妈开始准备晚饭，烤肉肠做热狗，而我跟妹妹开始打羽毛球。打了不一会儿我觉得我要饿虚脱了……虽然马上就要吃饭了，但我还是撑不住，先吃了点儿零食垫垫饥。

热狗总算做好了！我一口下去！烫着舌头了……肉肠里面夹着芝士，那芝士真的是烫啊！被烫的不止我一个，爸爸也被烫了舌头了……

晚饭之后，我跟同学出去玩，我们去了一家冰激凌店。4美元，满满一大杯冰激凌，这么便宜？队伍已经排到了店外。我俩分了一个小份的都觉得多，这家店也太实惠了吧！吃完冰激凌之后我俩去了她家，本想看电影，可是有点来不及了，那就看电视剧吧。找来找去找到了《老友记》，我俩又从第一季的第一集开始看，笑得嘎嘎的。

5月5日　星期日

一觉起来又不早了，写了会儿作业就出发去看庆祝五一节游行咯！

妈妈下午有读书社团活动，而且还是在我们家，她就留在了家里准备东西。爸爸带着我和妹妹，在离游行还有七八个街区的地方就发现路边的车停得满满当当，我们好不容易找了个地方停下了车，只能步行去咯。我们在一个拐角处看到了游行队伍，游行到这儿已经快结束了，好多人看样子都有些疲倦了。有人穿着好玩的玩偶服，像大树、汉堡以及动画片中的角色等等，有人头戴夸张的装饰品，还有人骑着被装饰成蜻蜓、青蛙等等的摩托车，当然也少不了乐队。路边全是人，站在车顶上的就不说了，还有上了树的，更有甚者还爬到房顶上了，我觉得欣赏人都是一大乐趣了。

看了一会儿游行之后，我们去了附近的公园吃了午饭，顺便逛了逛。公园里人山人海，游行完的队伍都在公园里休息，还有好多做公益活动的人在里面搭起了棚子，给大家介绍他们的项目。有送宣传手环的，有填调查之后送糖的，还有送水的，能有这么好的事儿？免费的？妹妹乐开了花，跟我说她最喜欢免费的东西，但我怎么都觉得下不去手呢……

我们逛完之后还不能回家，妈妈在家开读书社团活动。爸爸便带着我跟妹妹去了一家酒吧，他点了饮品，给我俩点了饮料。天啊！那饮料真是一言难尽，是橘子味奎宁水，冲劲儿大不说，还发苦。爸爸都买了，我又不好说什么，硬着头皮喝吧，喝着喝着发现其实还可以，但妹妹喝了一口之后直接放弃了。我们在酒吧找了个桌上游戏玩，跟大富翁差不多，也是走棋子、花钱、挣钱。一轮比拼下来爸爸比我多赢了一点点钱，唉，我输得不甘心啊。

晚上回家洗完澡之后开始补作业了……"时间都去哪了？"写完了地理，写完了英语，英语明天还有个小测，考阿富汗的历史，真是愁人。英语还有下周五要上交的作业，我还没开始做，又是那个小册子，之前我在上一节英语课已经做过了，但这次老师把要求稍微改了改，得了，我得重做，真是扎心。

5月6日　星期一

工程设计课要为盒子做个自动装置，盒子只有上下左右和后面有木板，这样从前面可以看见小机器的工作过程。左右方向从盒子中间横穿过一根圆木条，盒子上穿上圆形或其他形状的小木板，木板上打孔的地方很重要，这决定了上面物体的运动轨迹。木板正上方有木条跟它接触，木条上面可以做不同的设计，转动最下面横向的木条时，竖直方向的木条就会上下运动。这看着是不难做，但想要做点儿吸引眼球的东西可就难了，我们这节课上网查资料，我还真的找到了一些好玩的设计呢。

化学课继续讲摩尔定律，其实简单得很，往上套公式就行了。老师还在黑板上讲例题呢，我把后面的练习都做完了。

木工课我还要往灯座底部再粘一块木条，用来支撑灯泡。老师不早说，要不我上次粘底座的时候就一起把这木板粘上了。粘上木板之后，虽然有夹子固定，但最好还是不要再碰它了。但我这一节课不能就这么浪费了啊，我决定进行打磨，最后下课之前剩出一点儿时间来粘底部的木板。打磨真是给我弄到崩溃，不一会儿胳膊就没劲儿了，但用手一抹，那表面还是粗糙得很，而且那灯架那么多面儿，看着都绝望。最后粘小木板，拿夹子往上一夹，胶就被挤出来了……唉，像我这么追求完美的人，怎么能允许有胶印呢！我又拿着湿纸巾好一通擦，好不容易才把夹子底下那部分给弄干净。

英语课考试，阿富汗历史。2000年以前的内容老师在提纲上列得还比较详细，考试中的内容也差不多是提纲上的，但2000年以后的内容就让我很绝望了。

数学课老师没查作业，我难得的这么开心，我周末的作业还剩了两道题没做呢，哈哈哈，但上课时间没那么紧，我抽空给做完了。

法语课我们要做之前老师布置给我的周末作业了。有一项是根据文章大意猜词，另两个是要用英语回答问题，虽然是比较开放性的问题，答案很长，但起码不是用法语写。但猜词真的是难到我了，瞎猜吧，总觉得别扭，用词典查吧，老师还不让，最后我们组三个人一起讨论出来几个。

5月7日　星期二

早上去参加射箭训练，我雄心壮志想要得上250分。第一轮超常发挥，得了90分，但后两轮频繁失误，最后只得了242分，唉，虽说离目标不远了，但想要提高真的是很难啊。

地理课开始讲新的单元——地理文化。分为民间文化和大众文化，还给我们布置了下周要做的小组项目。老师本来把剩下的时间留给我们做导学案的，但我们小组一个女生特别积极地开始讨论我们的项目，我不参与吧，不大好；我参与吧，这不是占了我完成提纲的时间么？后来看我们组的另一个女生开始做导学案，我也开始做，但还时不时地加入她们的讨论。

工程设计课老师不在，给我们布置的任务是制作一个比较不同设计的评分表，并且画出你想要做的装置的草图。评分表我们以前做过，但这次的评分标准是什么呢？老师也不在，我们都一脸懵，得了，自己编吧。我跟我左右的同学一起编出来了几个，评分之后发现其中三种设计的分数一样，但我还是决定做一个最难且最好玩的——玻璃球楼梯。

化学课依旧是摩尔定律，只是一种新的题型。一节课一种题型，这效率也是可以啊……

木工课我要正式开始打磨了！当初用机器制作时留下的印痕真的是超级难打磨平，而且两个木条交叉的地方特别难打磨，根本使不上劲儿，我还碰着手好几次。

数学课老师不在，我们要自己做笔记，之后完成这部分内容的作业。班里依旧是吵得很，助教根本管不住。

法语课我们练习新学的单词，进行答题比赛。有一道题里还有两个一样的答案，我不幸蒙错了……有好几道都是只图速度结果给答错了，也有好多根本没记住词意的，全靠蒙，倒是还蒙对了不少。

晚上开始做英语小册子，先从大标题开始吧，为了美观我还是决定临摹艺术字，但这工作量可是大了。先大概确定字的大小和位置，再用铅笔描出轮廓，之后用水笔定稿，还得把铅笔痕都擦了去。我想用黑色彩笔涂色，但妹妹的黑色马克笔都没水了，我只能用中性笔涂……那么细的笔尖，真是要把我整崩溃了。我曾有过让妹妹帮我涂的想法，毕竟她对我这支中国产的中性笔好奇得不行，她们用的笔跟我们的不一样哦。但我还是不放心她，万一她给我涂毁了，那我能崩溃，我还是自己来吧。

5月8日　星期三

早上我去找英语老师借彩铅，虽然说妹妹有彩铅，但我们这次做的小册子要求涂底色，与其用着她的彩铅担惊受怕，还不如去跟英语老师借。我跟老师说我做项目要用，她却问我什么项目。嗯……倒把我弄懵了，我说英语小册子那个项目，之后那几秒的寂静中充满了尴尬。

地理课明天要考试，今天复习，玩网上答题游戏，我一上来就答错了，开场就不顺利啊。后来又有好几道题也答错了，掉到了将近20名，后来赶到10名之内，但成绩还是不理想，看来晚上得下功夫复习了。

工程设计课老师带着我们一起写了几个选择自动装置的评判标准，其中只有一个跟我写的一样，其实还是老师在问我们有没有补充的时候我自己喊的。得了，表格得重新做了，老师之前不把评分标准给我们，等我们做完了才给我们，这是几个意思？

木工课继续打磨……到了快下课的时候留出了一些时间去涂虫漆。涂着涂着我发现不对劲儿了，怎么那块布变红了呢？咋还多出来一些小黑点点呢？再一看，我指甲油掉了……千算万算，没算到这东西能洗去指甲油。我去找老师，老师给了我一副手套，还给我换了一块儿布，哈哈，我可不想把别人的木头染成红的。最让我无奈的是这手套也不见得有多好使，感觉指尖上有洞似的，我那神奇的指甲油又把手套里头给染红了，唉，我也不知道是该心疼手套还是心疼我的指甲油。

英语课依旧是讨论昨晚读的内容，但大多数情况是老师问个问题，没一个举手的，场面一度十分尴尬，老师却还笑着打圆场。

法语课老师带我们做游戏、记单词。大屏幕上好多家具和房屋的图片，老师抽签往上叫人，两个人PK，站在大屏幕两侧，老师说法语单词，我们指屏幕上的图片。赢了的继续当擂主，输了的话就下台，换下一个人上来，最后看谁打败的人多。我第一个就被抽上去了，对手还是一个超厉害的。嗯，我上去的第一轮我俩速度差不多，就又加了一轮。单词我会，但是却没找到图片，光荣牺牲……

晚上做完了英语的小册子，哦耶！我这效率杠杠的，两天晚上就给做完了，之前还一直担心没法按时完成呢。

5月9日　星期四

地理课考试，一点儿不难，下课前10多分钟我就做完了，难得这么快就交卷了。

工程设计课我们继续做之前的复习题。我跟另一个女生一起做，上次说好把我们做了一半的那部分做完的，但她忘了，我只能等她把那部分做完，我俩再一起往下进行。我只能先从后面开始做了，却发现了不少错误，我问老师，老师也不确定，唉……

化学课讲了摩尔体积浓度，当堂就把作业做完了。

中午吃饭的时候跟同学聚在一起聊天，聊到最近学校发生的一些乱七八糟的事儿。先是我们学校一个11年级的亚洲男生失踪，最后警察说他是因为家庭压力等等跳河自杀了，但还没找到尸体。他们说还有另外一个17岁的亚洲学生跳河了……这还不算完，最可怕的是巧合。今天我们英语老师不在，她的助教在班上频繁使用"nigger"这个词。这个词黑人说可以，但助教是个白人，他这么说明摆着是种族歧视……他还是我们10年级一个女生的爸爸。最后他们班一个黑人女生跟他抗争无果，哭着出了教室。高中部闹完了初中部又出事儿，一西班牙语老师也是用这个词，有种族歧视的嫌疑。我们校长的压力也是蛮大啊，处理完老师又得来安慰学生。

木工课继续上虫漆，巴西的交换生又让我帮他，唉，他真是就这么懒得看教学视频么吗……他才开始组装上胶，我上周都把这一步做完了啊……得了，我手把手教吧，还好他没做顶部的木板，组装起来要简单得多。我给他做完四分之一之后还是让他自己来吧，他倒是一教就会。我帮他的时候还把手给蹭出血了，我又不好说什么，我们木工老师那儿当然是有创可贴啦。

英语课之前那个涉嫌种族歧视的助教已经不见了踪影，乐队的老师被派来给我们当助教。他抱着电脑，拎着键盘，脖子上挂着耳机进来了。一上来就跟我们说："我还有工作要做，你们也有任务要做，咱们互不耽误，这必将是美好的一节课。"哈哈，他还挺有意思的。我们应该回答他发下来的一张小纸条上的四个综合性问题，但全班同学也没给发几张纸条，到最后我跟另一个女生一组，拍了一张纸条的照片，还有好多人没找到纸条直接连做都不做了。

法语课上课前老师发了我们昨天赢的糖，她还真是实诚，给我买了一超大条的士力架，太开心了，我真的是很容易满足啊。之后我们接着玩游戏，全班被分成两大组进行PK，每组上来一个人，一对一。老师说英语单词，让我们回答法语单词。还在两人中间放一铅笔，抢到铅笔的人才有权回答，答不对才能轮到另一个人回答。答对之后可以有一次"投篮"的机会，其实就是把一个纸球往垃圾桶里扔，如果扔进去了，就能继续回答问题。其实就是想让我们练习法语单词嘛，这游戏设计得也太复杂了。不但考单词量，还考反应速度和投篮。不管怎么说，我们组赢了，哦耶！

晚上莫名其妙地不想睡觉，就做完了我在中国生活的PPT，眼看就要学期结束了，那地理老师还让我去她班上展示，唉，又要挤时间了。

5月10日　星期五

地理课老师给我们布置了一项新任务，要做一个关于某项文化的画报或PPT，其中要包括八种物质文化和四种非物质文化，还要加上图片和讲解。那我肯定是要做中华文化了，刚开始的时候还在担心能不能凑得够，开始了之后才发现，选项多得选不完，中华民族文化真是博大精深啊！

工程设计课老师不在，我们自己画自动装置的设计图。画草图虽然有可能画得不太像，但没什么难的，问题就在于老师还让我们加上必要部分的长度，这可就得下功夫了。拿着尺子，对照着盒子，估测个需要的长度。画的时候更是得注意比例，每一部分都得画得恰到好处，看着才像样儿。

木工课上虫漆之前，我发现木头表面依旧是粗糙得很啊……唉，又得再打磨一遍，但这次就没那么费力了。准确地说，是不敢使劲儿打磨，要不然会把之前上好的虫漆打磨掉的。

英语课昨天布置的作业周末做完就行，这节课我们就没花太长时间讨论，老师给我们放了根据书的内容够改编的电影。老师并不看好这个电影，但还是给我们放了些片段，让我们更好地理解书中的内容。

数学课老师让我们自由复习，给我们布置了复习题，可以选做。我深深陷入了《追风筝的人》之中，上数学课时依旧在看。老师也不管我，哈哈，我才知道我还是有特权的。我旁边的一个女生也在看《追风筝的人》，老师溜达的时候，问她复习得怎么样了，老师这是话里有话啊，那个女生赶紧收了英语书，开始复习数学。我当时心里一紧，我是动呢？还是不动呢？我悄悄抬头瞄了老师一眼，看她没有要怼我的意思，我这才放下心来。

法语课要用法语写小短文，描述理想中的家的房间，听着都头大。但真正开始之后发现其实没有那么难。我们写的句子都很简单，照着笔记一个单词一个单词往上组就行了，用的语法也都很单一，超纲了的可以问老师，把老师忙得团团转。我完成之后让老师帮我看了一遍，找出来好几个没有变换形式的单词，我还是没有这个意识啊。

下午回家之后发现一个人都没有，真是奇怪了。三点多，妈妈回来了，她去见朋友了，本来想给我发短信的，结果忘了。接下来问题来了，她也不知道妹妹去哪了，她猜去广场上玩了，但妈妈之后还要去找另一个朋友，也就没管妹妹。虽说我一个人在家孤单寂寞，但正好清净，可以写作业了。五点多，爸爸回来了，也不知道妹妹哪儿去了，这去广场上玩还能玩上好几个小时？之后爸爸妈妈的朋友来了，他家的孩子看妹妹不在，就溜达去广场找妹妹，但没找到她，爸爸觉得这不大对劲儿，告诉妈妈之后妈妈慌了，跟她朋友开着车在周围找。我虽然在家坐得稳稳当当但我这脑子没闲着，妹妹会不会留了纸条呢？我去客厅里找，果然在她书包旁边找到了她留的纸条，原来是跟朋友看电影去了，怪不得"消失"了好几个小时啊。但她也真是挑了个好地方，那张纸条还被半压在她书包底下，就不能找个显眼点儿的地方放么？

5月11日　星期六

上午爸爸妈妈要去买泥土和种子打点庭院，我也跟了去。先去了离家比较远的一家超大的庭院用品商场，停车场里满满当当的，好不容易才找着个地方停车，还遇到一超奇葩的新手司机，倒车的时候每次只挪10厘米，而我们只能静静等着他倒出来之后去停那个车位，给我们看得哭笑不得啊。

我们买了篱笆、好几大袋泥土和松土用的工具。爸爸妈妈想把庭院里不长草的一些空地种上草，但后院里一些地方真是"困难户"。每次篱笆外一有狗经过，我们家的狗就跟疯了一样狂叫。车库在中间，狗就从车库的一边追着篱笆外的狗跑到另一边，所以有一块地永久性地不长草了。爸爸妈妈决定把车库一边的地全都用栅栏围起来，不让狗过去踩。

在这家商场逛完了，先是回家卸货，然后又去了另一家花卉店。妈妈买了一些小盆的花花草草，准备种到庭院里。我看到他们有母亲节鲜花，我便开始侦查。我早有母亲节给妈妈买花的念头了，选礼物太伤脑筋，还是买花来得容易。虽然保持不了几天的光新亮丽，但我相信妈妈会喜欢的！这家的花选得都太丑了，虽然说可以自己进行组合，但也没有多少可选的，我跟爸爸串通好了，让他回来带我去另一家专门做插花的店。

我们十点半左右吃了饭，午饭就自动给省了。把妈妈送回家之后爸爸就带我去了一家花店，一屋子的鲜花，可以自己挑。一推开门，我直接打了一个哆嗦，这里头也太冷了吧，这是个冰库吧？爸爸待了不到一分钟，说他出去等我，哈哈，他这是被冻跑的吧。我在里面瑟瑟发抖，孤军奋战，好看的花每种拿了一朵。爸爸过了一会儿又进来了，跟我说："我以为你很快就会被冻出来呢。"我这是用生命在坚持啊！终于挑好了，出门的那一刹那我觉得我又回到了人间……

工作人员给我简单地包了一下，一大捧。插花还要另收费，得了，我自己回家弄吧，不就是个插花么，我这么有艺术水平的人还驾驭不了这个？回家之后，妈妈在前院种花，爸爸把我从后院放进去了，还特意把妈妈留在了屋外，让我有时间插花。他带我去地下室挑花瓶，我一眼就看好了一个，他告诉我那是他们度蜜月的时候买的，让我千万要小心，我默默地把伸出去的手又收了回来……他见状哈哈一笑，"逼迫"我就拿那个，说妈妈会喜欢的。接下来我就要开始我浩大的工程了。先把花都铺开，花瓶里装好水，加上营养液，每朵花还要把茎底下减去一块。第一轮剪完，都在花瓶里插好了，才发现花散得太大了。那个花瓶上窄下宽，我如果只把花用根绳绑到一起，那花肯定会往一个方向偏，像我这么追求完美的人！还是重来吧。我把每朵花底下又都减去一块，这样就好多了，看着插好的花，我骄傲！

有个女生一直想约我出去玩，就是上英语课坐我旁边抖腿的那个。虽然我不是很喜欢她，但我也不好拒绝。我们俩相约去商场看电影，我问她我俩在哪儿见面，她却让我去她家找她。我一开始没反应过来，后来让爸爸送我的时候，爸爸跟我说，商场离我们家开车只要7分钟，而去她家却要20分钟，唉，我这是算的什么账！爸爸忙活完庭院里的活儿，洗了个澡才送我去。我迟到了能有个3分钟，而她却刚洗完澡出来。我的妈呀，电影要晚了啊，她却还在那化妆、找项链，我真是强压住怒火……在她妈妈的再三催促之下我们才出了门，她又化了一路妆。到了商场之后，我们找不到影院就很尴尬了，影院还是在最顶层，等我们坐扶梯上到最顶层的时候已经晚了，我们干脆就决定不去看电影了，先去找点儿东西吃，正好我俩都饿了。我们去了一家汉堡店，她对面筋过敏，点了一份无面筋的汉堡，但可能是因为吃了薯条，她也过敏，开始胃疼，唉，我还能说啥？本来跟她妈说我俩吃完饭，她就带我们去另一家电影院看电影，结果我们都准备好了，她妈妈还没吃完饭。看来我们今天是看不成电影了，我还拿了一大包的零食呢，我这拎了一路。我们的计划二是在商场里逛，但她上午工作，累得腿疼，也不想再逛了。她一个劲儿地跟我道歉，我真的是很失望，一切计划的偏离轨道都是由她的磨蹭造成的，但我又不好说什么，扎心。后来我们在商场里溜达到了一家鞋店，我虽然不买，但试鞋也是很开心的。她买了双鞋之后，我们又去了一家化妆品店，我们跟一个服务员聊得超级high。我们好一通试香水，我只是试着玩，闻到最后觉得鼻子已经被麻醉了……工作人员还给了我们小样呢！

出了商场，本来迎接我们的应该是新鲜的空气，但我除了香水味之外什么都闻不见……估计我浑身全是香水味了。

晚上回家之后给妈妈写了一张小纸片插到了花束里，等她睡觉之后我悄悄地把花束拿到了餐桌上，明天是母亲节啦！

5月12日　星期日

早上我早早醒了，但我猜妈妈还没起来，我就在屋里等会儿再下楼吧，楼下还放着送给妈妈的花呢。这可是专门给她准备的惊喜，我要是先下去了这惊喜就没意思了。听见妈妈下楼之后，我又磨蹭了一会儿才起床洗漱，我这睡得眼睛都睁不开了，昨天晚上熬得有点儿晚。我揉着惺忪的睡眼下了楼，妈妈给了我一个大大的拥抱，不但称赞花漂亮，还好一通感谢我。妈妈跟我说她一开始下楼的时候还没看见，其实是闻见花香之后才看见的，哈哈，看来我选的那几朵香香的百合花还真是选对了呢！

爸爸给我们做了早饭，蟹肉饼，上面还打了一个鸡蛋，他这水平真是高，做得超好看，吃饭的时候他还开玩笑说真庆幸没把母亲节早餐给毁了。

吃完饭后，我们又给家里其他的母亲打电话，送给她们母亲节的祝福。这一波打下来，已经过了正午了，我们要开始打理庭院了！唉，我真是不想干，但今天是母亲节，全家出动，帮着妈妈一起干活。先从种草开始，要把秃了的地方先松土，再往上撒种子。我还没出门呢，妹妹就跟我喊，说松土的犁是她的，让我别跟她抢。像谁稀得跟她抢似的，不就是个新买的工具么，要不然她怎么可能这么有兴趣。不出我所料，她拿那个犁松土松了不到10分钟就不干了，说我肌肉比她多，我更合适干这个活，她准备撒种子去了。这脸变得赶上孙悟空了，我咋就那么乐意接她的活儿呢⋯⋯

这活儿还真是不好干，没过多久我的胳膊也开始酸，但我可不能认输，既然接下了这活儿，那就得坚持下去，一只胳膊累了，再换另一只胳膊。妹妹还感叹说我把所有秃了的地方都顾及到了，给了我很大的鼓励和支持啊。最让我无语的是我一脚踩到了狗屎上⋯⋯家里的狗平时都在草地上大小便，我这眼神，光顾着松土了，突然闻见一股异味，再一看⋯⋯绝望了。

中途我们的泥土和种子多次短缺，爸爸跟妹妹出去了三四趟买补给，后院就剩我一个人在那刨地，扎心啊。后来我又自己一个人松土，又往上撒种子，忙得不亦乐乎，但干完的那一刻很有成就感啊。

妹妹不知从什么时候起就不见影儿了，我跟爸爸在后院围栅栏，防火防盗，防狗刨地啊。我也是见识了，这是我第一次围栅栏，爸爸让我拿锤子把支撑杆往土里砸，结果我还不小心砸到了爸爸的手，对不起啦，人家第一次干这活嘛。爸爸还设计了一个小门，我们能过得去，但狗就不行了，不过说实在的，我觉得栅栏那个高度，我们家的狗一跳就跳过去了。

之后我们开始给草浇水。爸爸一开始用了两个水管，结果水压不够，喷灌喷不起来。爸爸试着去修，看着他在水里狼狈逃窜的样子我真的是不厚道地笑了。他用脚踩着水管，修了几下之后松开水管转头就跑，一脸的狰狞，但好似还是被水淋着了。修复不成，爸爸换了一个喷灌的装置，把两个水管减少到一个，这下好多了。妈妈在前院拔完野草之后，把喷灌器挪了个地方，这一动它，它又开始不工作了，后来妈妈只能手持喷灌器给草浇水，其间狗狗还从小门跑进去了，爸爸妈妈同时一嗓子把它喊出来了，倒把我吓了一跳⋯⋯

五点多总算是干完了，我还有作业要做呢！有个法语的语言表达作业，让我们用法语给家长形容一下家里的房间和设施，爸爸懂点儿法语，但好多内容他都已经忘了，我倒是不用太担心了。真不知道老师给我们布置这作业是干啥的，好多家长根本不懂法语，我们就算是瞎说家长也不知道啊。

晚上我在书房里写日记，妹妹在旁边看视频，还不戴耳机，看到兴奋的地方还给我讲，我真是无奈了。看视频也就算了，她还开始磨糖吃。那种糖一磨就成糖粉了，吃到肚子里还不是一样……她拿着那个跟蒜臼似的东西，一个劲儿地磨，那器皿每碰到一起就"哐"的一声，给我吓一跳，她这是在挑战我的忍耐底线啊。

5月13日　　星期一

地理课要开始做小组的项目了，但每个组要先选一个年代，我们组选的是20世纪90年代，选同一年代的小组还不能太多。每个组编写下了要选的年代的基本框架，交给老师之后听从分配。可能是老师之前已经跟我们强调了不能好几个组做同一个年代，所以我们都没有扎堆选，到最后每个组都如愿以偿。接下来我们就开始查资料了，她们讨论的那些90年代的文化我听得一头雾水，本来跨国已经有难度了，还跨语言，我还是静静等着她们给我分配任务吧……

工程设计课老师先让我们做了一道转化单位的问题，剩下的时间为下周的考试复习。题目很简单，我做完之后就开始在电脑上画我那套自动装置的图。我设计得本来就复杂，这下更是得抓紧时间了。老师把一些3D零件图发给了我们，这样我们就不用自己画啦。

化学课在平板上考试，50个拉丁语和希腊语词根的记忆，老师给我们的笔记可是有160个啊。这是我们第二次机会，老师善心大发，说我们可以找一个同学帮忙，但是不能用笔记。我这一桌好多大佬，他们上次好几个都得了满分。我本来以为胜券在握，结果最后还是错了1个。但也不错了，上一次我错了8个呢……

木工课我本来准备要往上安灯泡的，结果朋友让我等她明天一起安，行吧，那我今天就继续往上涂虫胶咯。

英语课老师又给我们放了一些电影的片段，之后就给我们时间读书，今天的任务也是蛮艰巨啊，四十多页。

数学课考试，矩阵，但都很简单。我被卡在了最后一道应用题上，我能被卡住也真是不容易啊。我被一个"谁是谁的2倍"的问题弄懵了，我总觉得那句的语法都有错误，但老师说没错，我只能靠猜了。按照我的理解做出来的答案是一堆小数，看着就不像正确答案，但我最后也没改。后来问朋友，她得的是个整数，嗯，看来我果然是理解错了……

法语课老师开始收上周给我们布置的给家长口述家中房间的作业，不出我所料，果然很多人都忘了做。之后让我们随便选一个房间，画出自己理想中的家具布置，当然画的家具必须是我们学过的。我突然发现我画画水平还挺高的呀，哈哈哈。

5月14日　星期二

早上起床发现已经6：20了，6：30就开始射箭训练啊，这可咋整！我在床上懵了好久，正纠结要不要去参加射箭训练呢，才猛地反应过来我的闹钟被我调快了10分钟……昨天早上关闹钟的时候不小心按错键了，按成调时间的键了，真是，白让我纠结了那么久，闹钟调快一点儿也是挺好的。

到了学校之后才发现射箭场上一个人都没有，同学们全在外面的一个桌子旁站着，老师也在。今天这是咋了？我大老远就看见桌子上一堆红色的卫衣，哦，是我们射箭队的队服到了！我还担心有没有我的份儿呢，毕竟我来得比较晚，老师却直接把衣服递给我了。红色的底，身前是一个白色的射箭的标志，身后是我的姓。红色和白色是我们学校的标志性颜色，我之前还买了个白色的卫衣，现在再来一个红色卫衣，圆满了！我也不知道这衣服要不要钱，反正我是没交……教练后来有事，匆匆走了，我也没来得及问。但比我来得晚的那些同学也都没有交钱的，也都拿到了衣服。

地理课上我们开始写第一幕的剧本，要讨论一首20世纪90年代的歌曲和歌曲的背景，还要配上舞蹈。90年代的美国，离我有点儿遥远啊……但我突然听到另一个女生说Backstreet Boys，啊哈！这个我还是知道的！虽然一开始她们没准备用这个乐队的歌，但这可能是我们项目里我唯一知道的东西了，在我的说服下她们同意了让我选歌。我冥冥之中记得我跳过这个乐队的舞，但不记得名字，我便开始在网上找他们的歌，看有没有熟悉的。突然发现了一个熟悉的名字——As Long As You Love Me。听了之后发现我果然知道这首歌，但这不是我跳过舞的那个，无所谓，总比一首新歌强。我跟她们说了这首歌之后却发现她们都不知道这首歌……她们还怀疑这首歌的流行性，但我都能知道，还有啥可怀疑的……我查了一下，在美国Billboard前100歌单上持续了56周，还排过第3名，妥了，就选这首了！虽然之后我找到了我跳过舞的那首歌，但我还是更喜欢As Long As You Love Me。

工程设计课老师给我们讲了一下下周二的大考。这是算在大学学分里的，也是我们期末成绩中很重要的一部分。大学学分我是不用了，但期末成绩我还是得要啊，而且老师还会给我们把分数进行折算，全班最高分就算满分。而且考试还没有什么时间限制，应该问题不大吧。

化学课大考，老师跟我们说上节课的考试没几个做完的，而且做完之后都很不自信，但我相信自己！我们班有两个女生给我们统计了我们需要用的公式，老师给我们打印出来了。开考不久，我瞄了一眼就发现一个单位错了，而且还有好多公式说得不明白，我是不准备用它了，还是靠自己吧。毕竟这公式表是自愿使用的，每个人理解公式的方法不同，统计公式的那两个女生可能有她们自己的想法，我又不好说什么，但估计有的同学要入坑了……

木工课我跟我朋友要开始安灯泡咯！我俩看着教学视频一步一步来。老师见我们两个女生在那安灯泡，过来好几趟，问我俩有没有问题。其实进行得蛮顺利，只是到最后的时候老师来帮了我们一下。我们需要把一根电线缠到螺丝后面，之后再把螺丝旋进去。我缠电线的方向给缠错了，结果往里拧螺丝的时候就把电线给顶出来了，老师过来给我一讲我才恍然大悟。我们做完之后拧上灯泡，插上电源，看到灯泡亮起来的那一刻真的好有成就感!

英语课上老师又给我们放了些电影片段，看电影总比讨论强。之后就给我们自由阅读的时间，但明天上课之前要完成一张题，让我们写写印象最深刻的地方和能表达的主题，等等，明天要同学们互相写评论。我就利用上课的阅读时间把这张题做完了，有不确定的地方还可以问老师嘛。

数学课老师为了赶课直接跳过了第8章的后两节，开始了第9章——序列找规律。一上来老师给了我们一组数，3、6、10……让我们找规律。这组数越看越眼熟，分明记得我学过，但就是想不起来这是什么规律。还是我自己找吧，这也不是死记硬背的。分分钟我就找出来了一个，如果你让我解释，我一点儿头绪都没有，但我就是这么蒙出来了……过了好久之后，老师开始让同学在白板上展示他们找出来的规律，没几个找到规律的，一共两三个上去的，找的还不是完全准确。老师知道我找出来一个，但故意不叫我，先把机会给其他人。听其他同学在上面叨叨些不完整的规律也没意思，我便又踏上了找规律的征程。神奇般的，我又找出来一个! 虽然还是试出来的，但也好使嘛! 最后老师终于叫到了我，我在白板上把两个公式一写，底下有点儿小沸腾，好多夸奖的声音。讲解公式就算了，我也不知道咋讲，但能在全班出彩，我还是很骄傲的!

法语课上老师见我画完了我的房间，便跟我说她一会儿想让我帮她做示范。她会在白板上放出一个房间的图片，我背对白板，她用法语形容屋中的家具和它们的颜色，而我要做的就是在平板上根据老师的形容把屋中的家具画出来。老师叫我上去的那一刻还真有点儿紧张，一开始还进行得蛮顺利，但后面出现了几个我听不懂的词。我能咋办? 我也就没管它，到最后老师展示我的画的时候也没管我落下的物品，可能那些单词我们还没学过吧，就是我没听到她说的"2"，少画了一个窗户。

5月15日　星期三

地理课上继续我们的小组项目。我负责第一幕，舞蹈编排也交给我了。我先是上网找舞蹈，我也不知道是不是因为那些舞蹈都是90年代的风格，总之我怎么看怎么不顺眼，最后好不容易找到了一个现代一点儿的舞蹈，我问她们这个舞蹈行不行，她们一致的反应就是让我学会了以后教她们，哈哈，看来我这权力还挺大啊。没问题，跳舞对我来说不是事儿。

工程设计课老师让我们注册下周考试要用的系统再熟悉一下。但老师给我们的是一套生物题，说让我们随便答，就是试试系统而已。让我认真答我也答不了啊，那些生物词汇我没几个认识的，懵得这么彻底还是头一次。幸亏到最后系统没有给分，要不然我的分数肯定很扎心。

化学课老师给一节课的时间，让昨天没考完试的同学继续完成试卷。其实一共就8道题，我昨天就做完了。老师给我们这些做完了的又往下布置了任务，上网看视频自学。视频是关于怎样利用化学反应方程式，知道一种物质的质量后求另一种物质的质量。这我在国内8年级就学过，但现在却要用一种不同的方法做，虽然说麻烦点儿，但还是入乡随俗吧。

木工课上我继续上虫漆。我准备把我做的这个灯送给妈妈作为生日礼物，那就更要做得精致一些了。好几天放学后我都来多上几层虫漆，到一定厚度之后往下打磨一点儿，磨平之后再接着上虫漆。这样不但面是平的，而且还闪闪发光。

英语课我们要开始"讨论"了。互传昨天的题目，给对方写评价，并发表自己的观点。我读得慢，写得也慢，好几次都是老师叫停了但我还在写。还好周围的同学都比较体谅我，跟我说不急不急，但每次都占用别人的时间我也是挺愧疚的。完成了两轮互评之后，老师带我们到学校的院子里参观农业节的展示。这周是我们学校的"环境周"，而今天是"农业节"，学校外的空地上搭起了色彩斑斓的帐篷，里面挤得全是人，还有狗、羊、牛、马等动物，最可怕的是还有蛇，而且是学生在拿着蛇……我对于动物不是很感冒，看看知道那是个动物就得了。最让我开心的是有冰激凌！冰激凌是乳制品嘛，出现在农业节也不足为奇，但每个人只能拿一次，还只是一小口，会专门有人负责在你手上做标记，不让你重复拿，但这个冰激凌还真是好吃。还有可以做小花束的地方，那花是真心小，说是花束，其实就是摘几朵花，再用个胶带缠吧缠吧，我做了一束，别到头发里还蛮好看的。

数学课我们做完笔记之后，老师又带我们参观农业节，我已经看过一圈了，没什么意思，我就跟几个朋友坐着聊天。外头大太阳是真晒，烤得我头发都要着火了，周围还没有什么阴凉地，就算有也是挤满了人。我闲着无聊又去做了一扎花束，这次做了个大一点的。

法语课老师又把我们带去参观农业节，我有点绝望，外头也太热了！但老师觉得总比待在教室里强，我跟朋友出去之后先占了树下的阴凉地。虽说这样我们只能坐在草地上，那也比坐在大太阳底下强。我们参观完还要继续法语课昨天的活动，就是一个人描述他画的房间，另一个人在平板上根据描述画出房间，每人至少要画6个房间。我们在树下很快就组成了一个7人的小团体，这样每人只需要描述一次自己的房间，还可以画另外6个人的房间，省时省力，哦耶！

放学之后，我心血来潮去参加了田径训练。外头大太阳真是毒，我特别后悔忘了拿防晒霜。我热身之后去了跨栏训练，跨栏教练还专门给我们女生准备了防晒霜，太暖了吧！但毕竟不是我的，我也不好意思疯狂地用，只是抹了抹脸和脖子，胳膊和腿依旧暴露在大太阳底下。我们今天要绕着大高尔夫球场跑一圈，我跟另一个女生一组，后来我们直接组成了一个跑得慢的大组，我们两个女生，剩下的全是男生，而且跑着跑着还都没影了。我俩虽然速度不快，但起码坚持下来了。跑完之后我果断撤退，我觉得我在外面晒这一个多小时已经有色差了……

晚上做一份英语课的测试，是在平板上的。平板那个键盘，锁屏键是在删除键的上方。考试的时候我想点"删除"却碰到了"锁屏"，这可毁了，我再打开之后考试系统把我拒之门外……唉。当初一个男生在考试底下评论说他答了两道题之后不小心提交了，让老师帮他重新打开。那时看了之后我还带有一丝笑意，没想到现在却轮到我了，真是笑不出来了……

5月16日　星期四

地理课我们做到第四幕了，要选一个小众文化，并进行介绍，也可以是别的国家的。我们想来想去，最后还是转到了我头上，她们让我选一个中国的小众文化，既有意义又新颖。那么问题来了，小众文化？……我之前地理课的项目刚做了中国文化，脑子里还是有素材的，但就要看这个"小众"怎么定义了。她们给我出主意说可以想一种乐器，那行吧，我就找一种中国传统乐器吧。最后我相中了古筝，选了《青花瓷》，听了好几遍之后又被洗脑了。既然是我选的乐器，那肯定就要我写剧本了，她们连名字都不会念，更别说了解古筝了。我查到英文介绍之后，发现我也有一堆不认识的单词，我干脆选了一些内容，复制粘贴，她们最后帮我整理成了剧本，哦耶，我们终于完成剧本了！

工程设计课老师给我们发了考试的复习提纲。下周二就要考试了，现在又来一个十多页的考试提纲，上次老师给我们发的题我还没做完呢……上课时老师让我们继续在电脑上画3D图或者自由复习，我目测没有一个复习的，这个时候画3D图也成一种解脱了啊，哈哈哈。

木工课我又把灯架打磨了一下，虽然打磨之后表面就没有那么闪闪发光了，但之前有的面儿还是粗糙，在顺滑和闪光之间我还是选择顺滑吧……打磨完之后，我又在灯架外包上了宣纸，作为灯罩。这活儿看着简单，但真是不好干。宣纸本来就不结实，涂上胶之后更是危险，轻轻一扯就能把它置于死地。而且这一粘上就拿不下来了，必须得一次成功啊。我一开始往上粘的时候有点儿偏，费了好大劲儿才调整好，而且胶水涂得有点多，涂胶水的地方看着太明显了，但我也没招儿啦。

英语课我本来计划去一个地理老师的班级给她的学生讲我在中国的生活的，但好多学生去参加学校的一个考试去了，一半儿的人都不在，我这还咋讲，以后再说吧。那位地理老师让我给她班级学生讲我在中国的生活我没意见，但她让我去讲5节课……马上就期末了，她真以为我天天闲得没事儿干？当时她特别淡定地跟我说："你不用一天来讲5节课，你可以分成两天，一天讲3节，一天讲2节，这样不会太累……"这就给我安排好了？一天落3节课，我啥时候补啊？我的朋友有在她班的，之前就跟我抱怨，说她上课不真正讲课就算了，考试还贼难。我跟朋友说她让我去讲5节课，他们异口同声地说那是因为她没什么可讲的了……

法语课我们继续做这个单元的综合项目，要求上网查资料，选定一个城市，设计一个当地大众化的住处，手绘平面图，可以是别墅，也可以是公寓，每个房间里要有家具。还要包含面积、价钱等等，最后还要写英文分析，说一下这个设计为什么"大众化"。难倒是不难，就是事儿太多了，唉，一步一步来吧。先从选城市开始，老师跟我们说别扎堆选巴黎，我就选了马赛。可笑的是，老师最后一问，没几个选巴黎的……之后就要开始查当地房价、房屋面积、室内设计等等，这资料也不好找啊！

放学之后，我去了田径训练场，虽然说完全不想去，但今天要拍大合照，我还是去露个头吧。但我也不能拍完照就走啊，又不想做剧烈活动，就溜去了跨栏训练。今天的任务一共就几次短距离冲刺跨栏，加起来还不到500米，这我还是OK的。跑是没问题，但一跨栏就毁了。第一次我冲出去之后干脆在栏前面停了下来，心里还是害怕，不敢跨啊……之后好不容易敢跨了，但是我蹦得太高了，其实是越低越好啊，我每次落下时都一个趔趄，但我能跨过去就已经不错了！

晚上有一个教堂合唱队的小party，在我们合唱团老师家，合唱活动到此就告一段落了。去了之后先开吃，自己做三明治，我吃了两个，妹妹吃了两个半，这个量可是赶超我了！饭后还有甜点——冰激凌，一个小男生还把冰激凌滴得到处都是，服了。吃饱喝足之后，老师弹琴我们开始唱歌。他们前半年唱的歌我都不会，只能跟着小声唱，大多数时候是没问题的，但也有好几次我跑调跑得很尴尬……

回家之后，我准备把地理项目要用的舞蹈练出来，真正开始练才发现视频上那些动作显得太傻了……与其照着它跳，还不如我自己编排舞蹈呢。自己编舞不是问题，问题就是我觉得我睡一觉起来就能忘了，还是让妈妈帮我把舞蹈录下来吧，哈哈，这样就不会忘了！

5月17日　星期五

地理课我们出去练跳舞，她们还特意找了个没人的地方。她们3个人中只有一个人有舞蹈基础，另外两个一上来就卡在了第一个动作上，不是脚弄混了就是手跟不上。但把难的动作攻克了之后，剩下的就挺简单了。我又想起之前带着一群女生排练舞蹈时的痛苦，还好这次的舞蹈不长……

工程设计课依旧是逃避复习，毕竟还有个周末……

化学课我去了那位地理老师的课堂展示关于我中国生活的PPT。这节课是10年级的课，还有好多我认识的同学。一开始我还有点儿紧张，但之后跟朋友一聊天就放松多了，他们提问题也是毫不拘束。本来我还有点儿抵触这位老师，但我发现来做展示也是挺有意思的，特别是下面学生发出的此起彼伏的惊叹声时。中国的初中生活已经让他们一惊，高中生活又是闷头一棍。我就这样担任起了文化传播大使的任务，让美国的学生了解了中国中学生的校园生活。

木工课我准备往灯的侧壁上加图案了，因为这是给妈妈准备的生日礼物，所以想来想去也没想出来我设计个什么图案好，那我干脆贴个"Dear Mom Happy Birthday"吧，简单省事儿，还能给她做纪念。先要用电脑编排文字，打印之后再往上粘。忙活了一节课，最后总算把四个面儿的字都打印完了，排队等打印机的人真是不少啊。

英语课老师带我们去放风筝，因为我们正在读《追风筝的人》嘛。老师前几天问谁放过风筝，全班几乎都举手了；老师又继续问最近三年有谁放过风筝，所有人的手都放下了……哈哈哈，太真实了。但我还要去做我的PPT展示。我目测外头就不暖和，我今天还把外套锁在更衣室了，算了，不去就不去吧。我一朋友不知道我要去做PPT展示，他还特意跑来找我说让我跟他们一起放风筝，唉，我不想拒绝他，但我又能咋办呢？本来英语课就紧，好不容易今天有了节空课，这么好的机会，我不能浪费啊。经过我的展示，老师对我要讲的大部分内容都已经有了了解，这下她就可以帮我讲一部分了，还有好多时候她问我答，倒是给我省事了。

数学课老师给了我们一节课写作业，莫名的幸福。课上做完了一大半，剩下的就是周末作业咯。

最后一节课我又回了那位地理老师的班里做展示，一天讲三遍真是有点儿够了。之前我还一度质疑怎么可能一天讲三遍，现在看来我真的做到了……我讲完之后老师还给了我两样"礼物"。一件是9年级学生的黄色衬衫，M码的（我穿S），背后还写了个"13"；另一件是本书，讲美国权利法案，还是本学生课本。她还把这两样东西展示给她学生看，底下一阵骚动，先是有学生为我抱不平，说我是10年级的学生，干吗穿个9年级的衬衫；还有一个男生直接喊，说我把那本书带回中国去能干啥……唉，这位老师这么随心地送礼物，我也真是醉了。

放学之后我逃了田径训练，回家洗澡、吃饭、收拾东西，准备去一个在船上的舞会。回家之后我看时间还早，就窝在沙发上跟妈妈聊天，一坐下就不想动弹，最后时间都要来不及了，才匆匆忙忙地洗澡、吃饭、做头发、化妆……我为上一次舞会借裙子的时候，有人直接把裙子送我了，跟我说把不喜欢的捐了就行。我还真是挑了几件我喜欢的留下了，现在就用上了。一件黑白相间的抹胸裙，不是特别庄重但也不失典雅，就它了！我把头发稍微卷了卷，还真卷出来个大波浪，难得能把头发烫得这么好啊，哈哈哈。接下来要化妆，但我一手残党，时间还快不够了，我就打了个底，涂了个口红，搞定！我这次是记得带票了！

朋友让我18：10到，我们要留出一些时间拍照。我一直等到18：30她们才到，我当时手机没话费了，还发不出去短信，等得我心神不宁。我们好一通拍照，好不容易打扮得这么漂亮，不拍照可惜了！我更是拍照上瘾，她们还一个劲儿夸我，说我可以去当模特了，开心！

冷风吹得我们瑟瑟发抖，还好机智的我拿了外套，虽然可能有点儿麻烦，但总比被冻感冒了强。

我朋友的男朋友把票落在别人家了，把我朋友气得不行……准备打电话给她妈妈，让她帮忙去拿票。说是没有票不让进，但我上次都被放进去了，而且老师那儿都有名单，肯定没事儿的。但我们安慰她也不管用，直到老师把我们放进去的那一刻她的眉头才算舒展了。

让我没想到的是这艘船还蛮豪华，是由两艘船连在一起的，中间有一个小桥相连，怪不得，要不也装不下500多人啊。说是18：30开始登船，19：00出发，但19：00的时候外面登船的队伍还排得老长，19：30多船才开，我们趁着天亮先照了相，之后进了舞池开始疯狂跳舞。虽然大部分的歌我还是不知道，但是听着觉得熟悉多了，我也更放得开了，纯蹦迪，疯狂一把。我就不明白其他人都在那挤什么，尤其是男生，他们穿着皮鞋或运动鞋不怕踩，女生可是惨了。我跟我朋友就一直在外圈，不稀得跟他们挤。

没蹦跶多会儿就开始热，一个男生衣服都湿透了，我们又去甲板上吹风，我站了没几分钟就开始冷，其他人还是热得不行，还好我有外套……

我穿着平底凉鞋，这脚还是痛得让我怀疑人生。唉，总比穿高跟鞋强……

舞池在一艘船上，另一艘船上可以唱卡拉OK。我浏览过歌单，没有几首我知道的歌，知道的也觉得我跟不下来。舞台上一度冷场，负责组织的是我的朋友，就怂恿我们去唱歌，行吧，我就给捧一下场，我跟几个朋友一起唱了《Beat it》，总觉得歌词跟调没对上，但也就是玩嘛，开心就好。

到了下船的时候就好玩了，好几百号人全在出口等着，船停了之后我们又等了将近20分钟，工作人员才开了门。我没让妈妈来接我，我跟同学走吧，那些来接孩子的家长把停车场都挤满了。我们算是幸运的，没等多久就出去了，但那场面真是壮观。

5月18日　星期六

昨天晚上回来得不早，今天早上更是起不来了。起床之后先洗了个澡，昨天蹦跶得一身汗，但昨晚累得没劲儿洗了。

上午爸爸和妹妹去买了甜甜圈，当作早饭。好吃是真好吃，就是甜得有点儿腻，本来他们买了六个，三种不同的味儿，每个人能分一个半的，但我们都只吃了一个就吃不下了，撑得饱饱的。

10：30我到同学家录制我们地理课的视频。一个女生上午有演出，13：00才能到，我们仨说好10：30到11：00之间见面，先把房间布置一下。好嘛，接待我们的同学10：30还在吃早饭，我到了之后又不能说啥，只好干等。另一个更是迟到成瘾，最后总算把她盼来了。我趁等她们的工夫顺了好几遍台词，但还是有单词读不顺。

人齐了之后，我们开始布置房间。有一幕是要在卧室里录的，墙上还要贴上90年代的海报，放一些90年代的代表性物品。她姐姐出去上大学了，我们就把她姐姐的房间简单布置了一下。房间里没床，我们就铺了个毯子，放了几个枕头。之后没事儿可干，我带着她俩练了练舞蹈。她俩都聪明得很，也可能是自己在家练了，我没费什么工夫就带着她俩练熟了。午饭时间，我们定了比萨，哦，想想都好吃！

有事儿的那个女生快下午快一点的时候来了，我又要再单独教她舞蹈，我能看出来她有点儿蒙，但我们四个人一起跳，好歹她也有个人能照着跳。一开始我想在最前面带着她们，但我实在是太高了，相机照出来我跟个巨人似的，我还是待在最后面吧……我们录了好几遍最后总算是跳下来了！虽然有的地方不完美，我们一致决定不在意那些小细节了，先填饱肚子再说！

饭后继续录，每个人都要出现在每一幕中，但我们没专门的录像师，我们就只能不停地换人录，有时候换人换得超级突兀，跟变身似的，一秒钟的工夫就换了一个人，但我们也没办法啊，凑合着这样吧。

最后一幕是要讲古筝的，里头好多单词真是难住我了，好多次都是因为我而要重新录。到最后她们在我说话时都处在一种"不动"的状态，这样我如果念不对单词就可以改正之后继续往下进行，后期进行剪裁就行了。我这幕录了那么多遍，其中一个女生都会说中文的"古筝"了，而且发音还贼标准！

下午妹妹的朋友来我们家，这两人真能闹腾，还好有妈妈在，我不用给她俩收拾残局。晚上我被妈妈"赶"出了书房，她有工作要做，但她卧室的网不好使，而且还是私密工作。我除了乖乖离开书房，还能干啥？她下周一就要开始工作了，在附近的大学生物系做助理，现在就开始忙了。我干脆上楼，开始收拾我的行李箱，准备回国咯！

我先把冬天的衣服收拾了吧，妈妈还给我买了真空袋，可以节省空间。虽然封袋的时候有点儿难度，但还真是挺实用的，那么大个衣服，被压缩完之后就剩那么一点点儿了。边收拾，我还挑出来一些我不想往带回国的东西，拆出来一大堆纸盒。我一晚上打包完了一大箱子的衣服，还有夏天的衣服没装呢，哦，天，我咋没觉得我有这么多衣服……

5月19日　星期日

上午爸爸和妹妹去练拳击了，我和妈妈在家。我先洗了衣服，还洗了床单。我国内的一位朋友让我给她捎口红，跟我说猪肝色、橘红色或豆沙色。这是让我给她挑啊？英文的色号也不叫这个名啊，我这可上哪找去！得了，上网查吧。别说，网上还真有，各种攻略讲得明明白白，很快就找到了一款性价比高的口红。让我这种化妆小白给她挑口红，真是高估我了！

Homework time！我开始读《追风筝的人》，我周四晚上没读完老师要求的部分，一共四章多，好几十页，看着都有点儿绝望，下周一还有一个关于书中细节的考试，可以用书和笔记，但是有时间限制。其实现在读倒也好，记得牢。

下午本来说全家要去一个画展，但妹妹和她同学出去玩了，我们最后也没来得及去，幸亏没去，我才有时间把书读完了啊。

晚上准备睡觉了，才想起来床单还在烘干机里……真正躺下的时候又不早了。

5月20日　星期一

第一节课没上多久，成绩达到一定标准的学生就被叫下去开表彰会了。这次只是9—11年级的学生，12年级学生的表彰会在毕业典礼上进行吧？典礼8∶00开始，我们7∶45就陆续被老师往下叫，老师知道我们有表彰大会，干脆就没上课，我们在教室里聊天儿倒是聊得挺欢的。

礼堂最中间的位置留给了家长，10年级的学生最多，坐在1楼，9年级和11年级的学生都坐在2楼包厢。先进行"荣誉"，之后是"高荣誉"，而我是"高荣誉"啊，哈哈！先从11年级开始，先是学生代表讲话，之后老师读学生名单，学生上台，也就是露露脸而已，连个证书都没有。每个学生有一个红色的小纸片，上面写着学生的名字，这也是我们从课堂出来的凭证。我们上台的时候把小纸片交给老师，老师照着纸片读名字。这就免不了会出现读错名字的尴尬了，也可能是因为有的打印不清楚，好几次错得很离谱，弄得学生都哭笑不得。我的纸片上写的是我的中文名的拼音，但英文中根本没有汉语拼音"q"这个音，让他们读我的中文名字真是比登天还难。我干脆把我的中文名字划了，在边上写了个英文

"Tiffany Q"，我还是别难为人家老师了。

10年级的学生真是多，舞台上放了个大的合唱阶梯，给我们提供站的地方。10年级颁"荣誉"奖的时候还好，到了颁"高荣誉"的时候，不但阶梯上全挤满了，底下又站了好几层，看来我们这级的学生都很优秀啊。爸爸也来了，我下台的时候还跟他打了招呼，他还开玩笑说是不是课太简单了，怎么这么多得"高荣誉"的。

颁奖典礼说是一个半小时，但也就一个小时左右，之后我们每人拿了一块饼干。颁奖典礼结束后也不想回去上第二节课了，跟朋友聊了会儿天儿，直接去上第三节课吧。

化学课老师又给了一节课完成习题，我上周四就做完了啊，哦，天，这进度也是没谁了，但我有时间做数学作业了。

木工课我要往灯的侧壁上贴字了！灯外面包了一层宣纸，这次可真是要小心了。贴第一面的时候我把第一个和最后一个字母贴得太靠边，边上是木头，灯光照不到，明显会有色差，唉，这可咋办。我又小心翼翼地把那俩字母给撕下来了……幸亏我用的是胶棒，黏性不是太强，也撕下来一点儿宣纸，但起码没撕破，这宣纸还是很给力的！有了第一次的经验之后，剩下几面就容易多了，我在字母的排版上也是煞费苦心啊。

英语课进行课上小测，有时间限制，25道题，大部分是选择，关于我们周末读的书中的内容。以前进行平板上定时小测的时候，每次我都紧张得很，一是时间不够用，二是好多时候我翻书也找不到答案，读得慢。但老师这次善心大发，时间上至少加了能有5分钟，我一看时间，还以为加题量了呢，但又没时间划到最底下去看一共多少道题，就这样揪着心一道一道飞速往下答，到了底的时候总算放了心，还有5分钟呢，不急不急……

法语课继续做项目，我上周五不在，进度已经被落下了，我现在还停留在查资料阶段。我觉得法国那么发达，一家如果两个孩子，房子起码也得100平方米左右吧，我便去了一个法国卖房子的网站看看它们都是什么户型。老师看我在查房源，便来跟我聊天儿。看我找了一个100平方米的，她对我惊呼，说在法国，这真的算是超级大了！嗯……对哦，法国面积小……老师还说我找的那些房子都太贵了，让我找小户型、价格便宜的，60平方米左右都算大的。我的妈，一家4口人的话，60平方米能挤得开吗？不管了，反正也不是我住……

学校管体育活动的老师真的超好，每次我想换运动项目他都会帮我协调，虽然高尔夫的费用是120美元，其他运动是45美元，但他也没让我补交什么费用，毕竟高尔夫就剩了一周的训练了。我朋友不在，我就跟了一个12年级的学姐，她开车把我带到了高尔夫球场，虽然只是走路5分钟的距离。我一个高尔夫小白就这样握上了球杆，懵叨叨地开始了训练。这个学姐是一个大佬，暑假还兼职高尔夫教练，我们教练说我跟对人了，让她教我就行了。她也是很负责，一直不断给我纠正动作。我从一开始打不到球，到慢慢能做下来一套完整的动作，再到后来能把球打到飞起来，教练都夸我学得快。练完挥杆之后，我们又去了一块草地上练推球，这个倒是有点儿意思，虽说想击中旗杆真是难得很，但我也成功了好几次！开心！这一个小时的训练下来手已经开始疼了，我觉得明天又要腰酸背痛了。

明天工程设计课就要考试了，没错，我今晚才开始复习，10个单元，想想就头疼，晚上复习了一半，剩下的明天早上再说吧。

5月21日　星期二

早上5∶30起来之后，懵懵叨叨地开始复习工程设计课的考试。老师发给我们一份6个单元、一共10页的提纲，把答案传到了平板上。我之前一直没管它，连看都没打开看，今天早上一打开才发现老师在平板上发了10个单元的提纲，一共19页，有点扎心了，工作量超出预期了啊，但也只能硬着头皮加速复习。好多问答题，我觉得这些问答题什么用都没有，简单看看得了。还有好多关于工程学的名词，这就比较有挑战性了，好多不同种的洞、线、尺寸图等等，本来区别就很难记了，好多单词我还不认识。在家多磨蹭了10分钟，最后总算是复习完了。

本来今天地理课就要开始展示视频了，由于昨天的颁奖典礼，老师就又多给了我们一天时间，但我们组已经都完成了，我可以写别的作业了。

工程设计课要考试咯！注册进去了之后，发现一上来就给了一大段的情景，哦，我的天，读得我头大。第二道题就把我给弄懵了，我加了个星标，还是继续往下做吧，不能被一道题给拦住了啊。每一个大的情景之下能有5道题左右，这第一部分一共25道题，但都不是很难，我有一种我白复习了的感觉，大清早起来复习，却没什么能用得上的……

化学课老师让我们看视频自学，完成习题。又是我已经学过的内容，视频里面教的方法步骤还贼多，我们想想就出来的结果他却都得写出来。我去找老师，老师同意我用自己的方法做啦，哦耶！

木工课我可以开始做下一个项目了，铅笔盒、碗、相框、圆筒灯或菜板，任选一个。我还是做铅笔盒吧，不难还实用，关键是老师已经有一个打印模板了，这就简单多了。老师让我看视频学习一下怎么做，今天一点儿都没有想看的欲望，明天再说吧。

英语课简单讨论了一下昨天读的内容，老师又给我们放了一个电影片段，之后给我们发了一张纸，让我们写出三个值得讨论的问题，为明天的讨论做准备。明天的讨论可是要算成绩的，这可得好好准备了。老师最后给了十来分钟阅读，我还是先把问题写完了吧。

数学课上的内容又是我学过的，找规律，我连想都不用想直接往上写，还帮着我小组的其他人找规律，我在我们组一直以"大神"的身份存在。

放学之后继续打高尔夫。这天气真是奇葩，都快6月份了，我穿件夹克还冻得慌，天气忽冷忽热，昨天把我晒得不行，今天带了防晒霜，结果今天一点儿太阳都没有，打着高尔夫还冻得瑟瑟发抖。今天我有进步了！我能把球打出一道完美的弧线了！我朋友还给我录了个视频，我看了一遍又一遍，看着球能飞起来真的是很有成就感呢，教练也夸我进步很快啊。

5月22日　星期三

地理课上开始看我们拍的关于不同年代文化的电影。我们组自告奋勇，第一个展示了电影。第一幕一上来就是我们跳舞的那段，我们尴尬得笑到不行，老师一开始也被惊到了，不由得赞叹了一声。我们组的人全都是笑着看完视频的，录的时候没觉得什么，但在班里一放就有一种莫名的喜感。放完之后好多同学在底下小声感叹，老师笑着说我们把标准设得太高了，哈哈哈，怪我们咯。接着又看了其他五个组的电影，还是觉得我们组的最好。老师让我们看每个视频的时候要做三条笔记，但其他组没有一个加字幕的，本来就听不大清，还有好多电影、歌曲的名字不会拼的，还是等着抄其他同学的吧。

工程设计课我又回去做我的展示。这节课是10年级的，有好多我认识的同学，给朋友做展示还是蛮有趣的，还有好多我认识但不是很熟的同学，在展示之后也来找我讨论。我觉得我要是在学期刚开始的时候做这个展示就好了，那样我跟朋友之间就更有话题了，还能交更多朋友。

木工课我跟老师要了他的文件，这样我就不用自己画图啦，而且我想做的是个盖子可以左右滑动的盒子，而老师在教学视频里讲解的是可以取下盖子的盒子，我又用不上他的教学视频了。盒子顶端的设计图案可是有点儿难住我了，我想把这个送给我中国的朋友，我给她加图案吧，怕她不喜欢，还是问问她想加什么图案吧。她定下来之后我要上网找图片，只有黑白的图片才能打印，这可是费了我不少工夫。

英语课讨论，我们组都是些大佬，讨论进行得很顺利。每次老师让我们换话题的时候，我们已经把新话题讨论过了，接着找别的话题讨论，到最后我们"话题穷"了，让老师给我们找个话题，但其实老师给我们说的那个话题我们也捎带着讨论过了，到最后我们开启了尬聊模式……虽然这次讨论算成绩，但是难得的轻松愉快啊，哈哈，希望分数别太糟……

法语课继续做项目，老师今天给我们推荐了几个可以画房屋3D图的软件，哈哈！我之前还愁我是在平板上画还是在纸上画呢？现在看来这难题迎刃而解了啊。

今天高尔夫有个比赛，我当然不在参加之列，但今天的训练就取消了。比赛从8：00开始，比赛的同学可是落了一天的课啊，而且今天还下了一天的雨，真是有点心疼她们。

放学之后雨停了，我难得勤快一回，出去遛遛狗吧。早上因为下雨妈妈没出去遛狗，我也正好出去锻炼一下。我在学校周围还看见田径队长跑的女生，她们还夸我的狗可爱，讲真啊，我没这么觉得……

5月23日　星期四

本来是想早早起来复习工程设计课考试的，今天要进行第二部分的考试，但一遍一遍地关了闹钟之后还是没起得来，睡得我懵懵叨叨的。

今天早上是最后一次射箭训练了，能不能拿到徽章就看这次了。但我今天明显不在状态……可能是昨晚没休息好吧，也可能是因为好久没练了，我连记分都不想记了。但教练不想让我有遗憾，还是准备给我个徽章，说我上次已经达到248分了，不差2分了。他还给我写了一份达到了250分的计分表，我也不知道我是该开心呢还是该郁闷……

地理课进了教室却发现来了个助教，这可咋办，我这节课要去另一个地理老师那儿做我的PPT展示，我提前跟地理老师打好招呼了，但我没有假条啊，这跟助教请假可是难了。但这位助教却出奇地温柔，我跟她说了一声，她给我点了名之后就放我走了，没想到啊！我去了另一个地理教室之后却发现老师把所有的桌子都摆成了一圈，看来他们这是要进行什么讨论！老师看见我来了，原本带着笑容的脸僵硬了一秒，得了，看来她把我这事儿给忘了。她开始解释，说很欢迎我来做展示，但今天桌子已经给摆成这样了……我还用她这么费尽心思给我解释么……我直接跟她说我明天再来，唉，真是服了她。正好地理课还有任务要做，合适了。

工程设计课考试，这次多了些专业词汇，开始问我们不同种类的线段、洞和尺寸图的定义了。有好多我都是不确定的，之前复习的差不多都忘了，唉，真是，简单的都在前面，等到了后半部分开始难了，复习的内容也忘了……

木工课我要往盒盖上加字，但电脑上打不出中文，我只能在我的平板上打出中文字之后再传过去，唉，我发现我真是玩不转苹果的系统啊。

英语课老师给了我们四个不同的话题，让我们回家准备，明天上课要根据一个话题写文章。老师给我们随机发，虽然允许我们互相交换，但对每个话题都要有所准备。

数学课明天要考试，本来以为今天会给我们时间复习的，但老师还是继续往下讲新课。昨天，老师让我们在平板上做了个小测，里头有一道题挺难的，我昨晚上想了好久才想出来。今天上课老师让我们互相讨论，我们组的其他同学都懵得很，我给他们讲了好几遍才听明白，用英语讲数学题我也真是力不从心啊。

我昨晚做完了法语的房屋模型，今天老师看见之后好一通夸赞，还把我的房屋模型当作示范，还有几个同学来向我请教怎么用这个软件的。

妈妈下班之后带我去了初中部，参加妹妹的活动。他们用陶土做了好多碗，还都上了色，10美元一个，所得的钱会捐给慈善机构。他们那儿还有好多不同种类的粥，买了碗之后可以免费喝粥。作为一名吃货，我当然不会放过每一种好喝的粥啦，我把我想喝的都尝了一遍，虽然每次要的不多，但最后还是撑得不行。

5月24日　星期五

地理课我去做了展示，这节课是11年级的学生，但有好多我认识的同学，他们活跃得很，问了好多问题，展示也进行得很顺利。这是我在这个老师班里的最后一次PPT展示了！总算是做完了！虽然接下来还要在我的地理课里进行一次展示，但这个倒是我愿意做的。

工程设计课我们总算是考完试了，开始继续做自动装置的电脑画图。我今天把图画完了！我是全班第一个吧，真的很有挑战性啊，但做完的那一刻真的是开心到起飞！

化学课继续复习前几天学的内容，快下课的时候老师给了我们一张练习题，做不完的算作业咯。

木工课我准备要打印木板了。做铅笔盒要用的木板都比较薄，用机器就可以刻印出来。但打印机设置在刻印纸的模式上，我要等老师帮我调到刻印木板的模式之后才可以打印。我们做的都是不同的项目，每个人的问题都一大堆，把老师忙得团团转，我等了好久他才顾得上给我调机器。到下课也没打印完，我得去上课啊，老师说他会帮我保管好木板的。

英语课写作，我拿到的那个题目还是我比较中意的，正好不用换了，赶紧开始写，要不下课前又写不完了。老师还在桌子上放了一些题目供我们去换，到最后老师看了眼桌子上剩下的题目，说"看来都没人愿意写政治啊"，哈哈，我也不愿写啊。其中有一个题目是关于阿富汗政治背景在故事中的作用，这题目第一个就被我排除了……我已经提前构思好了，下课前写完了，写了一页半，满满的成就感。

英语课考完之后数学课接着考试。我们快要期末了不说，过几天还要上交平板，所以好多期末考从现在就开始了。数学老师说这次她要从前几年的IB考试中出题，这就意味着这次考试更难啊！本来我还有点儿担心，但看了考卷之后发现其实也不难啊，做完之后又检查了一遍，时间依旧充裕。最戏剧的是我用不同方法验证答案的时候把数算错了，算出个不同的答案，把我好一通纠结，怎么看都看不出来哪错了。最后才发现把加200算成了加20，服了自己。

法语课我们去看了舞蹈课排练的演出。好多情景剧式的舞蹈，但有好多舞蹈编排真是看得我们一头雾水。也可能是我标准太高了，只有两个节目能入我的眼，还都是单人舞。估计老师把水平不是很高的同学都编排到一起去了，那些舞步真的是一点儿意思都没有。其中还有一个节目，推上来一架钢琴，我们还以为要表演钢琴了呢，结果只是个道具，空欢喜一场……

放学之后，我要去超市给妈妈买生日贺卡。我知道她的生日是5月25日，但我一直以为是周日，这周忙得也没顾上，只能临时抱佛脚咯。出了校门正好看见我朋友在等她家长来接，啊哈哈，那我就厚着脸皮蹭个车吧，正好顺路。去超市好一通挑，终于看中了一款，买好之后往家走却觉得我要迷路了。我知道大致的方向，但走啊走，也见不到家，虽然我知道走不丢，但还是有点慌。正好看见一个在打理花园的和蔼大爷，我问他怎么走才能到水塔。周围街区我看着都一个样儿，我对路名也不熟，但要是能找着水塔我就能找着家了。他跟我说我现在在Hillcrest路上，再往上走就是水塔了。Hillcrest？！我家就在Hillcrest上啊，呃……谢过他之后继续走，又过了一个街区之后，两边的房屋看着渐渐熟悉起来了。看来不是我迷路了，就是我家住得比我预计的远了点儿而已，到家的那一刻我都为我自己骄傲啊，哈哈哈。

5月25日　星期六

今天是妈妈生日，我早早起来把给妈妈的生日礼物和贺卡放到了餐桌上，这是我这个家庭的传统，但我下了楼之后发现桌上空空如也，平时送礼物的事儿都是妈妈操办，现在到了妈妈的生日，没人管送礼物了，不会就我一个人记得吧？放好礼物之后，我又跑回了我卧室里，得等妈妈下楼去之后我再下楼。听见她下了楼之后，我又等了一会儿才下去，却发现她关了书房门，在里头打电话……一般她是不关门的，我以为她又在工作呢，也没敢靠近。在周围转悠了一会儿，我发现她是在打电话聊天……再凑上去一看，电脑屏幕上是游戏……但我也不好去打扰了，闲得无聊，我出去遛狗吧，能看出来妈妈今天早上是不准备去遛狗了。

我拿上牵引绳，敲了敲书房门，给妈妈一个示意，她就明白了，点了点头，我突然有一种我在做保密工作的感觉……

外面天儿真是不错，我也该锻炼锻炼了，干脆就拉着狗跑吧，准确来说是它拉着我跑。我跑跑停停，但它却精力旺盛得很，但跑了一会儿之后，我能明显感觉到狗狗拉我不那么使劲儿了。我俩跑着跑着跑到了高尔夫球场上，我以为周围没人呢，没戴眼镜也看不清，结果被远处一群打高尔夫的大叔吼，让我往边上跑，站那儿会被球打到，给我吓得拉着狗就跑，连声对不起都忘了说，毕竟是我挡了他们的路啊。

爸爸昨晚跟我说今天上午我们要打理花园，但妈妈却不想干，哈哈，她的生日她说了算。10点多我们吃了"早饭"之后要去瀑布公园玩，我们这次准备租脚踏车骑，所以就没带狗，我是真开心啊，哈哈哈。我们租了个成人4座的带篷的脚踏车，我的天，那车还真是不好骑，得特别使劲儿地蹬，它才能走。爸爸负责驾驶，妈妈坐在副驾驶，我跟妹妹坐在后面。没走多远妹妹就说她的踏板不好使，我们又掉头回去换车。换了车之后，妹妹一个高儿蹿上了副驾驶，唉，我坐在她后面，我俩踏板的链条是连在一起的，我已经有一种不好的预感了……一开始妹妹还好好蹬，到了后来她非得弯下腰去够草地上的花，更不用说蹬车了。妈妈说她之后，她就又站起来蹬，没蹬几下又坐下继续采花，唉，服了。爸爸带着我们在景区周围转悠，好几次为了转弯开进草地，还有上下人行道，好几次我都觉得车要翻了，真是有点儿可怕……

　　回来之后，爸爸妈妈都洗了个澡，而我困得睡了个午觉。妹妹把我叫起来之后，我们要去朋友家吃晚饭！虽然才16：30，但是我们和朋友一家晚上要去看足球比赛，晚饭只能早早吃了。我们去了之后，他们还没准备好，我们又帮着准备晚饭，还好按点儿吃上了，他们准备的热狗、玉米和沙拉，我真的是撑得不行。我们坐在院子里吃的饭，我穿了件短袖，给我冻得不行，还跟他们借了件外套穿。他们给我找的那件外套连他们自己都不知道是谁的，父母说是他们儿子的，但他们儿子却说不是，他们还说我要是喜欢，直接拿走就行了。这衣服真是大出天际，但这种boyfriend size穿上还是蛮酷的。

　　我怕冷，还带了冬天的大衣，结果到了之后发现其实没那么冷，周围全是人，人体供暖，但把它当个毯子也不错。开场不久，我们队就进了一球，本来我们都觉得那球连球门的边都沾不着，但是却神奇般地进了！这也是整场进的唯一一球了，我们赢咯！比赛中两个队员还打起来了，周围人给拉开之后，俩人又往一起冲，好几次之后才平息下来，观众喝倒彩的声音倒是此起彼伏。

　　比赛之后，爸爸开车带我们去了冰雪皇后吃冰激凌！这家店有汽车餐厅，在车里就可以点餐、付款。点餐的时候前面有一辆车贼慢，磨蹭了将近10分钟，他们这是得点多少东西啊。好不容易等到我们点完餐，转到取餐窗口，我们前面那辆车停那儿不动了，10分钟不止啊，给妹妹急的，一个劲儿抱怨。最后那车总算是挪窝了，我们就差欢呼雀跃了！服务员跟我们解释说上一辆车改菜单，本来都做好了食物，又得重做，唉，做个服务员也不容易啊。

5月26日　星期日

　　上午我逛了逛亚马逊，看看给朋友带点儿什么东西好。见我想批发，妈妈直接带我去了一家批发商场，那儿的东西大多是大批量售卖，还便宜，就是有点儿远，但妈妈也正好要去买卫生纸。下午还要去商场，现在时间不大够了，我们也只是买了些计划之内的东西，我拿了两袋巧克力和两瓶鱼油，鱼油还打折。妈妈说下个周末我们还会再去，到时候再说吧。

　　回家之后，我匆匆吃了点儿午饭，妈妈和妹妹去接妹妹的朋友。爸爸妈妈要出去看电影，但妹妹岁数不够，看不了，所以我们仨孩子下午要去逛商场。全程都是妹妹带着我俩走，她朋友没有什么想买的，但我又懒得跟妹妹争。她们进了一家化妆品店之后，我去了附近一家纪念品店逛悠，再就是趁着她们找餐厅的工夫，我自己出去逛了逛。她们告诉我餐厅名字，但商场里有两家这个餐厅，一家在北边，一家在南边，这可咋办。我再问她们，她们说是在电影院旁边，我们吃完饭之后要去看电影嘛。我找啊找，在餐厅长廊里好一通逛游，导航说就在这附近，可我就是找不到。我又问服务员，才发现那餐厅是在一个岔道里，真是醉了……等找到了餐厅，妹妹和她朋友已经吃完饭了，她俩去电影院的超市里逛去了，我用15分钟解决了晚饭。

　　妹妹买了几盒糖，30多美元，这电影院也太宰人了吧，妹妹还真是任由他们宰啊，还买了一堆荧光棒，100根吧，在电影院里好一通玩，我跟她朋友只能无奈地对视一笑……

　　妹妹买了假指甲，一回家就往手上贴。那指甲那么长，她还真是不觉得麻烦。

　　趁着天还没黑，我们4个人打了会儿羽毛球，乐趣多多啊，给我笑得嗓子都哑了。

5月27日　星期一

　　早上关了闹钟继续睡，一觉睡过了头。外面下着雨，天阴沉沉的，绝对是睡觉的好天儿啊。上午开始补日记的大业了，这一周忙得日记没咋写。快中午的时候妈妈去超市买东西，爸爸去了另一家亚洲商品城买食品，问我想跟谁去，我还是待家里吧。

　　中午爸爸买回来了三明治，我一掂量，觉得怎么这么轻，跟以前的不大一样啊。原来这次爸爸没在之前的那家店买，而且这家店只收现金，爸爸身上也没带多少钱，想加食材都加不了。妈妈一拿起来三明治，脱口而出："这怎么这么轻？"哈哈哈，我俩一个想法啊。

下午终于补完了日记，在床上躺了一会儿之后，妈妈来叫我出去吃晚饭。今天是爸爸妈妈的结婚纪念日，出去浪一把！我们去了一家比萨店，给我吃得饱饱的。回家之后已经快八点了，他们拉我看电影，我还要洗澡呢。我洗完澡之后肯定是跟不上剧情发展了，但还是凑了过去，边扫着电影边写我的月报，十点多的时候终于写完了。虽然还有数学作业没做完，但明天还有时间，睡觉！

5月28日　星期二

我本来定了六点的闹钟想早上起来把数学作业写完，但肯定是没起得来啊，好多课上都会有空余时间，完成那么几道题不是问题。更尴尬的是我的射箭训练结束了，但我却忘了调闹钟，准确来说我以为今天是周一……早上一睁眼，七点多了，哎我的妈，这是迟到的节奏啊！10分钟更衣洗漱，跟妈妈打了声招呼之后就奔学校跑。上周我有射箭训练的时候，我在妈妈遛狗的时候就走了，这次妈妈以为我又早早走了呢，也没去叫我，但也不能怪妈妈啊。到现在我都不知道我是怎么自己醒了的，再晚点儿可真的就迟到了。

地理课看完了最后一个小组的视频，又来一个小组项目。这次是两人一组，我们上次四人小组正好两两一组，研究世界上的"侵略"问题。老师给了我们一堆主题，让我们自己选。对于所有的主题我俩都是一无所知啊，选哪个都一样，最后我俩就随心选了一个。

工程设计课上老师见我完成了3D画图，又给我布置了下一项任务——让自动装置运转起来。她给我们传了一个教学视频，但我之前的步骤跟视频上做的不一样，我再照着它的方法做也不好使，我问老师之后老师给我讲了一下第一步，但还是不好使啊，我还是自己琢磨吧。最后我总算攻克了难关，太开心啦！之后我还帮着周围的同学完成3D画图，很有成就感呢。

化学课老师给了一整节课的时间完成周末的作业……

木工课我跟老师要来了上节课打印好的木板块，老师给我搬来了一摞……原来是第一次打印的木板块有的地方没全部刻印下来，老师又给我重新打了一遍，把两次刻印的木板块都给我了，让我从里面找好的用。机器是通过灼烧对木板块进行"刻印",被刻印的地方黑乎乎的一片,用手一摸沾一手,我好不容易把能抠下来的小木板都抠下来了,接下来更艰巨的就是擦木板边了。我不知道用了多少纸,最后踩着下课铃,总算是把所有的木板边都擦干净了,唉,真是太不容易了。

英语课老师给我们介绍了一下我们接下来要做的小组项目。六七个人一个小组,全班一共6组,每组要做一个关于阿富汗历史文化的PPT,而且每个人都要在别的组展示之后写一个300—400字的赏析。这就得写5篇啊,老师到时候从中随机抽取一篇进行评分,这真的是有点儿狠啊……我们选的主题是阿富汗的种族、语言和文化,这应该是所有主题里比较简单的了,希望我们小组的人都能给力吧。

数学课老师不在,来了个助教代课,让我们在平板上进行两个小测。第一个小测里有一道比较难的题,我做出来了,但有另外一道我没读懂题,助教给我解释了一下之后,我才发现一点儿都不难。打开第二个之后,我却有点儿傻眼了,这些内容我记得我学过,但是现在忘得干干净净,能填上几个空,大部分都不会。这是我们课本里第一单元的吧,第一单元我没学啊,我转到这个班的时候是从第三单元开始学的。唉,看来我又要自学了。

放学在校门口碰见一个会开车的朋友,我就蹭她的车咯!她先去了学校附近的一个加油站,从加油站出来之后,我告诉她一个街区之后往左转,但我们聊着天就这么错了路口……第二个街区再转回去呗,我跟她说左转,她一打方向盘,右转了……唉,我真是服了,又不好说什么。我就这么在家门口转悠转悠却回不去,也是蛮好笑的。

妈妈下班回来,我俩躺在沙发上聊了会儿天儿。之后爸爸也回来了,我们仨开始准备晚饭,妹妹晚上七点钟还有足球比赛,这时间有点儿紧啊。我们仨齐心协力,不到半个点儿就做好了晚饭。妈妈让我帮忙做米饭,用电饭煲,我先是问多少米,又接着问加多少水,这时候我才发现这似乎是我第一次做米饭啊。爸爸开玩笑说我还是中国来的呢,连米饭都没做过。好啦,现在我可以说我做过米饭了……

晚饭后,爸爸带妹妹先去足球场热身,晚点儿的时候妈妈带我去看妹妹比赛。有个女孩儿特别厉害，跑得快，球技还好，但其他人不是很给力，妹妹她们队输了。我坐在那儿到了半场的时候就觉得冷，又不好说什么，5月底，在风中瑟瑟发抖……

5月29日　星期三

地理课继续跟同学做项目，我们要从老师给的文件中找资料。文章里好多不认识的单词，但连猜带蒙也能看个差不多。老师要求我们找关于"人物、时间、事件、原因"等方面的内容，但给的文章中没有涉及，我们还必须得写出六条信息，最后我俩就又用别的往上凑数。

工程设计课上老师说我可以开始做自动装置了。拿来之前做好的小盒，我开始用铅笔打草稿做标记了。但老师还没给我们准备好零件呢，我除了做标记之外，啥也干不了啊。

化学课老师让我们自己复习，依旧没讲什么课。

木工课我要开始组装盒子了！刚开始的时候我发现两块往一起拼真是不简单，我跟老师抱怨说这也太难了！老师乐了，说这就是挺难，给我讲起来他之前有个学生怎么拼也拼不出来，最后把整个盒子给摔在了地上……这个时候我才发现我是我们班唯一一个做盒子的诶！看来只有我一个人敢挑战啊。但等我把盒子差不多拼起来之后我发现也没有那么难嘛，最后上胶也挺简单，就是好多胶从缝里挤出来，好一通擦才给弄干净。

英语课我们开始了小组项目，有的人已经上交了他们的平板，老师便把我们带到了图书馆，给没平板的人发了电脑。我们组六个人，坐在一个圆桌旁，我们组的一个男生一看就是不干活的，先不说他都没往桌边坐，老师给他发了电脑，他却连幻灯片都没打开。我们几个人频频互相使眼色，都在抱怨他不干活，但没一个人想去跟他搭话的。到了最后我们要完成一张计划单，要给每个人分配任务，我们这才问他想负责哪一部分。我们跟他说好了之后，他依旧是连幻灯片都没打开，真是醉了……

法语课上继续完成房屋设计的项目，我怕今天要收平板，昨晚就把做好的PPT提交了。上课一开始我在做别的作业，虽然我已经提交了项目，但我还想继续完善。我举手想问老师一个关于项目的问题，老师看见了我却忽视我，唉，真是醉了，估计是因为我在干别的吧。最后她总算是过来了，跟我说你都没在做法语作业，我来干啥？果然是因为我在干别的……我跟她说我已经提交了之后，她愣了一秒，回答了一句"哦"……

放学之后，我去了木工教室，我想把这个铅笔盒尽早赶出来，之后再做一个。我发现刻出来的字少了一个点儿，这可毁了，又得重新再刻印一遍。老师倒是超有耐心，又给我重新刻印了一遍。我又要清理黑炭了……真是扎心。刻出来的笔画一个个都特别小，这可怎么擦？最后我决定直接洗吧，没把那些小笔画给洗丢了也是不容易。

我去超市买了饮料和白衬衫。明天化学课我们要扎染衬衫，但我又没有纯白的衬衫。明天放学之后还有射箭和羽毛球的宴会，羽毛球的宴会要求10年级的学生准备饮料。我走一身汗，总算到了超市。在女生服装区没找着白衬衫，服务员无奈地跟我说没有纯白的衬衫，我只得挑了一件14.99美元的几乎全白的衬衫。再挑饮料的时候我发现钱不够了……我就带了20块钱，不加税是够了，但就是不知道税是多少钱。我心里打着鼓去了结账台，结果，果然钱不够，差了几美分……这就尴尬了，我只能跟收款员说我钱不够，收款员是个姐姐，而且我咋觉得她是我们学校的学生呢。她问我差多少钱，看只是几美分之后，就开始给我扫码打折，一直扫到我钱够了才停。刚准备付款，边上的一个服务员跟我说她们有男款的白衬衫，问我要不要看一下。哦，这就是我之前向其问有没有白衬衫的那个姐姐！哇，她也太暖了吧，她这是专门来收款台找我啊，告诉我之后，她就从收款台走了。男款的虽然大，但S号还挺合身的，就是有点儿长，但是只要6美元啊，还是买男款的吧。

之后更扎心的是怎么把饮料搬回去……妹妹在别的学校打羽毛球比赛，妈妈去接她了，我还是自己回家吧……抱着10多罐饮料一步一步往家走，这个时候真觉得回家路漫漫啊。到家的时候一身汗，想喝水却发现胳膊都抬不起来了，这真是锻炼身体了……

5月30日　星期四

昨晚我总算是记得调闹钟，今天早上没起晚！

　　地理课本来我俩说好分工，这节课就可以做完的，结果她突然被别的老师叫走了，走之前跟我说得辛苦我了，得了，我孤军奋战了……

　　工程设计课我记下了一些尺寸，回来还不知道能不能用木头做那些小部件呢？要是不行的话就只能用纸做了。

　　化学课我们扎染衬衫，我挑的那种方法不但老师没做过，其他同学也没一个做过的，我成了第一人？没有一个有经验的，我每次往上淋染料都心惊胆战。我是把衬衫卷到一个圆筒上，之后把衬衫从两边往中间挤，挤得皱皱巴巴之后再往上加染料。我把最外层都染上了，但最里层还是纯纯的一片白。我也不知道这染料能不能渗得下去，也没有一个有经验的可以咨询，我还是靠自己吧。我又往上加了一些染料，希望它能渗下去吧，要是明天里头还是个全白的就尴尬了。

　　木工课我把洗好了的笔画染了个深的颜色，这样再粘回去之后能更好看啦！我想制作下一个铅笔盒的木板，但激光切割机当时在制作别的东西，我把文档打开之后便去染我的字去了。老师好心帮我按了开始，但没想到位置没调整好，老师只得重新给我打一遍……

　　英语课我们绞尽脑汁想把我们的活动做得更有意思一点，还把老师请来给我们出主意。设计个游戏真是烧脑啊，不干活的那个男生依旧不怎么参与，我们也没工夫管他，最起码他还把幻灯片给打开了……

　　法语课我们开始展示我们做的房屋。我主动举手上去展示，早晚都得做嘛。有的同学读音不标准也就算了，声音小得跟蚊子叫似的，我们在下面根本听不见。

　　放学之后，我先去了射箭社团的宴会，教练给我们买了比萨、饮料，还有冰激凌蛋糕。我们边吃，他边给我们发了奖状和字母，我得了一字母呢，代表着我们学校的大大的一个"HP"，也是一种荣耀啊。我盯那冰激凌蛋糕盯了那么久，教练刚准备切，其他羽毛球队的女生准备去羽毛球的宴会了，唉，我还是跟她们走吧，吃货的形象在这个时候要收一收了。我跟射箭教练说我可能还会回来，但等我再去找他们的时候他们已经都走了，唉，我的冰激凌蛋糕啊！

　　羽毛球宴会好吃的更多，主食、水果、甜点、饮料，样样俱全。一上来还是先发奖状和字母，教练还特意宣布了我交换生的身份，还感谢我参加羽毛球队，其他同学还给我好一通鼓掌，弄得我坐着也不是，站着也不是，但还是蛮开心的。

我们边吃着饭，边互相在今年的学校纪念册上留言。今天刚发的纪念册，都还是崭新的，一场宴会下来我的留言板上已经写满一页了。我还找老师给我写了几句话，她不单是羽毛球教练，还是我之前排球课的老师呢。

这两场宴会吃下来，我真是撑得饱饱的！

5月31日　　星期五

早上跟妹妹一起上学，我俩从这几周开始在上学的路上聊天了。我快要回国了，她总算跟我亲近了。

到了更衣室门口，却发现门还没开，一堆女生在门外等着呢，都快把走廊给堵死了。门口过去好几个老师，但都不是管开门的。每次我们都从失望到希望，最后再到绝望……眼看就快到上课的时间了，其中一个同学去找了个有钥匙的老师，总算是把门打开了。

地理课上开始展示我们小组做的PPT了。每组有两人，先是一人做展示，另一人出去看别组的展示；之后组里的两人互换，至少要看5个组的展示，每个展示要记两条笔记。这明显时间不大够用啊，大部分人都是直接记个主题名，记下两条笔记之后就完事。

工程设计课上老师还没拿来我们需要的零件，她打电话问木工老师，说找一个人下去拿零件。作为全班唯一一个做完了3D零件的，这任务肯定是我的了。把零件拿上来之后，总算是可以开始了。我想先在盒子上打洞，但得先给钻头充电，我只得先切木条了。

第二节课还没下课，我们就被叫下去参加12年级学生的离别仪式。先是一通发言，感谢老师，还着重提了下一学年要退休的老师，我们法语老师也名列其中，底下一片惊叹声。后来才知道我们法语老师只是不在高中部教了，也不知道明年谁教法语一级。给我们放了毕业生短片，接下来12年纪的学生就要走了，老师列成两队送别学生，而其他年级的学生只能坐在一边看。虽然我不认识多少12年级的学生，跟他们的交集也不是特别多，但看他们一个个抱着老师哭，我也不觉泪目，毕业季总是伤感啊。我们其他学生一直在旁边坐着等，直到午饭时间，老师觉得不能再耽误我们了，才把我们放走。当时不让把书包带到会场去，我的书包还在三楼教室呢，上去之后却发现门锁着，老师还在送别毕业生呢。等我到食堂的时候午饭时间都快结束了，老师也知道耽误了我们的午饭时间，给我们把午饭时间延长了些。

木工课我少一块板，但打印机排队排得老长，直到下课我也没找着机会刻印，我就先把别的部分粘起来了，少了一面的盒子看着也蛮有喜感的。

英语课依旧是做项目，我们组又纠结了一节课，还是没想出什么好主意，所幸我们下周四才展示，最起码时间还能多一点。

数学课我们上交了平板，虽然有点舍不得，但书包瘦身了不少。老师给我们发了一沓复习题，全是之前IB的题，说是难，虽然没法儿跟中国的比，但也不简单，好多我学了的内容还忘了，做得懵懵叨叨的，看来回家之后真是得复习复习了。

法语课继续做展示，做完之后玩了局游戏，我几个马虎，就掉到最后几名了。我想让老师帮我在纪念册上写几句话，便留了下来。

之后我去了化学教室看看我染的衬衫什么样了。果然，里面的部分还都是白花花的一片。把衬衫展开之后发现只有上半部分染上色了，下半部分只有边边角角的地方有颜色。老师说这样挺好看，但我还是想把白色的地方给染上色。但是老师着急回家，我只能等下周一再做咯。

路过舞蹈室正好看见我朋友跟他弟弟在里面跳舞，还传出来钢琴的声音，我便进去跟他们聊了会儿天。我发现这边的学生全都是隐藏的大佬，看着都普普通通，才艺却会好几样，我已经被好几个人惊着了。

五点多同学开车来接我去吃饭，之后要去学校看话剧。我俩先去了超市，我要去买个父亲节的贺卡，虽然父亲节之前我就要回国了，但还是要好好感谢一下爸爸啊。结账的时候看见几个话剧社的同学，他们这是趁着演出之前的空闲时间出来逛游逛游。我跟朋友刚从超市出来，就听见震天响的喇叭声持续了将近10秒，我回头的时候正好看见停车场里一辆轿车往外倒车，他根本没看见后面还有一辆车，差点儿就撞上了，后面的车给吓得直按喇叭。我跟朋友突然反应过来往外倒的那辆车是话剧社那几个同学的，我朋友之前一直跟我说16岁拿驾照，青少年开车的全是马路杀手，现在看来不假啊……

跟另外两个女生会合之后，一起去吃的面条，我跟一个同学分吃一碗，她之后还有足球训练，不敢多吃。我们在餐馆里还碰见好多我们认识的同学。其中还有一男一女在约会，这俩人我都认识，但要不要跟他们打招呼呢？这种时候真是尴尬。在我纠结之时，那男生主动跟我打招呼了，我尴尬却又不失礼貌地跟他们打了声招呼，其他几个女生见了他们也都是尴尬得很，我们四个人都认识他俩，但不知道他们在谈恋爱，他们心里肯定也是别扭得很啊，哈哈哈。

吃完饭之后，她们在手机上聊着聊着，得知住在附近的一个男生在家开party，我们正好闲着没事干，离话剧开演还有将近一个小时，有两个人执意要去，我又不好说什么，跟着呗。Party还没来多少人，一堆男生聚在地下室里打游戏，还有好几个抽烟的。他们抽的都是电子烟，虽说是水果味的，但还是把我呛得不行。还好不久之后，他们就到后院投篮玩，我还投了几个篮，虽然一个也没投进……

这次的话剧是学生写的，两个不同的片段，演了两个小时，最后给我看得差点儿没睡过去。但学生能写出话剧来已经很不错了，第一个片段讲了个盗窃案，但其实我把结尾猜了个差不多；第二个片段就比较新颖了，虽然也是讲的两个人准备盗窃一幅名画，但最后博物馆馆长却说是她自己想盗窃，这有点出人意料。故事发生在法国，其中包含了好多法语的部分，一"卖毒品"的男生不会说法语，全程"吭吭吭"，跟猪叫似的。虽然一个单词都没有，但这绝对是全场最搞笑的点了，每次他一说话全场就一片笑声。他这么毁人设的活儿都接，也真是敬业啊，哈哈哈。

6月1日　星期六

早上起床之后洗了个澡，爸爸妈妈要出去遛狗，我也跟了去。走了还不到一半我就觉得要虚脱了，我这才想起来早上起来之后没吃饭也没喝水，还洗了个澡，消耗了不少体力。最后总算是熬到了家没晕倒……

下午我要去一个同学家，而爸爸妈妈和妹妹要去参加他们一个朋友家孩子的毕业派对，派对的地点，正好离我朋友家不远，原来准备让我跟他们一起走的，这样他们就不用专门送我一趟了。

吃完饭后，爸爸开始打理花园，妈妈开始整理内务，我问她用不用帮忙，她说不用，那我收拾收拾准备洗衣服吧，下个周末就要走了。我把袜子往筐里装，却发现少了一只……我真是百思不得其解，但又死活找不到，只能先放一放吧，说不定过几天就自己出来了。我跟妈妈说我找不到袜子了，过了一会儿，妈妈提溜着我的袜子来了，说她把我房间里大致用吸尘器吸了吸，没想到把我袜子给吸进去了。哦，我的天，她也不告诉我一声就把我屋给吸了？太不好意思了吧，我屋里乱得很，床上一堆衣服，梳妆台上一堆东西，地上一堆袜子……我只能谢过她，把那只袜子扔进了洗衣机。

到了要出发的时间，爸爸还在外面打理花园，妈妈觉得他太能磨蹭，还要洗澡什么的，就决定先把我送到同学家。我跟同学要去看艺术展，妈妈让我带点儿零钱，我没零钱了啊！本来想去银行取的，结果银行下午一点就关门了，扎心……我想用我的卡从ATM机上取，但一直显示我密码不对，见后面还有人等着，妈妈就用她的卡帮我取了零钱，我回来再还给她咯。

艺术展是在小区街道里进行的，把路都给封了，车还进不去。我只能步行进去，虽然知道门牌号码，但是他们排得也太乱了，我还是找不到她家。最后跟附近的人打听才找着。她家的院子跟个花园似的，很漂亮。她家住在小山坡上，好几级楼梯，一走进去满眼的绿色。房子也大得很，太豪气了吧。进去之后，我俩先聊了会儿天，之后去了小区里的艺术展。本来我以为里头卖的东西都会很便宜，但没想到大多是手工制品，一点儿也不便宜，有个卖冰激凌的车，队排得老长不说，还贼贵。几十米以外就有一冰激凌店，还便宜，我俩肯定是冲着那家冰激凌店去咯。之后我俩发现一个做人体绘画的，之前我见别人手上有，没想到是这样做的，今天六一唉，我也要开心一把。我找了两个最便宜的，一个是正常的海娜文身，另一个是带小亮片的。海娜文身能坚持一两周，而亮片的能坚持几天吧，我同学也做了一个，她在手背上做了个大的，超级漂亮。

回到她家之后，她给我翻出来她以前上学留下的一些东西。她从幼儿园到高中都是在中文沉浸式教育学校，中文水平不错，我俩还交流了一下中文的学习。她在初中也是要背古文的，《木兰辞》《桃花源记》等等，也真是难为她了。她跟我说她是被收养的，其实她也是中国人。我早就想问她，但这种问题又不好开口，她爸爸妈妈都是白种人，我也猜得差不多。对她了解更深之后，我觉得我俩的关系更亲近了。

之后我俩看了会儿《流星花园》，跟美国一个会汉语的朋友一起看《流星花园》，这种感觉真奇妙，中文版的，配上英文字幕，中国的电视剧流传还挺广啊。

晚上爸爸做了烤肉，超级好吃！来了一个邻居跟我们聊天，请她跟我们一起吃，但被她婉拒了……吃完饭后，爸爸妈妈都在外面跟她聊天，得了，还是我收拾吧。我在这也待不上几天了，还是多帮着干点家务吧。

6月2日　星期日

上午跟妈妈去了批发商场，虽说是批发，但也有单卖的商品。我准备去逛逛，看看给朋友和家人捎点儿什么礼物，这商场里的东西还算便宜。最后纠结来纠结去还是准备买巧克力吧，虽然天一热很可能就化了……妈妈买了一大堆饮料，给我的party做准备！

我们还在超市里的时候，爸爸打来电话说他姐姐邀请我和妹妹去游泳、吃饭。还是在一个档次超级高的游泳馆，妹妹当时兴奋得就差蹦高了，大叫着说她想去，虽然我表现得极其淡定，但我也是兴奋得不行！

回家匆匆吃了点儿东西，换了衣服后妈妈就开车送我和妹妹去大姨家。结果，出了门妈妈就朝着游泳馆去了，走到半路上才想起来应该把我和妹妹送到大姨家会合。最后绕来绕去把她也给绕晕了，打着导航才找到大姨家。我们进了家门之后，大姨和姨父要先去遛狗，让我跟妹妹随便看看电视什么的。我俩本来想在楼下看电影，谁知道我俩玩不转楼下的电视，打都打不开。最后只能上楼用小一点的一个电视。妹妹开始看科学片，讲不同产品的生产过程。我坐在躺椅上，盖着毯子，真是想打个盹儿，但被电视吵得睡不着。最后总算把大姨和姨父盼回来了，可以出发去游泳咯！

露天泳池，还有个跳板，泳池周围都是躺椅，还有专门的服务人员和救生员，档次是挺高，但就是太晒了……我跟妹妹换好衣服之后，好一通擦防晒霜才敢下水。妹妹够不着后背，我帮她涂的后背。我们也只是在水里玩玩，没真正游泳。跳台倒是挺好玩的，我还试了试头朝下往下扎，明显感觉水平不如从前学游泳的时候。泳池里有些小玩具，我们四个人好一通玩儿，大姨游泳真是厉害，还能在水下倒立。

到了饭点儿，我去洗了个澡，还洗了头，出去之后发现爷爷奶奶来了，我们六个人一起吃饭。本来觉得在这种地方吃饭会很贵，但其实还好。我点了份鸡肉汉堡，超级好吃。饭后我们还去了一家冰激凌店，妹妹要了个最大份的，唉，这真是看妈妈不在啊。她要了两个大球和一个小球，还用的蛋筒，大姨给她抽了一大把餐巾纸让她接着，我要了个纸杯，很机智。还没上车呢，妹妹先把蛋筒底给吃了，也不知道是不是因为蛋筒碎了，给大姨愁的又给她抽了一大堆餐巾纸。

晚上回家之后看见爸爸妈妈在吃羊排，香得很，我跟妹妹又忍不住吃了点儿，之后又是我刷的碗。虽然妈妈说不用我刷，但也不好就给放那儿啊。我还有作业要写呢，没想到大姨会带我们去游泳。我把数学写完了，复习什么的回来再说吧。本来想洗床单被套的，最后也没时间了，还是睡觉重要。

6月3日　星期一

地理课老师要给我们看个纪录片，关于世界上典型的国家与城市是怎样处理人口与自然环境的关系，而且还要求我们做笔记。这个视频没有字幕，我只能连蒙带猜地理解，好多时候跟不上，记不了笔记，只能参考周围同学的了。

工程设计课我开始在盒子上打洞，老师上节课教了我怎样用钻头，我虽然还没实践过，但起码不发怵了。先是根据铅笔痕迹打下了左右两边两个洞，这样横杆就能从中间穿过。我又用更细的钻头在盒子顶部打了5个小洞，给支撑楼梯踏步的竖杆用。木屑飞扬，好不容易打完了洞，要开始组装了！我好不容易把那些圆木片都安到了横杆上，却发现放不进洞里……只能把所有的圆片都拿下来，把横杆的一半穿到盒子里之后再将圆片一个一个穿上去，唉，这活也很挑战智商啊。

化学课我满怀期待地去看了看我染的衬衫，但染得不是很好，还有好多地方是花白花白的，染料全都集中在中上部，下面两边全是白的。像我这种有强迫症的人怎么能忍得了这样？我准备再继续染，往上好一通"泼"染料，觉得差不多了才停手。可因为我之前看衬衫的时候没戴手套，不仅手指上给染上了色，而且一时半会儿还洗不掉，手指上全是绿色的，看着都瘆人……

木工课我总算排上了队打印盒盖，打印好之后又是一顿洗、擦，粘好之后用橡皮筋固定成型。我闲下来之后想开始打磨楼梯踏步，但老师忙得根本顾不上我。再说了，我这是课程之外的项目，又不能占用老师为其他同学服务的时间，只得作罢。

英语课我们组有人没来，想要有进展就难了，被卡在了原地。我们组根本讨论不起来，往往说几句话之后就又是一片沉寂，还有根本就不参与的……

数学课老师开始讲同学们做完复习题之后提出的问题，我只是顺带着听听、给老师找个错啥的，哈哈哈。

法语课应该是要开始复习了，老师带我们玩抢答游戏，内容涵盖了我们从本学年开学到现在的大部分知识。老师把我们分成了四个队，每队有一个抢答器，按了它之后它就会出声，还会亮灯，老师看哪组灯先灭就让哪组回答。但后来我看出来其中有"猫腻"，每个抢答器亮灯的时间是不一样的，而我们组正好摊上个亮灯时间长的抢答器。我"伸冤"，老师还不信。又过了几轮之后，老师也发现了这个问题，她把四个抢答器同时按下去，果然灯亮的时间长短不一，这下她无话可说了。哈哈哈，我这观察力可是杠杠的！

6月4日　星期二

几天前我收到了来自另一位地理老师的邀请函，让我去参加她给交换生办的party，没错，就是找我做展示的那个地理老师。她把时间定在了第一节课，因为她的第一节课里有那位来自西班牙的交换生。巧的是我第一节也是地理课，本来我以为去找老师请假会很容易，毕竟他俩认识嘛，谁能想到我昨天跟我地理老师请假的时候，他说今天早晨再说。结果我今天再去的时候，他却怼我说party对你的诱惑力就那么大吗？我也很无奈啊，毕竟明天考试，我这个时候请假是不大好，但那位老师请我去，我也不好拒绝啊……最后他还是放我去了，哦耶！

一进门，我发现他们在放歌，我刚坐下还没反应过来怎么回事，老师就放了首歌，问我知不知道这首歌的名字和歌手是谁。啥？我本来就不是个听歌的人，但她放的这首歌我为什么一句都听不懂呢？看我一脸懵，她才反应过来她放的是韩语歌……真是醉了，她想考我，起码也得放中文歌吧！后来我才明白，每进来一个交换生，她都要放交换生国家的歌曲，问我们这歌的名字和歌手。她从网上搜到的什么传唱度很广的中文歌，全是些老歌啊……我也不知道为什么中国的流行歌曲在美国更新得这么慢……

之后玩了一个网上联机小游戏，是关于各个交换生和来自不同国家等内容的，虽然没什么有意思的，但我还是伤心于我没能登录进去。

后来老师又让我们排着队回答问题，她提出的问题是关于明尼苏达州的方方面面。问各种球队的名字也就算了，我还知道些，关键是她还问"州花""州鸟"，英文单词我都不会，我又怎么可能知道，但最后看来在所有人中还是我回答得最好的。

昨天在盒子顶端钻的是直径很小的洞，但我发现用细木杆根本支撑不住我那大大的楼梯踏步。我只得再用大钻头把小洞扩大，把细木杆换成粗木杆，这样看着还能靠谱一点。用钻头钻时真是可怕，原有的小洞使得钻头"突"地一下就下去了，力道控制不好的话能把自己吓一跳。底下还有那条横着的木杆，钻大了还怕把木杆也给钻断。

化学课我先把扎染的衬衫给洗了洗，又染了我一手的染料……本来是想洗干净再拿走的，但我怎么洗都还是有染料，放弃了，拿个塑料袋包着，拿回家再说吧，染得不是很好看啊，哈哈哈，还不一定能不能把它留下来呢。

木工课铅笔盒完工！虽然我还可以继续往上加虫漆，但已经上到这个份儿上了，上与不上也没有什么太大区别了，就这样吧。老师给我打了100分呢，超级开心！

英语课已经有小组开始展示了，而我们小组的计划还一团糟。对于每个组的展示我们都要写分析，还好老师把每个组的PPT都放到了班级网页上，我可以参照着PPT写，要不真的是跟不上啊。等他们展示完了，老师给我们时间写分析的时候，我们小组的人不约而同地凑到了一起，讨论下一步的计划。看，到了这个时候大家都开始着急了啊，哈哈。

数学课老师继续讲题，而我几乎没错的，我还是复习我自己的吧。

法语课老师继续玩抢答游戏，跟昨天一样，排成4队，每一轮换一个人，进行抢答。抢按的情况屡禁不止，但老师又抓不到，也就只能这样咯。最后一问我们组是我答，老师让用法语从1数到20，我们4个人错误频出，一个人如果答错了的话就换其他队的人回答，我们4个人抢来抢去，一直抢到下课，也没一个人全部数对的，我笑得很无奈啊，看来我这个基本功还是有待加强的。

放学之后，我去了木工教室，先去给第二个铅笔盒上了虫漆，之后跟老师要了一块废木条，等老师帮我调整好厚度，我要开始切我工程设计课用的楼梯踏步咯！木工课真的帮了我工程设计课的不少忙啊！本来还想继续在木块上打磨凹槽的，但老师说他要回家了，我只能乖乖地先走咯。

6月5日　星期三

第一节地理课，我们看完了之前的电影，老师专门提醒我们考试会有关于电影内容的题目，让我们好好复习复习。但其实考试简单得很，我早早就答完了题，之后跟同学互相在纪念册上留言了。

工程设计课继续做自动装置。直觉告诉我肯定要在楼梯踏步的四周围上硬纸板，限制楼梯踏步的活动范围，因为每级楼梯踏步底下只有一个竖杆支撑，当楼梯踏步上下交错开的时候，楼梯踏步免不了会乱转。老师正好给我们提供了硬塑料板，但真的是有点太硬了……那也没办法，只能硬着头皮，剪不开的就拿刀割，还得垫在垫子上割，怕把桌子给划了。好不容易裁完了，往上粘也不好办。塑料板厚度太小，只能在内外两侧用胶带粘。四周都粘好之后我觉得我真是个人才，但再往里加楼梯踏步可是费了劲……更扎心的是液体胶干得太慢了，我把楼梯踏步固定到竖杆上之后还要用手固定它好长时间，这节课到最后全在粘楼梯踏步，那胶还不牢固，轻轻一碰就能掉下来……

化学课，老师先给了我们时间自由复习，之后才开始考试。这节课的时间太长了，我交上卷子之后还剩了半个小时，老师跟我们说题不难，还真的是不难。还没下课呢，我就跟老师打了招呼，提前去了木工室，我还有好些活儿得干呢，生怕来不及。但到了之后发现他们都在看电影，我也不能这个时候开工啊，会影响到别人，我只能等到下节课再开始。

这节课就一直在磨工程设计课要用的楼梯踏步。老师给我试了好几个机器才找出来个好用的，但操作方法远比我想的要难。我用的是一个竖着的轮轴，外面包着砂纸，转起来之后我把木块放上去磨，磨出来一个凹形。我手指抓木块抓得生疼，木块跟砂纸之间的摩擦力还是很大的啊！还有好几次没抓得住木块，它一下飞了出去，砂纸还磨到了我的指甲和指尖，疼啊……但还好没出血，继续干吧，只能靠自己啊。

本来时间挺充裕的，但我磨错了一块，只能重新做，还好当初我多准备了一块木块。我一直忙活到放学，又留了一会儿才走，还跟老师借了胶，剩下的得回家做咯。

放学之后，我又在学校里转了转，毕竟过几天就要放假了。大部分老师都走了，我找到了之前的数学老师，我俩聊了一阵儿，还跟他合了影。我觉得他是所有老师中最欣赏我的一位，虽然我在他班里只待了短短几个月，他最后说得我都不好意思了。

晚上吃完饭之后，家人又问我说看不看电视。我明天还有考试，我还没复习完呢，但跟家人相处的时间也只有短短几天了，我还是多找时间跟他们待在一起吧，毕竟就算我不复习，考试也不会挂科的嘛。

看了个电影之后，我在复习和做手工之间选择了做手工，自动装置再不加把劲儿做的话真的做不完了，而且大半夜的，我的脑子也不转了。液体胶真是有bug，干得慢，加上不牢固，真得把我逼疯啊！

6月6日　星期四

第一节上英语课，我们组今天还要做展示，大清早妹妹不紧不慢的，我一看，这哪来得及，我还是先走吧，穿上鞋跟妈妈打了声招呼撒腿就跑啊，快到学校时才发现我把电脑忘家里了……唉，真是扎心了，但又没时间再跑回去拿啊，今天本来还想在电脑上复习数学考试的，复习资料全都在网上啊。现在看来复习计划全泡汤了。

老师之前说英语课我们要到图书馆去做展示，但没提前跟我们说是在教室里点名还是直接到图书馆去。我早早到了图书馆，还想用图书馆的电脑搜出来数学的复习资料之后拍个照呢。图书馆电脑那速度真是跟蜗牛有一拼，我火急火燎的，差点儿把电脑砸了。这时候我们班同学下来叫我们上去，说老师要在教室里点名。我还在跟那破电脑较劲呢，我好不容易打开了，我哪甘心就这么走了。我拍完照片之后往楼上狂奔，总算是没迟到。

今天一共三个组要做展示，我们是最后一组。第一组每个人都当了当时的一个皇帝，以第一人称给我们讲述皇帝的事迹。虽然好多历史名词我听不懂，但他们以第一人称进行叙述还是挺好玩的。

第二组真是费心了，他们设计了一整套的棋牌游戏。全是些关于战争的内容，但还挺好玩的，我觉得他们是所有组当中最有创意的了。掷骰子走步，途中还有关于打仗还是不打、抄近路还是走大路等等的好多选项，结果往往是你意想不到的，但都合情合理。最让我无奈的是对于进不进行战争这个选项，我第一次选了进行，结果损失了好多士兵。第二次我长记性了，选择不进行，结果却是我被对方发现，被迫进行战争，又损失了好多士兵。我真的是哭笑不得啊，但想想现实中也就是这样啊，就算你不想打仗，但是被对方发现就肯定是一场血战。几轮下来每个人也没走几步，但起码是玩了一把，就是觉得做了这么大的一棋盘游戏，到最后我们也没玩多少，有点可惜了他们的劳动。

最后轮到了我们组展示了，还没开始呢就听见底下有一同学长叹了一口气说总算是最后一个了。我负责阿富汗文化的部分，在我们PPT的中间部分。刚开始的时候我还有点儿紧张，但到了我那部分的时候，我已经放平了心态。里面有好多生词，而且还是阿富汗语。我今天早晨去问老师单词怎么读，她估计也是不会读，跟我说你就按你的想法读就行了，同学们都会相信你的。哈哈哈，我也真是笑了，这倒是简单多了。我读的时候只管顺顺溜溜一口气读下来，我的任务就完成了！我们组的互动环节是抢答问题，但我们没有抢答器，只能靠人眼识别底下几个组谁举手举得快。可能是有些不公平，底下的同学开始"造反"，但我们也没辙啊，我们组负责游戏的同学给他们道了声歉，但我们的游戏总体进行得还是很顺利的。

吃完饭之后去上工程设计课，四周的塑料板是被固定住了，但再一试，发现楼梯踏步还是会乱动，因此会被相邻的楼梯踏步卡住而降不下来……唉，真是要命，眼看着这节课就要结束了，而我却还是被一个个困难包围着，而在解决一个问题的同时又面临着好多其他问题，越忙活事儿却越多。胶干得太慢、零件大小不合适、楼梯踏步倾斜角度没掌握好……下课铃响的那一刻我真是绝望了，唉，又得晚上回去做咯。

数学课，考试。一共8道题，还只需要选6道做，而且大部分都是我们复习题里的，要不就是一样的题型。这也太简单了吧！我做完之后还有将近一个小时才下课，我先复习复习法语吧，法语老师说这节课有个小测，最后一次法语考试了，我还是好好复习复习吧。我从头开始背法语的一些基础单词，没背一会儿我就困得不行，坚持着撑了一会儿之后，还是选择倒头就睡……

法语课我千算万算没算到，老师说的"考试"不是真正的考试，而是个小组合作的游戏。老师让六七个人一组，我们这边正好两桌女生，七个人，超级和谐地组成了一组。我们这次游戏其实就是老师为了给我们复习，每组每个人轮流着到前面去抢答，抢答之前可以进行小组讨论。我们组的女生都很给力，大家积极参加讨论，最后我们组得了最高分！最可笑的是这次还有个参与分，别的组好多看手机的，被老师扣成了负分，还有负好几千分的，真是没把我们笑死。最后老师给了一道附加题，让我们压分，答对了给加分，答错了给扣分。我们组没敢多压，觉得这题不能简单了。谁能想到，老师最后问她的生日是多少号……我们这下真是傻了眼，这是准备让我蒙么……我们组不出所料地没答对，但我们的分数还是遥遥领先。

放学之后，我又去了木工教室，我想借这个机会把工程设计课做的自动装置再完善一下，毕竟有好多工具只有这里才有嘛。谁想到老师把这些工具和台面全都收拾了，什么也没剩下，砂纸也没有了，老师说让我去废物桶里找找有没有……所幸我找到了几块，而且都还不错，找个砂纸都这么艰辛……有的楼梯踏步的倾斜角度掌握得不是很好，玻璃珠滚不过去，有的角度是机器打磨不出来的，我只能用砂纸手工打磨，做木工活也太艰辛了吧……

回家之后，我立马投入到自动装置的组装之中。我彻底放弃了液体胶，跟妹妹借来了热胶枪。她很支持我，毕竟她对我做的这个小装置很感兴趣。在爸爸妈妈下班回来之前，我奇迹般地完成了这个小工程！我加了个滑梯、用胶枪加固了每一处接缝，调整好楼梯踏步的位置，再加上我独特的运作方法，"爬楼梯的玻璃珠"总算是诞生了！我真的是很佩服自己了！但运作的时候还是要小心，稍有差错楼梯踏步可能就会掉下来……

今天已经考完试了，但明天还要交英语的评析，今天晚上写吧，虽说明天放学之前交就行，但老师要求打印，而学校图书馆还不开门，只能在家打印咯。晚上让爸爸给我检查了一下语法，十点多弄完之后我又检查了一遍，十一点多才定稿。家里的打印机还算给力，只绞了一次纸。爸爸妈妈都睡了，我只能自己修咯。看来我这动手能力不是一般的强啊，哈哈哈。

6月7日　星期五

早上赖床不想起，最后还是挣扎着爬起来了，但有点儿晚了，妹妹先走了，她今天真是上学校去玩的，连个书包都不拿。

其实我到学校也没什么事儿，感觉80%的学生今天都没来，老师讲课肯定是不可能了，来了的学生也都是到处逛游，去找朋友、老师道个别。

有的老师带着学生去草地上玩，要不就是看电影，而我今天来除了交上工程设计课的自动装置和英语课的论文之外其实也没什么事儿了，再就是找老师和同学照照相。

地理课上我们看了一个20世纪70年代的连续剧，倒是挺好笑的。

第二节工程设计课，我刚想把我做好的自动装置拿给老师看，结果一个楼梯踏步又掉下来了。唉，这可毁了，又得重新粘，还得等它干了才能再动它。幸亏我昨晚做完自动装置之后录了像，我先把录像给老师看吧，这也好使。老师看过之后连连夸赞，我都不好意思了，我也很佩服我自己啊，哈哈哈。最后我把那级楼梯踏步重新粘好，又现场给老师展示了一番。我干脆就把它留给我们工程设计课的老师做个纪念吧，她以后还能拿这个给她的学生做示范。这轻轻一碰零件都往下掉，我怎么可能带回中国去？

化学课老师给我们准备了两个趣味实验：一个是"掌上之火"，另一个是制作史莱姆。我被妹妹整的，对史莱姆心生厌恶，那我就去玩火吧！老师用洗手液混上水，往里加煤气，这样出来的泡泡就可燃啦！用手捧一捧泡泡，老师用火柴把泡泡点燃，但又不会烧到手，这样就会出现"掌上之火"的奇观。老师之前给我们介绍"掌上之火"的时候，什么细节也没说，我以为火能烧很久呢，但其实就是一瞬间的事儿。我们班的男生都很能作，不但把装泡泡的铁盆点了，还把一坨泡泡扔起来之后再点燃，一团火直接就上了屋顶，超级震撼，没把房顶点着了真是个奇迹。我试了试"掌上之火"，第一次把我吓了一跳，手上一热，脸前一热，不知道的还以为我被火烧了呢。我捧的泡泡太多了，火苗直接起飞，蹿得老高，我觉得都要烧到我的头顶了。同学在一边拍视频，第一次玩儿给我吓得双下巴都出来了，但之后就淡定多了。我做了四五次，真好玩！

中午，我去了中文老师的教室，跟她们聊聊天，拍个合照。我在那儿一直待到下一节课，反正木工课肯定也没事儿干。果然，我去了之后发现全教室只有一个学生，真是尴尬了。之后英语课我补了日记，数学课老师带我们玩了个猜词的游戏，法语课看了个电影，这一天在学校真是啥事儿没有啊。

放学之后又去几个老师的教室逛了逛，跟老师道声离别。跟几个老师聊了好久，这一别可能就是永别了啊。

晚上我开始真正地打包东西了，离出发只有一天多点儿的时间了。我先从书房开始吧，我除了睡觉之外大部分的时间都是在这儿度过的，这算是我自己的一个小天地了。我把我所有东西都搬上了楼，把书房恢复到原来的样子，并且我给书房来了个深度大扫除。虽然我平时不是很作，但走之前还是要打扫干净的。

6月8日　星期六

早上起床之后就开始忙活。先是洗了个澡，毕竟下午要接待客人嘛。本来我想跟妈妈一起去批发商场买东西的，我还想再买几袋巧克力带回去给家人和朋友呢，但妈妈在我洗澡的时候先走了，我洗完澡出来之后懵得很，我问她走到哪儿了，她告诉我她已经结完账出来了……哎哟喂，我又不能跟她说什么，要不然的话她又得重新进去给我买巧克力了。我的大脑开始飞速运转，等妈妈回来之后，我让她带我去了附近的一家超市，我买了些面霜，这也算是带的礼物了嘛。巧克力体积太大了，我箱子里装不下那么多东西了，还是买点儿小件吧。在超市我突然想给爸爸买盒巧克力作为父亲节礼物，我之前已经给他买了一张贺卡，再来个礼物那就完美了！但我一想，如果有朋友来参加我的party时给我带了巧克力，那我是不是正好可以把巧克力留下，当作给爸爸的父亲节礼物，毕竟我东西多得也拿不走了。就这样，我把挑好的巧克力又放了回去。

我们回家之后立马开始准备party，饮料、烧烤、甜品、零食、布置等等，我们4个人忙得不可开交。本来我还有东西没打包完，但我也不能让其他人为我的party忙活，而我却不管不顾啊。我先是跟妹妹一起摆放好了饮品，又帮妈妈布置好了桌子，爸爸忙烧烤忙得不可开交，这我真是帮不上什么忙。我还是回去打包我的东西吧，要不然真的来不及了。

下午，同学们陆陆续续地来了，来一个我就要寒暄几句，很快塞满了整整一个客厅，眼看着就要坐不下了，我只好把客人都往另一个客厅里挪。我们坐在那儿聊天，很快就觉得空气中有了一丝尴尬，聊天声是没停，但有的朋友跟其他人也不是很熟，根本插不上话，我作为主人，为了调节一下气氛，只能招待他们先吃点东西。烧烤还没好，桌上只有零食和甜点，但这对于我们来说已经足够了。还好，不久之后，爸爸做好了鸡翅，一端上桌就被大家一番"哄抢"，我也尝了一个，超级好吃诶！我一开始根本就没时间吃，不但要照顾同学，还要招呼大人，都是爸爸妈妈的亲戚朋友，我都要上前去打个招呼，爷爷奶奶更是拉着我聊天。不久，有朋友有事要走了，我又要跟他们单独合影，他们一个接一个地走，也真是把我忙得够呛。等到人走得差不多了，我才意识到已经七点半了！我把朋友们在客厅里留的那些垃圾收拾了一下，这才端了个盘子真正开始吃点儿东西。

其间，与爸爸妈妈很要好的那家人跟我说让我看看他们给我带的礼物。哦，天，我开始在一堆礼物中找他们送给我的那份了。阿姨跟我说是个蓝色的小袋子，上面写着我的名字（Tiffany）。嗯？写着我的名字？一开始我还没反应过来，但我找到这个小袋子之后，我心中划过一丝震撼：不会吧？他们给我买了Tiffany的项链？！没敢耽误，我拿着小袋子去找了阿姨，她让我把盒子打开，哇！果然是Tiffany的项链，幽幽的蓝色散发着神圣的光辉。阿姨说要给我戴上，我当然不会拒绝，只是阿姨有点眼花，还没戴眼镜，花了好长时间才给我戴上，我就一直弓着腰伏在她的胸前。她也知道我有些尴尬，还跟我道歉，我只能一个劲儿地说没事没事，并且表达了我的感谢。一开始我只知道Tiffany是个世界名牌，这也是当初我取这个名字的原因之一，但当我真正上网看了价钱之后，我被惊到了……

晚上把客人都送走之后，又开始了最好玩的任务：收拾卫生。刷着碗，我竟然有一丝伤感，这也许是我最后一次在这儿刷碗了吧。在这待了10个月，我与这洗碗池已经建立了深厚的感情了啊！没用半个小时我们就收拾完了，4个人一起干效率就是高，比我想象的快多了。刷完碗之后，妈妈跟着我一起到了书房，说她想看看朋友送给我的礼物。这么晚了，她还不睡觉？这可是早已经过了她睡觉的点儿了啊！转念一想，我就明白了，她这是舍不得我啊，想多花点时间陪陪我，我当然不会拒绝，我也舍不得走啊！我们看过一份份礼物，分享朋友写给我的离别之言。他们写的话都很相似，无非就是说我是个什么样的人，他们与我在一起过得很开心，而妈妈却一字不漏地看完了每一张。虽然我收到的礼物很多，但不一会儿就看完了，妈妈还是没有走的意思，话锋一转开始表达对我的感谢，感谢我这一年给他们留下的美好回忆。时间真快啊，转眼间就到了离别之际，她的三言两语真是如催泪弹一般，我红了眼圈，啜泣着表达了我对他们的爱与感谢。他们无偿地接待我，最应该表达感谢的不应该是我吗？妈妈说着说着也湿了眼眶，很长一段时间，谁也没有说话，两人各自悄悄落泪。妈妈还特意感谢我对妹妹的包容，唉，这个感谢我就收下了，我从小到大从来没有对谁这么有耐心过，妹妹可真是把我磨到没脾气……妈妈还说等回头她去帮我买给爸爸的父亲节巧克力，等到父亲节的时候送给他，哦，我真的超级感动！

妈妈与我相拥好久之后，她也要上床睡觉了。她出了书房之后，只剩我一人坐在这熟悉无比的环境中，脸上挂着未干的泪痕，突然觉得有些空落落的。我要走了？真的吗？我要离开这里了？这10个月的点点滴滴在脑海中如过电影一般一页页翻过，桌上用过的抽纸堆起了一座小山。我心情刚平复下来没多久，爸爸又进来了，叮嘱我说晚上早点睡觉，不要熬夜……他走了之后，泪水又一次夺眶而出，是啊，他又来催我睡觉了，但是，这是最后一次了。他的每一次催促都饱含爱意，给了我满满的温暖。这并不是他的职责，但他的责任心和爱心让他把我当作女儿一样看待，让我温暖、感动！

虽然爸爸让我不要熬夜，但其实我差不多一晚上没睡。先是把东西一样样打包好，然后我要开始抒情了！我先是给寄宿家庭写了封信，满满两页纸，表达了我的感谢、爱与不舍。我先写了一遍草稿又誊抄了一遍呢！全文字迹工整，没有一丝涂改，写完之后很为自己骄傲！

然后我又找出来给爸爸买的贺卡，给他提前写好了父亲节的祝福，以未来的口气写完之后，觉得自己穿越了，但我对自己的大作很是满意。写完之后已经天亮，我眯了一觉，新的一天，即将要出发，早早起床，与家人多待一会儿！

6月9日　星期日

　　早上起床之后，我还想把我屋里用吸尘器吸一吸，结果被爸爸妈妈拦住了，说我有打扫屋子的时间，还不如跟他们多待一会儿，感动！

　　早饭吃得不错，最后一顿早饭，总是要做得好一点嘛。之后看时间还早，我们就在沙发上拍自拍，虽然我昨晚熬夜脸色很差，但这是我们的最后一次自拍了，我又怎能拒绝？最后我还跟狗狗合了张影，我跟它之间还是有点感情的。

　　爸爸妈妈和妹妹一起送我去机场，送别时我还挺伤感，之后爸爸把我送进了机场，帮我拿登机牌、托运行李。安检的队伍那叫一个长，一直是爸爸帮我拿着手提行李，我不知道它有多沉，等后来我自己拿的时候才发现这行李真是沉得要命……先不说行李车要收费，我所在的这一层还没有行李车，我只能用手提着，实在提不动了就拿脚推着走，唉，我真的是绝望了，这时候多希望能有个人帮帮我啊！但现实却是：靠自己！

　　经历了来时的锻炼，我对于坐飞机转机已经没有了恐惧。三个多点儿之后到了西雅图，熟悉的机场、熟悉的小火车、熟悉的遥远，我下了飞机之后看离下一班飞机起飞没多长时间了，我就提着行李一顿狂跑。跑到了登机口后才发现：西雅图和明尼苏达州有时差……我的手表还是明尼苏达州时间，而西雅图比明尼苏达州晚两个小时！我又折回去买了点儿东西吃，那短途飞机的配餐真是不垫饥啊！

　　经过10多个小时的长途飞行，我终于回到了我亲爱的祖国。在飞机上的确是无聊，但有我旁边的小姐姐陪着聊天，其实也还好。她在美国读博，让我肃然起敬。

　　到了北京之后，妈妈的朋友在机场接我。我在西雅图机场给接机的哥哥和姐姐带了盒巧克力，他们也给我带了樱桃让我路上吃，啊哈！感觉与水果阔别已久了啊！我们到了行李托运处却发现问题不小……国内航班只让托运20公斤的行李。我真是后悔当初没从美国直接联机到烟台蓬莱国际机场，那样的话就不用再托运一次行李了啊！而我现在有两只将近40公斤的箱子，这可咋整？罚钱，也只能认了，要不然回不去家了啊！我只能尽量把沉的东西都带上飞机，到最后我在北京机场穿的羽绒服和大冬靴（都是我从美国穿过来的，行李箱装不下了！）成了一道亮丽的风景线。哥哥姐姐帮我找工作人员把一个大包和一个小包给打包起来了，还收了好几百元，后来我一想，我为啥要打包呢？唉，为个平安吧，起码东西被压碎的可能性减小了啊。

交了超重罚款之后，通过繁忙的安检，等我赶到登机口的时候，登机时间已经快到了，爸爸从QQ上遥控我说超重的罚款罚多了！还给我发了一堆条文，问我有没有发票，当时还确实没给我发票。马上就要登机了，我可没时间再回去……我只好找登机口的一位姐姐问问，她给我算完之后说一点问题没有，唉，管它呢，我要回家啦！

坐摆渡车上飞机，还遇到了莱阳市的一个哥哥，他一直帮我提着箱子，感谢这位不知姓名的好心人！

上了飞机我就开始睡觉，从起飞睡到降落。其实也不是有多困，但闲着也是没事干，还不如睡觉呢……

在飞机上我的手机卡死了，我想重启，但它却老是让我恢复出厂设置。我哪敢恢复？！资料照片什么的不全都没了？我就这么跟它僵持着，直到下飞机也没弄好。没有手机，找不到妈妈了啊，这可咋办？我只好在等行李的地方跟一个小哥哥借手机发短信。一开始他戒备心很大很慎重，问我要发什么。听我说要找妈妈的时候，他直接把手机借给我让我打电话，超级感动！

见到妈妈的那一刻，超级开心！回国咯！这10个月的美国生活，无悔！

课　程　表

节数	上课时间	学期一 2018-09-04至2018-11-09	学期二 2018-11-10至2019-01-24	学期三 2019-01-25至2019-03-29	学期四 2019-03-30至2019-06-07
1	7:30-8:18	选修课工程设计课，教室3303	必修课地理，教室2209	必修课地理，教室2209	必修课地理，教室2209
2	8:23-9:11		选修课工程设计课，教室3303	选修课工程设计课，教室3303	选修课工程设计课，教室3303
3	9:16-10:04	必修课化学，教室3201	必修课化学，教室3201	必修课化学，教室3201	必修课化学，教室3201
	10:09-10:34	午餐			
4	10:34-11:22	选修课排球，体育馆	选修课排球，体育馆	选修课木工，木工教室	选修课木工，木工教室
5	11:27-12:14	必修课数学，教室2304	必修课英文，教室2208	必修课英文，教室2208	必修课英文，教室2208
6	12:19-13:07	必修课英文，教室2217	必修课微积分，教室2310	必修课微积分，教室2310	必修课微积分，教室2310
7	13:12-14:00	选修课法语，教室1211	选修课法语，教室1211	选修课法语，教室1211	选修课法语，教室1211